MARCEL REICH-RANICKI

OHNE RABATT

MARCEL REICH-RANICKI

OHNE RABATT

ÜBER LITERATUR AUS DER DDR

Deutsche Verlags-Anstalt
Stuttgart

Ein Teil der in diesem Buch gesammelten Aufsätze
ist 1974 unter dem Titel
»Zur Literatur der DDR« erschienen.

Die Deutsche Bibliothek – CIP-Einheitsaufnahme

REICH-RANICKI, MARCEL:
Ohne Rabatt : über Literatur aus der DDR /
Marcel Reich-Ranicki. –
Stuttgart : Deutsche Verlags-Anstalt, 1991
ISBN 3-421-06611-6

INHALT

VORWORT

Um mit der Tür ins Haus zu fallen: An die Existenz einer DDR-Literatur habe ich nie geglaubt. Aber ich brauche mir den Vorwurf nicht zu machen, die in der DDR entstandene Literatur je bagatellisiert oder gar ignoriert zu haben.

Als ich 1958 nach Deutschland zurückgekehrt war, meldete ich mich bei der Redaktion der Zeitung, für die ich schon aus Warschau, meinem bisherigen Wohnort, einige kleine Artikel geschrieben hatte – bei der »Frankfurter Allgemeinen Zeitung«. Ich wollte erkunden, ob man vielleicht an der Zusammenarbeit mit mir interessiert sei. Den (noch sehr bescheidenen) Literaturteil der F.A.Z. leitete damals Friedrich Sieburg, zu jener Zeit Deutschlands berühmtester und – wie in diesem Gewerbe üblich – umstrittenster Literaturkritiker. Er waltete seines Amtes vornehmlich postalisch oder telefonisch und ließ sich in Frankfurt (er wohnte im Württembergischen) in der Regel nur alle zwei Wochen blicken.

Mein Gespräch mit ihm – es fand in der Redaktion statt – war kurz, Sieburg, der es eilig hatte, kam gleich zur Sache. Worüber ich denn schreiben möchte? Mir sei aufgefallen, sagte ich, daß Bücher von Schriftstellern aus der DDR (ob ich wirklich diese drei Buchstaben verwendet habe oder von der »Zone« sprach, weiß ich nicht mehr) in der F.A.Z. nicht rezensiert würden. Sieburg war verblüfft; hätte ich mir die Bemerkung erlaubt, daß in seinem Literaturteil die albanische Lyrik nicht beachtet werde – seine Verwunderung wäre gewiß kaum größer gewesen. Er fragte mich höflich, an welchen Autor ich gedacht hätte. Es sei gerade, antwortete ich, ein neuer Roman von Arnold Zweig erschienen ... Sieburgs Gesicht hellte sich auf: Das sei in der Tat ein »literarischer Gegenstand«. Es war klar, was er meinte: Obwohl in Ost-Berlin verlegt, sei etwas aus der Feder dieses Schriftstellers doch Literatur. Ich wurde gebeten, im Sekretariat den genauen Titel des Buches und den Verlag anzugeben. Als ich dort den Aufbau-Verlag nannte, fragte man mich nach dessen Adresse. Offenbar hatte man in der F.A.Z. 1958 vom besten und bedeutendsten Verlag der DDR noch nichts gehört.

Wie auch immer: Meine Kritik des Romans »Die Zeit ist reif« von Arnold Zweig war in der Messebeilage der F.A.Z. vom 26. September 1958 zu lesen. Bald folgte die Rezension eines Erzählungsbandes von Anna Seghers, wenig später machte ich auf einen jungen Autor aus der DDR aufmerksam, dessen Name im Westen noch ganz und gar unbekannt war: Franz Fühmann.[1]

Im Frühjahr 1959 porträtierte ich in der »Welt« nicht weniger als vierzehn Schriftsteller aus der DDR – darunter waren Ludwig Renn und Willi Bredel, Peter Huchel, Stephan Hermlin und Erwin Strittmatter sowie ein Literarhistoriker: Hans Mayer. Aber wie sollte diese Artikelserie heißen? Die Bezeichnung »DDR« war für die Redaktion der »Welt« nicht akzeptabel, mir aber gefiel die Vokabel »Sowjetzone« gar nicht. Damit der Wolf satt wurde und das Schäfchen heil blieb, einigte man sich auf eine geographische Formulierung: »Deutsche Schriftsteller, die jenseits der Elbe leben«.[2]

Ähnliche Sorgen hatte der Norddeutsche Rundfunk, für den ich in den Jahren 1959 bis 1961 eine monatliche Zeitschriftenschau über Literatur und literarisches Leben in der DDR schrieb: Auch hier wollte die eine Seite von der »DDR« nichts wissen, die andere hingegen nichts von der »Sowjetzone«. Und auch in diesem Fall entschloß man sich zu einem geographischen Titel, aber zu einem, mit Verlaub, unsinnigen: »Literatur in Mitteldeutschland«. Ein letztes Beispiel: 1960 gab ich im Paul List Verlag, München, eine kleine Anthologie heraus. Sie enthielt Geschichten von zehn in der DDR lebenden Autoren, die in Kurzporträts vorgestellt wurden. Wiederum war man darauf bedacht, die ominösen politischen Begriffe zu umgehen. Titel und Untertitel, vom Verlag ersonnen, lauteten daher: »Auch dort erzählt Deutschland. Prosa von ›drüben‹.«

Viele Leser, zumal der jüngeren Generation, mögen dies alles als etwas unseriös, wenn nicht absurd empfinden. Gewiß, nur haben

wir es mit Fakten zu tun, die symptomatisch sind für das geistige
Klima in der Bundesrepublik etwa bis Mitte der sechziger Jahre.
Im Vorwort zu der Anthologie von 1960 mußte ich darauf hinweisen, daß es zeitgenössische deutsche Schriftsteller gibt, »die man an
der Wolga und an der Weichsel besser kennt als am Rhein und
Main«. Ihre Arbeiten seien in allen osteuropäischen und in vielen
asiatischen Sprachen erhältlich, doch suche man sie in Hamburg
oder München vergeblich. Im westlichen Teil Deutschlands igno-
riere man diese Autoren oder nehme sie höchstens als Repräsentanten eines politischen Systems zur Kenntnis.

So schien es mir dringend nötig, die in der DDR verfaßten
Bücher nicht nur als Zeitdokumente zu behandeln, sondern sie
zugleich und keineswegs weniger ernst nach ihrem literarischen
Wert zu befragen. In der Vorbemerkung zu meinem 1963 veröffentlichten Buch »Deutsche Literatur in West und Ost« heißt es,
daß die Schriftsteller aus der DDR »selbstverständlich« nach denselben kritischen Maßstäben beurteilt werden, die für die westlichen Autoren gelten. Das klingt programmatisch und auch trotzig,
war indes leichter gesagt als getan. Denn der Kritiker durfte nicht
davon absehen, daß Literatur jenseits der Elbe nur unter Bedingungen entstehen konnte, die sich von jenen in der Bundesrepublik
gravierend unterschieden. Und ein Wort wie »Zensur« reichte hier
nicht aus, um zu erklären, was sich das westliche Publikum damals
kaum vorstellen konnte. Statt sich zu diesem Thema aus heutiger
Sicht zu äußern, erlaube ich mir, hier zu wiederholen, was ich 1964
den Lesern der »Zeit« erläutert habe:
»Während Gedichte in der DDR mitunter für die Schublade geschrieben und erst später dort oder hier gedruckt werden, entstehen Romane drüben in vollem Bewußtsein der Beschränkungen,
die die Kulturpolitik der Literatur auferlegt. Daher haftet diesen
Werken von vornherein das Stigma der Zensur an. Denn sie wird
in erster Linie nicht etwa vom Lektor oder Redakteur ausgeübt
und nicht vom Beamten, der das Papier zuteilt, oder von einem
anderen Beauftragten des Regimes, sondern vom Autor selber. Die
offiziellen Kontrollinstanzen können Änderungen, Kürzungen
und Ergänzungen des Manuskripts durchsetzen. Die innere Zensur, also die durch die Richtlinien der Kulturpolitik bewirkte

Selbstkontrolle des Schriftstellers, lähmt seine Hand, bevor er den ersten Satz geschrieben hat. Die amtliche Zensur kann verhüten, daß ein literarisches Kunstwerk veröffentlicht wird; die innere Zensur erstickt es jedoch im Keim. Die eine zerstört Bücher, die andere ist noch gefährlicher: Sie richtet Talente zugrunde.

Die Folgen dieses Zustands und dieser Atmosphäre lassen sich im Werk der älteren Prosaschriftsteller der DDR unschwer erkennen: Man braucht nur ihre Arbeiten aus dem vergangenen Jahrzehnt mit ihren früheren Büchern zu vergleichen. Wie aber, wenn es sich um Autoren handelt, die in der DDR erzogen wurden und (. . .) ihre literarische Laufbahn erst in den letzten Jahren begonnen haben? Die alten und gefeierten Romanciers der dortigen Welt, von Arnold Zweig bis Willi Bredel, geben den Kontrollinstanzen immer wieder nach und sind bereit, ihre Manuskripte entsprechend zu überarbeiten. Kann man dann vermuten, die Jungen seien imstande, den Einfluß erfahrener Lektoren und intelligenter Funktionäre – denn es gibt auch solche – abzuwehren? Und wollen sie ihn überhaupt abwehren? Wo enden ihre Irrtümer und Selbsttäuschungen, und wo beginnen die resignierten Zugeständnisse und die zynischen Kompromisse, zu denen sich diese Autoren veranlaßt sehen, um die Publikation ihrer Bücher zu ermöglichen? Wofür darf man also in den Versuchen der Anfänger (. . .) die Kulturpolitik der SED verantwortlich machen, und was läßt lediglich auf die Grenzen der künstlerischen Fähigkeiten dieser Autoren schließen? (. . .)

So häufen sich Fragen, die man weder beantworten kann, noch ignorieren darf, wenn man der Literatur der DDR einigermaßen gerecht werden will. Denn dies jedenfalls scheint mir sicher zu sein: Zu groß ist der Unterschied zwischen den Arbeitsbedingungen der deutschen Schriftsteller östlich und westlich der Elbe, als daß die Ergebnisse ihrer Bemühungen miteinander verglichen werden könnten.«[3]

In den späten sechziger Jahren wuchs die Zahl der hierzulande verlegten Titel von Autoren aus der DDR – jetzt erschienen sie auch und bisweilen nur in der Bundesrepublik. Jedenfalls war eine neue Generation zum Zuge gekommen: Christa Wolf, Günter Kunert, Wolf Biermann, Jurek Becker, Hermann Kant, Ulrich Plenzdorf und viele andere. Und so stellte sich immer häufiger die Frage, wie denn diese Literatur aus westlicher Sicht zu beurteilen sei.

Manche unserer Rezensenten meinten damals, es sei angebracht, den Büchern aus dem anderen Teil Deutschlands einen besonderen Preisnachlaß einzuräumen, sie also nach einem ermäßigten literarkritischen Tarif zu bewerten: Was aus der DDR importiert wurde, versuchten sie, nicht nur schonungsvoll, sondern betont freundlich zu besprechen, wenn nicht zu rühmen. Mangelnde Qualität konnte sie nicht beirren – vorausgesetzt freilich, daß es ihnen gelungen war, in den zur Debatte stehenden Büchern Anzeichen der erwünschten politischen Gesinnung zu finden. Die Gründe, von denen sich diese Rezensenten leiten ließen, mochten so menschenfreundlich wie ehrenwert sein. Aber bekanntlich haben selbst die allerfrömmsten Lügen kurze Beine – zumal in unserem Beruf: Ohne dem Gegenstand der Betrachtung ernsthaft nutzen zu können, beeinträchtigen derartige Äußerungen die Glaubwürdigkeit der Kritik, sie schaden der Zunft.

Ob das nun für oder gegen mich spricht: Obwohl ich mich immer bemüht habe, die Arbeitsbedingungen der Schriftsteller in der DDR nicht aus dem Auge zu verlieren, wollte es mir doch nie einleuchten, daß man irgendeiner hehren Sache dient, wenn man seine Ansichten über literarische Werke verschweigt oder retuschiert. Daher der Titel dieses Buches: »Ohne Rabatt«. Ihm ist 1974 ein erheblich kleineres Buch vorangegangen: Es bot 20 Aufsätze, zusammengefaßt unter dem nicht ganz glücklichen Titel »Zur Literatur der DDR«. Richtiger wäre gewesen: »Zur Literatur aus der DDR«. Für den vorliegenden Band wurde die Sammlung stark erweitert: Es sind jetzt 37 Arbeiten aus der Zeit von 1961 bis 1991.

Geändert habe ich nichts, auch dann nicht, wenn ich mit einzelnen Formulierungen oder Passagen heute nicht mehr ganz einverstanden bin. Literaturkritik ist zeitbedingt – und war es immer schon. Wer seine literarkritischen Arbeiten aus späterer Sicht revidiert, mag allerlei Details verbessern, verfeinern oder verschönern. Aber nachträgliche Korrekturen – ausgenommen natürlich solche, die Druckfehler oder sachliche Irrtümer betreffen – entstellen, zumal dann, wenn sie in einer ganz und gar veränderten zeitgeschichtlichen Situation vorgenommen werden, nicht nur die einzelnen Beiträge. Sie verfälschen zugleich ihre Summe. Die Entscheidung, alle Aufsätze unverändert zu drucken, bringt freilich gelegentliche Überschneidungen mit sich, was mir ein kleineres Übel scheint, als es Retuschen, welcher Art auch immer, wären.

Bleibt noch zu sagen, worauf es dieses Buch abgesehen hat. Die Deutsche Demokratische Republik, die zwar sehr deutsch, doch nie demokratisch war und nie eine Republik, gibt es nicht mehr. Eben deshalb mag es nicht überflüssig sein, daß wir uns an konkreten Beispielen die Bedeutung und die Fragwürdigkeit jenes Beitrags vergegenwärtigen, den die Schriftsteller aus dem anderen Teil Deutschlands geleistet haben – zur Literatur unserer Epoche.

Frankfurt/M., im Mai 1991   Marcel Reich-Ranicki

Gibt es zwei deutsche Literaturen? Oder gar mehr als zwei? Den meisten, die in den letzten Jahren auf diese mittlerweile schon modisch anmutende Frage eingegangen sind, kann man Unentschiedenheit am wenigsten vorwerfen: Wer sich hierzu äußert, hat in der Regel gar keine Zweifel, daß es entweder nach wie vor nur eine einzige oder ganz bestimmt zwei verschiedene deutsche Literaturen gibt.

Manche allerdings bestehen auf der Zahl vier (zu den Literaturen aus der Bundesrepublik und der DDR kommen dann jene Österreichs und der Schweiz hinzu), gelegentlich werden noch höhere Zahlen offeriert – die stammen von denjenigen, die sich erinnern, daß ja auch in anderen Ländern, in Rumänien etwa oder in Luxemburg, Autoren leben, die in deutscher Sprache schreiben. Aber im Grunde geht es doch nicht um Österreich oder die Schweiz – schließlich ist die Frage nach der Selbständigkeit der dort entstehenden Literaturen sehr alt und wurde schon, sollte man meinen, oft genug abgehandelt –, sondern vor allem darum, ob der Zweiteilung Deutschlands eine Spaltung auch schon im Literarischen entspricht.

Fritz J. Raddatz, ansässig in Hamburg, weiß es offenbar genau: Sein Buch »Traditionen und Tendenzen«[1] beginnt er mit dem Satz: »Es gibt zwei deutsche Literaturen.« – Ein klarer Fall also. Wirklich? Werner Neubert, Chefredakteur der »Neuen Deutschen Literatur«, des offiziellen Organs des DDR-Schriftstellerverbands, meint zwar, es sei eine »ziemlich überflüssige Frage, wie viele deutsche Literaturen es gibt«, stellt dann aber unmißverständlich fest: »Die Literatur der DDR hat Beziehungen zur Literatur in der BRD, wie sie Beziehungen hat zur Literaturentwicklung zum Beispiel in Frankreich, Italien, Schweden, Österreich und so weiter.«[2]

Also nicht nur zwei verschiedene Literaturen, sondern auch solche, die miteinander soviel oder sowenig verbindet wie die Literaturentwicklung in der DDR mit jener in anderen kapitalistischen Ländern Europas. Und die Traditionen – von Lessing bis Thomas Mann und Brecht –, auf die man sich doch in beiden deutschen Staaten gern und oft beruft? Und die – den schon vorhandenen Unterschieden und Abweichungen zum Trotz – immer noch gemeinsame Sprache? Alles offenbar unwichtig, jedenfalls für den Chefredakteur der »Neuen Deutschen Literatur.«

Ein anderer Chefredakteur aus der DDR, Wilhelm Girnus, der die Zeitschrift *Sinn und Form* leitet, hält hingegen nichts von der Zweiteilung der deutschen Literatur, denn: »Für mich gibt es nur *eine* Literatur überhaupt, und das ist *gute.* In welcher Sprache die geschrieben ist, ist mir wurscht.« – Sprache gleichgültig? Da darf man vielleicht doch anderer Ansicht sein, zumal wenn es um gute Literatur geht.

Von der bisher in der DDR gültigen Sprachregelung – zwei deutsche Staaten und also zwei Literaturen, und nicht auf das Verbindende oder Gemeinsame kommt es an, sondern auf die Abgrenzung – wendet sich auch Wolfgang Harich mit Entschiedenheit ab: »Es gibt nur eine deutsche Literatur. Sie bildet aber weniger denn je eine Einheit im Sinne widerspruchsfreier Homogenität der Inhalte und künstlerischen Formen.« – Aber diese eine deutsche Literatur ist für Harich – so begründet er seine These – jene, die aus der DDR stammt und zu der das, was in den anderen deutschsprachigen Ländern geschrieben wird, bloß als Begleit- oder Folgeerscheinung gehört.

Hermann Kesten – um nun zu westlichen Zeugen zurückzukehren – will ebenfalls (wenn auch aus ganz anderen Gründen) von der Zweiteilung der deutschen Literatur nichts wissen. Doch im Unterschied zu Girnus, dem die Sprache »wurscht« ist, sieht Kesten gerade in der Sprache das wichtigste Kriterium: »Es gibt nur eine einzige deutsche Literatur, nämlich die Literatur in deutscher Sprache. Alle andern Einteilungen sind willkürliche Unterscheidungen innerhalb der deutschen Literatur.«

Daß »die Sprache das einzige eindeutig abgrenzbare Kriterium für unsere Literatur« sei und daß man deshalb »nur von einer deutschsprachigen Literatur sprechen« könne, meint auch Jürgen Rühle, Köln. Indes fügt er gleich hinzu: »Sollte Ihre Frage darauf abzielen, ob ich der Meinung bin, daß es eine westdeutsche und eine DDR-Literatur gibt, so kann ich nur im kommunistischen Parteijargon antworten: ›Genosse, die Frage ist falsch gestellt.‹« Ja, in der Tat, die Frage scheint mir falsch. Wie aber sollte man sie stellen? Was tun, um zu klären, was vielleicht denn doch der Klärung bedarf?

Man sei jetzt – glaubt Hans Mayer – »genötigt, in jedem einzelnen Fall und vor jedem einzelnen Werk die spezifischen Merkmale herauszuarbeiten, die auf Gemeinsamkeit oder Trennung hindeuten. Nur eine solche mit Widersprüchen arbeitende und sie nachvollziehende Betrachtungsweise dürfte heute fruchtbar sein. Woraus folgt: daß erst die Summe solcher auf den einzelnen Autor und sein Werk eingehenden Untersuchungen schließlich zur Beantwortung jener Frage zu führen vermag, die man heute so gern – je nachdem – mit einem schroffen Ja oder Nein entschieden haben möchte, und die auf solche Weise nun einmal nicht entschieden werden kann: ob es heute noch *eine* deutsche Literatur gibt.«[3] Das mag kein effektvoller Standpunkt sein, aber er hat viel für sich, er sagt mir am ehesten zu. Und damit wäre auch gesagt, wie dieses Buch gemeint ist, was es versucht und anstrebt.

Die hier zusammengefaßten Aufsätze, die ich zwischen 1963 und 1973 geschrieben habe, beschäftigen sich mit einzelnen Autoren und mit einzelnen Werken. Schriftsteller werden analysiert, befragt und porträtiert, Bücher werden charakterisiert, abgeklopft und interpretiert: Alle diese Befunde, Untersuchungen und Plädoyers wollen eben die spezifischen Merkmale der jeweiligen Gegenstände deutlich herausarbeiten und somit, versteht sich, auch jene Kennzeichen akzentuieren, die auf Gemeinsamkeit und Trennung, auf die noch vorhandene oder bereits verlorene Einheit der deutschen Literatur hindeuten.

Ich habe mich bemüht, die realen Bedingungen, unter denen die Schriftsteller der DDR produzieren und publizieren, stets zu berücksichtigen, und in vielen dieser Aufsätze ist auch ausdrücklich davon die Rede. Indes habe ich mich gehütet, den dort lebenden Autoren etwa mildernde Umstände zuzubilligen oder ihnen gar

verständnisvoll-nachsichtig auf die Schulter zu klopfen. Ein ermä-
ßigter Tarif, der doch nur die Maßstäbe verwischen müßte und
niemandem nützen könnte – und überdies die Betroffenen herab-
setzen würde –, kam also überhaupt nicht in Frage. Hingegen ging
es immer darum, die Schriftsteller und Bücher aus der DDR zu
behandeln, wie sie es verdienen – sie nämlich beim Wort zu nehmen, um sie möglichst genau erkennbar zu machen und sie möglichst gerecht beurteilen zu können.

Zusammen ergeben diese Aufsätze weder einen Grundriß noch
eine Geschichte der DDR-Literatur. Statt eines Panoramas werden
lediglich Mosaiksteine angeboten. Und statt der handlichen und
daher sehr beliebten Überblicke, die allerdings in der Regel so
fragwürdig bleiben, waren Einblicke angestrebt, die sich zwar von
vornherein auf begrenzte Gegenstände konzentrieren, aber zugleich, wie ich hoffe, die literarhistorischen Zusammenhänge und
die kulturpolitischen Hintergründe sichtbar werden lassen.

So wird man wohl auch die Antwort auf die Frage, ob es schon
zwei verschiedene Literaturen in deutscher Sprache gibt, der
Summe der hier vereinten Einzeluntersuchungen entnehmen können. Doch will ich nicht verheimlichen, daß mir die Objekte wichtiger waren und sind als die Thesen, zu denen sie führen mögen:
Dies ist nicht ein Buch für die Wissenschaftler auf der Suche nach
der Theorie, sondern für die Leser auf der Suche nach der Literatur
– in unserer Zeit und in deutscher Sprache.

Frankfurt/M., im Januar 1974   Marcel Reich-Ranicki

Eine peinliche Legende

Der höchste Preis, mit dem die Deutsche Demokratische Republik einen Schriftsteller auszeichnen kann, der Nationalpreis Erster Klasse für Kunst und Literatur, wurde 1964 Hans Marchwitza zuerkannt. Damit hat er den Nationalpreis der DDR jetzt zum drittenmal erhalten.

Kein einziges Buch dieses Autors wurde in der Bundesrepublik verlegt. In keiner westlichen Anthologie ist er vertreten; in hiesigen Nachschlagebüchern wird er nicht erwähnt. Hingegen bezeichnet ihn ein in Weimar erschienenes Lexikon[1] als einen »der bedeutendsten Prosaschriftsteller der deutschen Arbeiterklasse«. Seine Werke gehören zum Lehrplan aller Schulen der DDR. Das für den Deutschunterricht verbindliche Lehrbuch widmet ihm 66 Seiten – den Anhang mit Leseproben nicht einbegriffen. In diesem Lehrbuch heißt es, Marchwitzas Romane hätten »eine wahrhaft nationale Bedeutung« erlangt und stünden in der Tradition des »Simplicius Simplicissimus« von Grimmelshausen, des Goetheschen »Wilhelm Meister« und des »Grünen Heinrich« von Gottfried Keller. »Er setzt diese Tradition aber« – bemerkt das Lehrbuch – »auf einer höheren, auf einer sozialistischen Grundlage fort.«[2] Indes wissen in der DDR viele, daß der Doktor honoris causa der Philosophischen Fakultät der Ostberliner Universität und nunmehr dreifache Nationalpreisträger Hans Marchwitza kaum als Schriftsteller gelten kann und im Grunde lediglich eine Rolle spielt. Nur er selber weiß es nicht.

Marchwitza, der 1890 in Oberschlesien geboren wurde, war Bergmann – zunächst in seiner Heimat und ab 1910 im Ruhrgebiet. Kurz nach dem Ersten Weltkrieg, den er als Unteroffizier mitgemacht hatte, trat er der KPD bei und avancierte bald zum Leiter einer Ortsgruppe. »Die ersten Verse schrieb ich« – erinnert sich

Marchwitza – »unten in der Grube auf die Kohlenschippe.« Als er Mitte der zwanziger Jahre arbeitslos war, konnte er sich ganz dem Schreiben widmen. Seine damaligen Bemühungen hat er mehrfach geschildert – in Erzählungen und Skizzen, die teils rührend und bescheiden, teils unerträglich rührselig und pathetisch sind. Da ist von einem hungernden Familienvater die Rede, dem Grammatik und Rechtschreibung unüberwindliche Schwierigkeiten bereiten, der sich aber dennoch in den Kopf gesetzt hat, Schriftsteller zu werden, und den weder seine Angehörigen, die ihn für wahnsinnig halten, noch Mißerfolge entmutigen können. »Wahrlich« – sinnt Marchwitza –, »meine Hände hatten Tausende Tonnen Kohlen geschleppt und geschlagen, ich fühlte noch immer den Riesen Bergmann drinnen toben, bei der Niederschrift einer kleinen Erzählung jedoch zitterten sie und glitten unbeholfen vom Blatt . . .« Nach einiger Zeit war er »sozusagen von der Schippe zur Rutschenförderung übergegangen«. Denn: »Während ich am Anfang meiner Schriftstellerei jedesmal lange am Bleistift kauen mußte, bis ich einen Satz zuwege gebracht hatte, war ich jetzt mit der Übung schon soweit fortgeschritten, daß ich an einem Tag – wenn ich von niemandem gestört wurde – eine Unmenge Papier beschreiben konnte.«

Die Redaktion des kommunistischen »Ruhr-Echo«, in dem gelegentlich kleine Korrespondenzen von Marchwitza abgedruckt wurden, meinte jedoch, seinen Arbeiten fehle »sozusagen die literarische Tiefe«. Während aber der Redakteur dieser Zeitung, übrigens Alexander Abusch, kurz vorher den ungleich begabteren und intelligenteren Willi Bredel als völlig unfähig zurückgewiesen hatte, ermunterte er den arbeitslosen Bergmann zu weiteren Schreibversuchen. Damals wurde ihm auch empfohlen, Bücher zu lesen. Erst nachdem er »einen Berg verschiedener Literatur durchgewühlt hatte«, fand er das Richtige – sowjetische Autoren nämlich. Er betont jedoch, daß trotz so intensiver Lektüre bei ihm niemals die Gefahr bestanden habe, er könne sich »in einen ›Elfenbeinturm‹« zurückziehen, denn: »Das Leben riß mich in den Versammlungen in seinen empörten Strudel und in die rotgeflügelten Stürme seiner Streiks und Aufstände hinein. Mit stärkster, geduldigster und sicherster Hand aber leitete mich die Partei.« Bei ihr habe er »mütterliche Pflege und Anerkennung« gefunden. 1930 erschien im Parteiverlag als »Roter 1 Mark-Roman« sein Buch »Sturm auf Essen«, eine zwischen naivem Bericht und unbeholfener Reportage schwankende Darstellung der Erlebnisse Marchwitzas während der Kämpfe im Ruhrgebiet am Anfang der zwanziger Jahre. Zugleich wurde er von der Partei in das Herausgeber-Kollegium der kommunistischen Monatsschrift »Die Linkskurve« delegiert. Da dort als Chefredakteur ein Adliger (Ludwig Renn) fungierte und die Herausgeber (wie etwa Johannes Becher und Erich Weinert) bürgerlicher Herkunft waren, benötigte man dringend einen Renommierproletarier. Marchwitza schien gerade der rechte Mann am rechten Ort zu sein: ein disziplinierter Genosse und ein waschechter Kumpel, bei dem man nicht zu befürchten brauchte, er würde je eigene Ansichten haben. Und da er überdies kaum schreiben konnte, war er ganz auf die »mütterliche Pflege« angewiesen.

1933 mußte er emigrieren: Er ging in die Schweiz und dann nach Frankreich und gehörte während des Spanischen Bürgerkriegs den Internationalen Brigaden an. Später war er interniert, doch gelang es ihm, nach den Vereinigten Staaten zu entkommen. Im Exil war Marchwitzas Roman »Die Kumiaks« erschienen, die Geschichte eines Bauern, der auf der Suche nach Brot ins Ruhrgebiet kommt, Bergmann wird und nur Enttäuschungen erlebt. Diesem primitiven und naiven Buch – es ist sein bestes – kann man immerhin einen gewissen zeitdokumentarischen Wert nachsagen. Das gilt auch für den in Amerika entstandenen, stark autobiographischen Roman »Meine Jugend«, zumindest für den Ersten Teil, in dem sich Schilderungen des Elends der oberschlesischen Bergarbeiter in der wilhelminischen Zeit finden.

In der DDR hätte sich Marchwitza nach Jahrzehnten der Not etwas Ruhe gönnen können. Er wollte es aber anders und seine Partei auch. Der jüngeren Generation sollte ein vorbildlicher, im Kampf ergrauter proletarischer Schriftsteller vorgeführt werden. Es war nicht einfach, einen geeigneten Kandidaten ausfindig zu machen, da fast alle bekannten Autoren, die sich östlich der Elbe niedergelassen hatten, schon ihrer sozialen Herkunft wegen nicht in Betracht kamen. So mußte Marchwitza wieder einmal als Renommierproletarier herhalten. Er wurde kurzerhand zum Klassiker der zeitgenössischen deutschen Literatur ernannt. Man überhäufte ihn mit Orden, Ehrenämtern und Preisen. Seine Werke erschienen in hohen Auflagen, mußten von allen Bibliotheken angekauft und von allen Zeitungen gepriesen werden. Es wurde die Legende vom Dichter Marchwitza gebastelt.

Hierbei ergaben sich freilich allerlei Schwierigkeiten. Marchwitzas frühere Bücher und Broschüren bewiesen, wie gering die Ansprüche waren, die die Partei einst an schreibende Bergleute stellte. Die Bücher wurden jetzt gründlich überarbeitet und nicht weniger gründlich ergänzt. Lesbarer sind sie dadurch nicht geworden. Dem Roman »Die Kumiaks« warf die SED vor, er sei zu pessimistisch: Sein Schluß erwecke den Eindruck –, so zu lesen auch im »Lexikon sozialistischer deutscher Literatur« –, »als habe der Held kaum etwas dazugelernt«.[3] Da dieses Buch jedoch 1934 im Ausland veröffentlicht wurde, schien eine gänzliche Änderung des Schlusses nicht ratsam zu sein. Statt dessen schrieb Marchwitza einen Zweiten Band (»Die Heimkehr der Kumiaks«, 1952), in dem sein Held nach vielen bitteren Erfahrungen Mitglied der KPD wird. Als dieser Roman ins Polnische übersetzt wurde, protestierte das Zentralorgan der polnischen Kommunisten, die »Trybuna Ludu«, die ohne Umschweife erklärte, er sei »zu langweilig, als daß jemand bereit wäre, ihn freiwillig zu Ende zu lesen«, und seine »intellektuelle Armseligkeit« sei »geradezu peinlich«.[4]

In seinem nächsten Buch, »Roheisen« (1955), beschreibt Marchwitza den Aufbau eines Eisenhüttenkombinats in der DDR. Als das »wegen seiner schmierigen Verhalbgötterung Ulbrichts vom Parteisekretariat als tabu erklärte Buch« (Alfred Kantorowicz) mit dem Nationalpreis ausgezeichnet wurde, kam dies einer höhnischen Brüskierung der in der DDR wohnhaften Schriftsteller gleich. Die »Neue Deutsche Literatur« bemerkte damals diplomatisch, der Roman werfe »das Problem der Gestaltungsmethode« auf, und fügte hinzu: »Wir dürfen aber froh sein, daß wir es an einem ... unter erbittertem Kampf des Autors mit Stoff und Thematik schwer genug errungenen Werk tun können.«[5] Das stimmt: Marchwitza ringt mühselig – und nicht nur mit Stoff und Thematik, sondern auch und vor allem mit der Grammatik und mit der

Syntax, mit elementaren Sprachregeln, die ihm jetzt offenbar nicht geringere Schwierigkeiten bereiten als vor vierzig Jahren. Dennoch produziert er – von Sekretären und Lektoren unterstützt und kontrolliert – weitere Bücher, die niemand lesen und niemand besprechen will. Es lohnt nicht einmal, ihre Titel hier anzuführen.

Natürlich handelt es sich nicht darum, Hans Marchwitza am Zeug zu flicken. Dem jetzt Vierundsiebzigjährigen sei der Wohlstand gegönnt und meinetwegen auch der Ruhm. Und nicht unsere Sache ist es, ihn zu belehren, daß man aus ihm einen Popanz gemacht hat. Nicht um Marchwitza also geht es, sondern um die Literatur. Wenn Bücher, die mit dem, was wir unter dem Begriff »Literatur« verstehen, keinerlei Berührungspunkte mehr aufweisen, unentwegt und nachdrücklich als Fortsetzung der Tradition Grimmelshausens, Goethes und Kellers – als Fortsetzung, wohlgemerkt, auf höherer Grundlage – gerühmt werden, dann kann das bei gutgläubigen Lesern, zumal jüngeren, zur katastrophalen Verwirrung der Kriterien führen. Eine Propagandakomödie, wie sie mit Marchwitza in der Hauptrolle in der DDR gespielt wird, ist heute im literarischen Leben Polens oder Ungarns oder der Tschechoslowakei einfach undenkbar. Mehr noch: Ein derartiges Phänomen war dort, jedenfalls in diesem Ausmaß, sogar in den dunkelsten stalinistischen Zeiten nicht möglich. Denn was auch in jenen Ländern geschah – es gab immer zumindest Reste eines literarischen Bewußtseins, einer literarischen Öffentlichkeit. Gibt es das in der DDR überhaupt nicht mehr?

(1964)

Ein ungewöhnlicher Publikumserfolg

Ende der fünfziger Jahre war in der DDR dem Roman »Nackt unter Wölfen« (1958) des bis dahin gänzlich unbekannten, wenn auch schon älteren Autors Bruno Apitz ein außergewöhnlicher Erfolg beschieden: Das Buch, das uns jetzt als schlichtes Taschenbuch zugänglich gemacht wird,[1] erreichte in dem kleinen Land zwischen der Elbe und der Oder innerhalb von etwa zwei Jahren eine Auflage von einer halben Million Exemplare. Es wurde in zehn Sprachen übersetzt. Freilich hat man die Propagandatrommel für »Nackt unter Wölfen« besonders lange und kraftvoll gerührt und den Absatz künstlich gesteigert. Aber dies ändert nichts an der Tatsache, daß Hunderttausende Deutscher freiwillig einen Roman gekauft und gelesen haben, dessen Schauplatz ein deutsches Konzentrationslager ist.

Bruno Apitz, 1900 in Leipzig als zwölftes Kind eines Druckers geboren, wurde bereits als Siebzehnjähriger wegen Antikriegspropaganda zu einem Jahr und sieben Monaten Gefängnis verurteilt. Später war er Buchhandlungsgehilfe; er versuchte sich vorübergehend auch als Schauspieler. 1927 trat er der KPD bei und wurde bald als ständiger Funktionär beschäftigt. 1933 wird er festgenommen, nach einigen Monaten entlassen, ist illegal gegen den Nationalsozialismus tätig und wird 1934 abermals verhaftet. Es folgen drei Jahre im Zuchthaus und anschließend acht Jahre im Konzentrationslager Buchenwald. Nach dem Krieg ist er Redakteur, Verwaltungsdirektor eines Theaters und Dramaturg bei der DEFA. In keinem dieser Berufe scheint er erfolgreich gewesen zu sein.

An dem Roman »Nackt unter Wölfen« hatte er schon seit Jahren gearbeitet. Offenbar mußte er auch materielle Schwierigkeiten überwinden. Niemand war bereit, ihm einen Vorschuß zu geben. Der Schriftstellerverband der DDR, dem Apitz die ersten Kapitel des Manuskripts einreichte, lehnte es ab, das Vorhaben zu finanzieren. Die Handlung spielt im Frühjahr 1945 im Konzentrationslager Buchenwald. Obwohl der Zusamenbruch des »Dritten Reiches« nur noch eine Frage von Wochen sein kann, scheint sich in Buchenwald nichts geändert zu haben: Weiterhin werden 50 000 Menschen von der SS terrorisiert. Doch der Schein trügt. In Wirklichkeit bereiten die Häftlinge, die über eingeschmuggelte Waffen verfügen und eine illegale Widerstandsorganisation gebildet haben, einen Aufstand vor. Die SS wiederum denkt an Flucht, wobei die einen die wichtigsten Zeugen ihrer Schandtaten und die mutmaßlichen Anführer der Widerstandsorganisation beseitigen möchten, die anderen hingegen plötzlich für Milde plädieren, um sich wenigstens im letzten Augenblick ein Alibi zu verschaffen. Mit jedem Wehrmachtsbericht, der das Näherrücken der amerikanischen Armee verkündet, werden die SS-Leute unsicherer und hektischer, während die Situation der Häftlinge gefährlicher und zugleich hoffnungsvoller wird. Diesem Hintergrund verdankt der Roman seine beachtliche Spannung.

Bei der Beurteilung eines derartigen Buches verliert zwar die Frage nach der künstlerischen Qualität ihre Dringlichkeit, doch muß erwähnt werden, daß der Verfasser mit besonders großen sprachlichen Schwierigkeiten zu kämpfen hat und daß in der Zeichnung der Gestalten die makellose Schwarz-Weiß-Malerei dominiert. Trotz der primitiven und oft ungeschickten Schreibweise vermag Apitz seine Leser zu fesseln und bisweilen zu bewegen. Im Unterschied zu vielen Autoren ähnlicher Bücher verzichtet er auf sachliche Berichte, reportagehafte Elemente sowie publizistische Darlegungen und bedient sich konsequent literarischer Mittel, die man als diejenigen des anspruchslosen Unterhaltungsromans bezeichnen könnte, hätte nicht dieser Begriff angesichts des behandelten Stoffes einen unheimlichen Klang. Und obwohl sich Apitz leider auf seinen Geschmack nicht verlassen kann, hat er unzweifelhaft Instinkt für effektvolle Situationen und dramatische Zuspitzungen.

Es ist ihm gelungen, die vielen Szenen, die das Leben im KZ Buchenwald veranschaulichen, durch ein Zentralmotiv zusammenzuhalten, dem Buch also eine zweckvolle Konstruktionsachse zu geben. In das Lager wird in einem Koffer ein dreijähriges polnisches Waisenkind geschmuggelt, das die politischen Häftlinge verbergen. Die SS erfährt zwar bald, daß sich im Lager dieser illegale Neuankömmling befindet, aber alle Nachforschungen sind vergeblich. Somit wird die Auseinandersetzung zwischen der SS und den Häftlingen durch den Kampf um das Leben eines hilflosen Kindes symbolisiert.

Mit diesem Motiv, dessen offenkundige Sentimentalität der Autor eher betont als abschwächt, ist der moralisch-politische Konflikt des Romans verbunden. Da die Existenz des verborgenen Kindes die Arbeit der kommunistischen Widerstandsgruppen gefährdet, muß über sein weiteres Schicksal das ebenfalls kommunistische Lagerkomitee entscheiden. Zunächst beschließen die Genossen, das Kind schleunigst aus dem Lager zu schaffen. Der Kommunist Höfel befolgt jedoch diese Anweisung nicht. Ihm wird daher »Disziplinbruch« vorgeworfen. Er gibt zu, »schuldig an der Partei« zu sein, und rechtfertigt sich lediglich mit den unklaren Worten: »Ich konnte nicht anders...«

Die hartgesottenen politischen Kämpfer, die dem Komitee angehören, stehen nunmehr vor einem Dilemma: Sollen sie das unbekannte Kind opfern oder aber die Aufdeckung der mühselig aufgebauten Organisation und den Tod zahlloser ihrer Mitglieder riskieren? Es braucht wohl kaum gesagt zu werden, daß dieser Konflikt ebenso lebensfremd wie unaufrichtig ist. Denn keine konspirative Organisation – geschweige denn eine kommunistische – würde unter den dargestellten Umständen auch nur einen Augenblick zweifeln. In »Nackt unter Wölfen« hingegen entscheiden sich die politischen Häftlinge zugunsten des Kindes: Sie lassen sich peinigen und sogar töten, aber sie verraten das Versteck nicht.

Nicht nur literarischen Kunstwerken kann eine gewisse Eigenmächtigkeit innewohnen, die mitunter die Absichten des Autors durchkreuzen. Auch Romane, die sich einer ästhetischen Beurteilung entziehen, können Fragen und Erscheinungen erkennen lassen, die der Autor nie anzudeuten oder gar zu behandeln beabsichtigte. Gewiß wollte Apitz nicht mehr, als den Nationalsozialismus anklagen und den Heroismus der kommunistischen Kämpfer rühmen. Da jedoch sein Buch trotz der zweifelhaften moralischen

Konflikte viel Wahrheit enthält, ist es zweischneidig geraten. Der Schlüsselsatz lautet: »Ein Mensch, der Anspruch erhebt, diesen Namen zu tragen, muß sich in all seinem Tun stets für die höhere Pflicht entscheiden.« Tatsächlich ignorieren die Helden des Romans die Regeln des Widerstandskampfes und die elementaren Grundsätze ihrer Partei. Sie lassen sich nicht von pragmatischen Überlegungen leiten, sondern von Güte und Herzenswärme. Die »höhere Pflicht« – das ist in »Nackt unter Wölfen« die einfache Menschlichkeit, die über alle anderen Gesichtspunkte triumphiert, das Interesse der Partei nicht ausgenommen.

Es mangele diesem Roman an Wirklichkeitsnähe? Ganz gewiß. Seine Problemstellung sei höchst unaufrichtig? Leider muß man die Frage bejahen. Es sei eine rührselige Geschichte mit Lesebuch-Didaktik? Natürlich. Aber jenseits der Elbe liest man derartige Bücher anders: nachsichtiger und hellhöriger zugleich, und glaubt oft Töne zu vernehmen, die jedenfalls dieser Autor bestimmt nicht anschlagen wollte. In einem Land, in dem ein Lied gesungen wird, das mit den Worten beginnt: »Die Partei, die Partei, die hat immer recht...«, ist man für einen Roman dankbar, der eine Aktion rühmt, die möglich wurde, weil ein Genosse sich der Partei widersetzt hat.

Daß dieses entscheidende Motiv lediglich zwischen den Zeilen des Buches spürbar wird und unmittelbar und unmißverständlich an einer einzigen Stelle auftaucht, die kaum mehr als eine Seite umfaßt, ist irrelevant, denn nur westliche Leser können es übersehen. Dort, wo der Terror herrscht, sucht man im Bild der Vergangenheit mit besonderem Eifer und besonderem Spürsinn die Parallelen zur Gegenwart. Romane, die zeigen, daß es nicht nur nötig, sondern auch möglich ist, dem Terror Widerstand zu leisten, werden, bewußt oder unbewußt, als Trost empfunden. Der Publikumserfolg, der »Nackt unter Wölfen« jenseits der Elbe zuteil wurde, hatte also seine guten Gründe.

(1961)

Von Erniedrigten und Beleidigten

Für die Bewunderer des Talents der Anna Seghers – und ich be-
kenne mich zu ihnen seit vielen Jahren und ohne Reue – war ihr
Buch »Die Entscheidung« ein schwerer Schlag gewesen, am wenigsten allerdings aus politischen oder ideologischen Gründen. Nicht
daß sie einen 600-Seiten-Roman zur Feier der SED verfaßt hatte,
mußte verwundern, sondern daß auch sie auf jene eigentlich schon
kindischen Klischeevorstellungen vom Leben diesseits und jenseits
der Elbe, die man in der Regel von den fragwürdigsten DDR-
Autoren aufgetischt bekommt, offenbar nicht verzichten konnte.

Dabei gibt es drüben wohl keinen einzigen Schriftsteller, der
sich in jeder Hinsicht mehr herausnehmen dürfte und der sich
einer größeren Freiheit erfreuen würde als eben Anna Seghers.
Nicht einmal die ihr bisweilen zugeschriebene skurrile Weltfremdheit und etwas rätselhafte Unberechenbarkeit – Eigenschaften also,
die nüchternen Politikern überall zuwider sind – vermochten das
volle Vertrauen der Parteiführung je nennenswert zu trüben:
Längst genießt die Dichterin des »Siebten Kreuzes« in der DDR
den absoluten Denkmalschutz.

Aber um so mehr schien »Die Entscheidung« eine mitnichten
erzwungene oder auch nur geforderte und dennoch fast bedin-
gungslose Kapitulation zu beweisen, die alle als peinlich empfan-
den. Mit anderen Worten: Während Anna Seghers ebenso aufrich-
tig wie hartnäckig bemüht war, den von der SED erhofften großen
Gegenwartsroman zu schreiben, hatte sie ihre schriftstellerische
Selbstkontrolle ganz und gar verloren. In diese Sinne war der chaotische Roman zu einem unfreiwillig erschütternden Zeitdokument
geworden.

Die damals teils heuchlerisch und hämisch, teils besorgt und
entsetzt gestellte Frage nach dem weiteren Weg der mit Recht

weltberühmten Erzählerin läßt sich jetzt beantworten, ohne daß man auf Spekulationen angewiesen wäre. Seit der Veröffentlichung des Romans »Die Entscheidung« sind nunmehr fast sieben Jahre vergangen, und indessen liegen drei weitere Bücher vor. Sie bieten nicht gerade meisterhafte oder auch sonderlich gewichtige Arbeiten; vielmehr haben wir es offensichtlich mit kleinen Nebenwerken zu tun. Aber Anna Seghers braucht sich ihrer nicht zu schämen; und man muß nicht unbedingt zwischen den Zeilen ihrer neuen Prosa lesen, um zu erkennen, welche literarischen Konsequenzen die Autorin der »Entscheidung« in aller Stille gezogen hat und wie sie es, vorerst wenigstens, zu halten gedenkt.

Es handelt sich zunächst um das Buch »Das Licht auf dem Galgen« (1961), eine längere Erzählung, die – zeitlich wie örtlich – in weiter Ferne spielt (auf den Antillen gegen Ende des 18. Jahrhunderts) und den Kampf zweier Franzosen für die Freiheit der Neger nicht ohne Raffinesse und Anschaulichkeit darstellt. Das andere Buch scheint mit der unmittelbaren Umwelt der Anna Seghers ebenfalls nicht viel gemein zu haben, denn es enthält (höchst bemerkenswerte) Aufsätze »Über Tolstoi – Über Dostojewskij« (1963); doch kann man ihnen über die keineswegs weltfremden Sorgen der Autorin kaum weniger entnehmen als über ihre Gegenstände. Und schließlich ist noch der Geschichtenband »Die Kraft der Schwachen« erschienen.[1]

Es ist verständlich, daß die Motive und Themen, die Gestalten und Situationen, die Stimmungen und Tonarten in diesen Erzählungen der Fünfundsechzigjährigen an ihre früheren Bücher erinnern. Aber gerade die Ähnlichkeit oder sogar Wiederholungen machen den nicht aufdringlichen und doch unverkennbaren Unterschied deutlich: Die Anna Seghers von heute ist ganz gewiß nicht mehr die der fünfziger Jahre. Was hat sich geändert?

Auch in dem Band »Die Kraft der Schwachen« gilt ihre besondere Liebe, wie eh und je, den einfachen, mitunter primitiven Menschen. Meist können sie ihre starken Gefühle und ihre wenigen Gedanken kaum ausdrücken. Sie erweisen sich als brav und zuverlässig und herzlich, sie erfüllen immer ihre Pflicht und sind, so unheroisch sie sich geben, zu Heldentaten fähig und zu Opfern bereit. Nur zwei von den neun Geschichten behandeln das Schick-

sal von Intellektuellen: Einmal ist es ein Journalist, ein andermal
ein Lehrer. Doch auch sie kennen keine Zweifel, sie gehen einen
geraden Weg, selbst wenn er ins Verderben führt.

Ohne Pathos, fast ohne die Stimme zu erheben, berichtet Anna
Seghers vom Leben der stillen kleinen Leute, von den Erniedrigten
und Beleidigten, von den Opfern der Weltgeschichte. Im kargen
und spröden, meist chronikartigen Duktus tauchen nur selten –
und fast immer überraschend – poetische Bilder auf. Diese knappen Prosastücke sind moderne Heldensagen und atheistische Legenden, weltliche Märtyrererzählungen und säkularisierte Pas-
sionsgeschichten.

»Der Junge war wirklich beinah vollkommen. Ein Schimmer
Gold aus der Haut heraus, aus dem Haar, aus den Augen... Er
glich einem erzürnten, von den Brauen bis zu den Zehen abflugbe-
reiten Engel.« So der Held der Erzählung »Der Führer«, ein abes-
sinischer Knabe, der drei Geologen, Offiziere der italienischen In-
vasionsarmee, durch Gebirgsschluchten in den Tod statt zu uner-
schlossenen Goldadern führt – und dabei selber umkommt. Wie
die Schilderung dieses halbwüchsigen Helden an ein Heiligenbild
erinnert und offenbar erinnern soll, so endet auch die Geschichte
mit einer Art Apotheose: »Die Steinklötze ... lösten sich auf, sie
wurden im Abenddunst so weich wie Wolken... Es glühte noch
einmal in Goldrot und Goldgrün und Violett, in Haß und Verzweiflung und auch in Triumph. Das Ende fing an zu rauschen.
Die Sterne sprangen in den Himmel.«

Immer schon hat das religiöse Element in den Büchern der Anna
Seghers eine wesentliche Rolle gespielt. Sie war und ist eine gläubige Schriftstellerin, die im Kommunismus, dem sie seit 1928 die
Treue hält, gerade das gefunden hatte, wonach sie sich am meisten
sehnte und was sie in ihrer Jugend am meisten benötigte: eine
atheistische Religion.

Fideistisch wie das ideelle Fundament ihres Werks schienen vor
allem die Schlußfolgerungen zu sein, die in der Regel ihren Lesern
geboten wurden: Als Antwort auf die Leiden, die realen Niederla-
gen, die Märtyrertode ihrer Helden hatte sie stets eine metaphysische Pointe in Reserve – den Hinweis auf die Unsterblichkeit des
Freiheitskampfes und der Revolution. »Die Toten bleiben jung«,

der Titel ihres Romans von 1949, war das programmatische Leitmotiv ihrer Epik.

Gilt das auch für ihre neue Prosa? Sasportas, der Held der Erzählung »Das Licht auf dem Galgen«, wird am Ende aufgehängt.
Von seinem Gefährten heißt es: »Es war ihm zumute, als leuchte
ein Licht von der Spitze des Galgens zu ihm herüber... Es scheint
nicht nur zurück auf Sasportas' Leben, es scheint auf alle, mit
denen Sasportas zu tun gehabt hat.« So 1961: als visueller Schlußef-
fekt der Heiligenschein, dem in »Der Führer« das goldrot und
goldgrün verbrämte Finale entspricht.

Aber es fällt auf, daß sich Anna Seghers einzig in diesen beiden
Erzählungen, die den nationalen Widerstand gegen die koloniale
Unterdrückung zu verherrlichen suchen, erlaubt, die irdischen
Vorkommnisse auf ihre Art zu transzendieren. Hingegen versagt
sie sich in den Geschichten des Bandes »Die Kraft der Schwachen«,
die in Europa spielen, jede metaphysische Deutung und Folgerung,
von der politischen Nutzanwendung ganz zu schweigen. Es sind
Leidensgeschichten ohne Pointen.

In »Wiedersehen« hören wir von der Not einer russischen Mutter während des Zweiten Weltkriegs. Die Motive: Flucht, Hunger,
Krankheiten, Tod. Ihr halbwüchsiger Sohn ist von den Deutschen
erschossen worden. Der Ich-Erzähler, der sie nach Jahren in Moskau trifft, möchte sie trösten, doch kann er ihr nur läppische Phra-
sen sagen. Im Gedächtnis des Lesers bleiben die Qualen der Mutter, einer sparsam gezeichneten und nahezu mythisch anmutenden
Gestalt, und der in Moskau immerhin nicht ganz alltägliche Ort
der Wiederbegegnung: Es ist eine alte Kirche.

Eine Mutterfigur steht auch im Mittelpunkt der Geschichte
»Agathe Schweigert«. Eine biedere Frau, Inhaberin eines kleinen
Kurzwarenladens in einem rheinischen Nest, sucht ihren einzigen
Sohn. Er kämpft in den Internationalen Brigaden in Spanien. Bis
sie hinkommt, ist er gefallen. Aber sie bleibt dort, arbeitet in einem
Militärlazarett und flieht dann zusammen mit den geschlagenen
Soldaten. Eine politische Geschichte? Wie sich diese Frau nicht
darum gekümmert hat, daß die in ihrem Laden feilgehaltenen
Sachen »bestickt und bedruckt mit großen und kleinen und win-
zigen Hakenkreuzen« waren, so begreift sie auch von den Vor-

gängen in Spanien nichts. Zwar hört sie immer wieder das Wort
»Teruel«, aber »ob es ein Mensch oder ein Ort war, wußte sie
nicht«. Sie würde ihrem Sohn natürlich auch dann nachreisen,
wenn er bei der Legion Condor wäre. Der Wert, den Anna Seghers
hier mit verhaltener Stimme feiert, hat mit Politik und Klassenkampf und Revolution nichts zu tun: Es ist die Mütterlichkeit.

Wenn der Erzählungsband etwas verkündet, dann nur – wie
einst im »Siebten Kreuz« – den Glauben an die Redlichkeit und
Rechtschaffenheit des einzelnen, an seine unzerstörbaren herzli-
chen Gefühle. So findet sich in dieser Sammlung auch eine schöne,
einfache Liebesgeschichte (»Susi«): Eine deutsche Bauerntochter
folgt einem französischen Besatzungssoldaten nach Paris und kann
trotz aller ihr bereiteten Enttäuschungen nicht aufhören, ihn zu
lieben.

Nur zwei der neuen Erzählungen ragen in das Deutschland der
Nachkriegszeit hinein, und beide haben überraschende, symptomatische Schlußakzente. In »Schilfrohr« wird ein 1943 fliehender
Antifaschist von einer märkischen Bäuerin gerettet – auch dies
übrigens eine völlig unpolitische Tat, lediglich von Mitleid und
später von Liebe bestimmt. Nach Kriegsschluß verläßt er sie. Als
sie es allein nicht mehr aushalten kann, sucht sie ihn in Ostberlin.
Doch der Widerstandskämpfer von gestern, der Mann, der dann
einen guten Posten »in der neuen Verwaltung« hatte, ist nach dem
Westen geflohen. Mit keinem einzigen Wort verurteilt Anna Seghers den Antifaschisten, der in der Zone nicht leben wollte.

Von einem kommunistischen Lehrer, den die Nazis viele Jahre
in Konzentrationslagern gequält hatten, heißt es in »Duell«: »Und
auch die Freiheit, als sie dann endlich kam, war bitter gewesen.« Er
hilft einem jungen Arbeiter – die Geschichte spielt 1945 oder 1946
in der Zone – eine Prüfung zu bestehen, was ihm seine weitere
Laufbahn ermöglicht. Nach vielen Jahren will dieser Arbeiter, inzwischen Werkleiter geworden, jenen Lehrer besuchen. Es stellt
sich heraus, daß er nicht mehr lebt. Die sich aufdrängende Frage
nach den Erfahrungen des verbitterten Kommunisten in der DDR
bleibt unbeantwortet.

In ihrem Dostojewskij-Essay bemerkt Anna Seghers im Zusammenhang mit den »Brüdern Karamasow«: »Die Direktheit und

Klarheit, mit der Aljoscha tut, was ihm als richtig erscheint, hätte ihm und erst recht seinem Dichter bei einer Fortsetzung des Romans schwere Konflikte gebracht.« Und zwar wäre »bei einer Weiterführung des Schicksals von Aljoscha« ein Konflikt entstanden zwischen Dostojewskijs »künstlerischer Wahrheitstreue und den heuchlerisch orthodoxen Warnungen eines Pobedonoszew«. Schon vorher hatte Anna Seghers genau erklärt, wer Pobedonoszew war: der im Auftrag der Zarenregierung fungierende »Berater«, »Beobachter« und »eine Art Vorzensor« Dostojewskijs. Sie stellt auch die Frage, ob der Dichter der »Karamosow« einem solchen Konflikt gewachsen wäre.[2]

Man darf wohl sagen: Die Direktheit und Klarheit, mit der die Gestalten der Anna Seghers tun, was ihnen als richtig erscheint, hätte ihnen und erst recht ihrer Autorin bei einer Fortsetzung der Geschichten schwere Konflikte gebracht. Dies mag der Grund sein, weshalb ihre Helden immer wieder unseren Blicken entrückt werden: Einer flieht nach dem Westen, ein zweiter muß sterben, die Spur der anderen verliert sich im Krieg oder im Ausland. So bleibt ein Phänomen konsequent ausgespart: die DDR. Und was immer Anna Seghers in diesem Buch erzählt, von dem Optimismus ihrer »Linie« (1949) oder gar ihrer »Friedensgeschichten« (1950) ist jetzt nichts mehr zu spüren. Wie in ihrer Epik der zwanziger und dreißiger Jahre sind die Farben wieder düster, die Töne wieder schwermütig, die Akzente bitter.

Und inmitten des Bandes steht »Der Prophet«, die Geschichte vom kommunistischen Journalisten, der während des Krieges in einem Konzentrationslager gezwungen wird, darzustellen, »wie Europa in drei Jahren aussehen würde«. Obwohl er weiß, daß ihm seine Voraussagen nur den Tod bringen können, schreibt er »mit seinen sauberen Buchstaben, die schnörkellos und leicht lesbar waren«, was er wirklich glaubt. Wie sollte man diese Geschichte anders verstehen denn als Bekenntnis und Mahnung der Erzählerin?

Jedenfalls gibt die Sammlung »Die Kraft der Schwachen« auf die Frage nach der Anna Seghers von heute eine zwar unauffällige und bescheidene, doch unmißverständliche Antwort. Eine Antwort nicht ohne Demut. Nicht ohne Würde.

(1966)

Bankrott einer Erzählerin

Den Bewunderern der großen deutschen Erzählerin Anna Seghers bleibt nichts erspart. Schon konnte man hoffen, es sei ihr gelungen, den schauerlichen Tiefpunkt ihrer schriftstellerischen Laufbahn – und damit meine ich den 1959 publizierten Roman »Die Entscheidung« – einigermaßen zu überwinden: Einerseits nämlich enthielten die kleinen Bücher, die sie Anfang und Mitte der sechziger Jahre veröffentlicht hatte, zwar nicht mehr als unerhebliche Nebenarbeiten, doch immerhin solche, deren sie sich keineswegs zu schämen brauchte; und andererseits mußte es auffallen, daß die Zeit verstrich, ohne daß Anna Seghers ihre unbarmherzige Drohung, sie werde der »Entscheidung« noch einen zweiten Band folgen lassen, wahrgemacht hätte. Denn eine erneute Behandlung der bereits bekannten und durchweg fatalen Motive und Figuren konnte nach menschlichem Ermessen nur zu einer erneuten Katastrophe führen. Aber das, was jetzt leider vorliegt, dieser Roman mit dem Titel »Das Vertrauen«[3], übertrifft die ärgsten Befürchtungen, und dies auf schwer vorstellbare Weise.

Gewiß erscheinen alljährlich in beiden Teilen Deutschlands viele langweilige und geschmacklose und vollkommen mißratene Bücher, und sie stammen bisweilen von Autoren, die früher Hervorragendes geleistet haben. Doch dies Produkt von Anna Seghers ist nicht nur langweilig und geschmacklos und vollkommen mißraten, es ist auch noch töricht und verlogen und, vor allem, obszön.

Die Handlung spielt im Jahre 1953 in der DDR, in der Bundesrepublik und in den USA. Die Menschen, die Anna Seghers auftreten läßt, gehören zwei verschiedenen Gruppen an: Sie sind gut oder böse. Nun sollte man aber nicht annehmen, die Guten seien nur im Osten und die Bösen nur im Westen. Freilich haben die DDR-Bürger, sofern es nicht ganz junge Menschen sind, für Frieden, Freiheit und Fortschritt gekämpft – in der Sowjetunion oder im Spanischen Bürgerkrieg oder in deutschen Konzentrationslagern. Die Bundesrepublikaner hingegen, die uns dieser Roman vorführt, waren meist in der SS oder haben zumindest mit den Nazis allerlei Geschäfte gemacht. Dennoch gibt es auch in der DDR böse Menschen. Nur daß sie nach dem Westen fliehen. Und auch im Westen gibt es neben den Industriellen und ihren verdummten Knechten auch gute Menschen. Nur daß sie sich nach der DDR sehnen.

Wer gut und wer böse ist, wird uns immer nachdrücklich mitgeteilt: »Er sah vor sich Ulspergers schönes, hartes Gesicht, seine aufrechte Haltung.« Einer, der ein schönes und hartes Gesicht hat und sich überdies aufrecht hält, ist natürlich ein vorbildlicher Kommunist. Oder: »Hell stach es aus Janauschs weißblauen Augen heraus in Webers ruhigen, noch jungen Blick, als berührten sich die Spitzen zweier elektrisch geladener Drähte.« Und selbst der Klassenletzte ahnt, daß sich derjenige, aus dessen Augen etwas heraussticht, als ein Verräter, der andere hingegen als ein treuer Sohn des Arbeiter- und Bauernstaates erweisen wird. Aber mit einer derartigen Kennzeichnung ihrer Gestalten gibt sich Anna Seghers nicht zufrieden, sie hat neuerdings noch massivere Mittel in Reserve: Um die Abscheulichkeit jenes Janausch, aus dessen Augen etwas heraussticht, vollends zu verdeutlichen, läßt uns die Erzählerin wissen, daß er einen ekelerregenden Geruch verbreitet.

Da dieser Roman etwas straffer und etwas weniger chaotisch als »Die Entscheidung« wirkt, drängt sich sein Zynismus geradezu auf: Die Darstellung gesellschaftlicher Zustände und politischer Ereignisse zeugt von absoluter Verachtung der Leser, die hier buchstäblich wie Schwachsinnige behandelt werden. Wer hat eigentlich am 17. Juni gegen die SED rebelliert? Laut Anna Seghers waren es lediglich Agenten, Idioten und stinkende Individuen. Das intellektuelle Niveau dieser Kapitel erinnert nicht etwa an die Leitartikel im »Neuen Deutschland«, sondern an jene in FDJ-Zeitungen aus der Provinz.

Viel Platz wird in dem Roman dem Tod Stalins eingeräumt oder, genauer gesagt, der Reaktion der DDR-Bürger auf dieses Ereignis. Am Tag, an dem unzählige Kommunisten in der ganzen Welt glaubten, aufatmen zu können, gibt es in dem Anna-Seghers-Roman nur pure Verzweiflung: »Auch solche, die bisher diesen Tod nicht so stark empfunden hatten, fühlten erschrocken, daß ihnen etwas Schweres, Unwiederbringliches geschehen war.« Sogar ein aus der DDR geflüchteter Wissenschaftler ist tief erschüttert: »Die Todesbotschaft hatte ihn gepackt wie eine eiserne und eisige Kralle, wie ein Fieberstoß ...«

Kaum anders als in den Büchern, die vor rund zwanzig Jahren in den kommunistischen Ländern gedruckt wurden, erscheint Stalin auch hier als der Weiseste aller Weisen, als der gütige Vater der Nationen, als der geniale Heerführer, der den Nationalsozialismus zerschmettert hat, den freilich Anna Seghers nie »Nationalsozialismus« nennt: Gehorsam befolgt sie die Sprachregelung, die unliebsame Assoziationen vermeiden soll – es heißt »Hitlerfaschismus«.

Abgesehen von wenigen und zaghaften Fragen einiger Figuren – und es sind Fragen, die sofort eindeutig beantwortet und widerlegt werden –, findet sich im ganzen Roman kein einziges Wort gegen Stalin. Nicht einmal den berüchtigten antisemitischen Ärzteprozeß, den Stalin kurz vor seinem Tod angeordnet hat, will Anna Seghers unmißverständlich verurteilen. Im Gegenteil: Der Roman bietet – wie ungeheuerlich und unwahrscheinlich dies auch anmuten mag – sogar eine halbe Rechtfertigung dieses Prozesses.

Hat man Anna Seghers in der DDR zu derartigem gezwungen? Nein, das ist nicht wahr. Gewiß, auch von ihr wird nicht gedruckt, was die SED nicht gedruckt sehen will. Aber es gibt keinen einzigen Schriftsteller zwischen der Elbe und der Oder, der sich mehr herausnehmen könnte als sie. Was sie hier über Stalin geschrieben hat, hat sie freiwillig geschrieben. Ist ihr die Wahrheit über Stalin etwa unbekannt? Eine lächerliche Vermutung. Sie weiß über Stalin ebenso Bescheid wie über die Sowjetunion von gestern und heute oder über den 17. Juni. Nur daß alle Informationen und Fakten und Enthüllungen nichts an ihrem vorwiegend oder ausschließlich emotionalen Verhältnis zu Stalin geändert haben. Man kann es, glaube ich, nicht anders bezeichnen als mit dem Wort »Liebe«.

Übrigens fällt es auf, daß Anna Seghers in ihren früheren Romanen und Erzählungen nur selten und meist sehr wortkarg auf Stalin zu sprechen kam. Möglich also, daß wir es jetzt mit einer Art Trotzreaktion zu tun haben, einer allerdings besonders abstoßenden. Schamlos scheint mir die Liebe der alten Anna Seghers zu Stalin zu sein. In diesem Sinne halte ich den Roman »Das Vertrauen« für obszön.

Läßt sich nichts Freundliches über den Roman sagen? Immerhin vierhundertfünfzig Seiten Prosa aus der Feder der Dichterin, der wir den »Aufstand der Fischer von Santa Barbara« und »Das siebte

Kreuz« und »Transit« verdanken und manche wundervolle Geschichte. Ich bitte mir zu glauben, daß ich gern einen Absatz oder wenigstens einige Zeilen zitieren würde, die als Oasen in dieser Wüste gelten könnten. Ich habe solche Zeilen nicht gefunden. Intellektuelle Armseligkeit und sprachliche Ohnmacht entsprechen einander auf fatale Weise. So bleibt der allerdings sehr fragwürdige Trost, daß dieses Buch niemanden verdummen kann: denn es ist zu langweilig.

Wer jedoch von dem Roman »Das Vertrauen« auf das Niveau der heutigen Literatur der DDR schließen wollte, wäre leichtsinnig. Dieses Niveau ist erheblich höher. Und ich denke dabei nicht etwa an Autoren, die drüben mehr oder weniger in Ungnade sind. 1966 habe ich sehr kritisch über den Roman »Die Aula« von Hermann Kant geschrieben.[4] Die damalige Beurteilung scheint mir nach wie vor nicht ungerecht zu sein. Verglichen jedoch mit dem »Vertrauen« ist »Die Aula« eine große geistige und literarische Leistung.

Doch hüte man sich, und das kann nicht nachdrücklich genug gesagt werden, vor Genugtuung oder Schadenfreude. Denn der neue Roman bietet lediglich zur Trauer Anlaß – zur Trauer um die große Erzählerin Anna Seghers.

(1969)

Kafka übt Selbstkritik

Daß der neue Erzählungsband der Anna Seghers (»Sonderbare Begegnungen«)[5] ein nicht nur sehr schwaches, sondern auch ein streckenweise unbeabsichtigt trauriges und dann wieder unfreiwillig komisches Buch ist, kann denjenigen, der ihr Spätwerk kennt, nicht mehr wundern: Seit dem 1968 erschienenen Roman »Das Vertrauen«, den ich nach wie vor für einen literarischen Fehltritt, eine moralische Schandtat und einen politischen Frevel halte, muß man bei dieser großen Schriftstellerin leider auf alles gefaßt sein.

Dennoch sind ihre neuen Erzählungen bestimmt einiger Aufmerksamkeit wert. Zum ersten stammen sie eben doch von Anna

Seghers: Die Bewunderer ihres Talents können sie, die einst eine überaus sinnliche, eine unvergeßliche Prosa schrieb, in (freilich nur sehr wenigen) ausdrucksvoll-exakten Nuancen und poetischen Formulierungen gerührt und zugleich entsetzt wiedererkennen. Ferner steht der Band »Sonderbare Begegnungen« schon seit Wochen an der Spitze der Bestsellerliste der DDR – und dies ist ein für uns keineswegs belangloses Faktum.

Natürlich wird der Buchkonsum überall organisiert, drüben allerdings mit anderen Mitteln und Methoden und zu ganz anderen Zwecken als hüben. Natürlich können sowohl sozialistische Institutionen als auch kapitalistische Unternehmen den Käufern einzelne Titel aufdrängen. Aber es zeigt sich immer wieder, daß Zwang und Manipulation hier wie dort – zumindest in diesem Bereich – ihre Grenzen haben.

Das soll heißen: Ähnlich wie für den Publikumserfolg der gegenwärtig die bundesrepublikanischen Bestsellerlisten anführenden Romane von Johannes Mario Simmel und Siegfried Lenz die entscheidenden Gründe nicht woanders zu suchen sind als in diesen Romanen selbst und, versteht sich, in der (eben nicht zufälligen oder nur organisierten) Popularität ihrer Autoren, so ist es auch durchaus glaubhaft, daß sehr viele Bürger der DDR freiwillig zu dem neuen Buch der Seghers greifen, ja, es sogar mit aufrichtigem Interesse lesen. Denn es sind zwar drei sehr unterschiedliche Erzählungen, die sie hier vereint hat; nur daß sie alle drei dem DDR-Publikum weit entgegenkommen, wenn auch jede – und das kann den Absatz nur steigern – ein etwas anderer Teil dieses Publikums goutieren wird.

Im »Treffpunkt«, der längsten der Erzählungen – sie spielt zwischen 1928 und 1945 –, heißt es von einem Jungen namens Klaus, der sich einer kommunistischen Jugendorganisation anschließt: »Er verstand fast nichts von ihren Gesprächen . . . Er hätte manchmal gern eine Frage gestellt, aber er hielt sich zurück . . . Sie sangen, ihre Augen glänzten.« Und etwas weiter: »Er verstand nicht alles, aber er war gebannt.«

Ich weiß, ich hätte mich längst daran gewöhnen können, und trotzdem erstaunt es mich immer wieder – daß nämlich Anna Seghers nicht müde wird, stets aufs neue jene zu besingen, die fast nichts verstehen, aber dafür viel und richtig fühlen, die keine Fragen stellen und nie zweifeln, aber dafür wacker hinter der Fahne marschieren, natürlich der roten. »Die Partei, die Partei, die hat immer recht«[6] – das dumme und widerliche Lied, das hündische Unterwürfigkeit fordert, es hätte das Motto auch dieser Erzählung sein können.

»Was wir tun, ist richtig« – meint der Kommunist Erwin, der andere Held des »Treffpunkt«. Doch was die KPD damals – in der Weimarer Republik und in den Jahren der Illegalität – ihren Mitgliedern abverlangte, war ja oft falsch und töricht und verantwortungslos. Alle alten Kommunisten wissen das, auch Anna Seghers. Wem nützt sie, wenn sie die schmerzhaften Dramen der Parteigeschichte umstilisiert – um nicht zu sagen: umlügt – in Märchen für artige und etwas unterentwickelte Kinder?

Da wird auf die Niederlage der Republikaner im Spanischen Bürgerkrieg wie stets bei der Seghers reagiert: »Was inzwischen in Spanien geschehen war, beunruhigte ihn, doch er konnte sich die Ereignisse nicht richtig erklären.« Das ist alles zu diesem Thema. Oder: »Den Pakt zwischen Hitler und Stalin erlebte Erwin in Luckau. Er war wie vor den Kopf geschlagen...« Kein Wort gegen den Pakt, wohl aber eine Rechtfertigung: »In solchen Zeiten ist alles möglich... Schließlich war es vernünftig.«

Und 1945 kommt die Sowjetarmee: »Es gab warme Suppe.« Was es damals sonst noch gab, wird nicht gesagt. Hier endet auch die Erzählung von den beiden Kommunisten: Wie man sieht, hält sich Anna Seghers an eine im literarischen Leben der DDR längst bewährte Regel, derzufolge alten Kommunisten die Konfrontation mit der Wirklichkeit des von ihnen angestrebten Staates in Romanen und Geschichten eher zu ersparen ist.

Jedenfalls läßt kein einziger Satz der 1971 verfaßten Erzählung den Zeitpunkt ihrer Entstehung erkennen, keiner, der davon zeugen könnte, daß Anna Seghers aus der politischen Entwicklung des letzten Vierteljahrhunderts auch nur die geringsten Folgen zu ziehen bereit war. In stilistischer Hinsicht freilich weicht die neue Erzählung von ihrer früheren Prosa nicht unerheblich ab: Den chronikartigen Duktus, den die Seghers einst für solche Geschichten bevorzugte, hat mittlerweile eine altbacken-betuliche Suada abgelöst. Was herb und spröde war, ist jetzt nur noch brav und bieder, was, zugegeben, dem Inhalt genau entspricht.

So beginnt der »Treffpunkt«: »Der Kunstschlosser Rautenberg, der in der Stadt Gotha lebte, hielt streng auf Ehrbarkeit und Sparsamkeit in seiner Familie.« Da gibt es »ein einfaches, mit zwei Flaschen Wein aufgelockertes Abendessen«. Von Erwin hören wir, daß er »ein putziges, hurtiges Bürschlein gewesen war«. – Man könnte annehmen, Anna Seghers sei diesmal auf die Parodie der beliebten deutschen Lesebuch-Geschichte aus gewesen. Doch kann davon leider keine Rede sein, hier ist alles so ernst wie humorlos gemeint.

Aber wer sich in der DDR nach des Tages Arbeit nach einer Lektüre sehnt, die sich für große Literatur halten ließe (und dafür scheint ja der Name der Autorin zu bürgen) und die ihn einigermaßen unterhält, ohne ihn indes zu beunruhigen oder gar zum Nachdenken zu nötigen, dem mag ein derartiges Prosastück – um in seinem Stil zu bleiben – gar trefflich munden: Gerade der fatale Lesebuch-Anstrich dieser Erzählung kann also bei einem bestimmten Publikum zu ihrem Erfolg beitragen.

Wer allerdings mehr auf Poetisches und Phantastisches eingestellt ist, wer gern über Geheimnisvolles und Tiefsinniges grübeln möchte, der mag eher bei den »Sagen von Unirdischen« auf seine Rechnung kommen. Es handelt sich um eine Science-fiction-Story, die im 15. und 16. Jahrhundert spielt und in deren Mittelpunkt Kundschafter von einem anderen Stern stehen: Verwundert stellen sie fest, daß es auf Erden, zumal in Deutschland, gibt, was sie nicht kennen – Krieg und Kunst.

Eine Figur dieser Sagen ist der von den Katholiken grausam bekämpfte Matthias Grünewald: »Sag mir – fragt der Neuankömmling –, warum er von seinem Werk nicht abläßt, wo er doch weiß, eine große Gefahr ist nahe?« – Ob Anna Seghers hier vielleicht an Künstler, an Schriftsteller vor allem, gedacht hat, die heutzutage in gewissen Ländern von ihrem Werk nicht ablassen, obwohl große Gefahr nahe ist? Nein, machen wir uns lieber keine Illusionen.

Diese »Sagen von Unirdischen« muten (wie übrigens meist Science-fiction-Stories) allzu ausgeklügelt und kalkuliert an und sind (abgesehen von den ersten und besten Seiten) etwas wirr und recht dunkel. Wird das der Erzählung schaden? Nicht unbedingt. »In einem Land, wo man von Haus aus so viel träumt und trübt« (Benn)[7], werden manche ihrer Leser durchaus zufrieden sein.

Doch auch für literarische Feinschmecker in der DDR ist hier gesorgt: Die aus dem Jahre 1972 stammende »Reisebegegnung« erzählt von einem Treffen in einem Prager Kaffeehaus. Die Teilnehmer sind: E. T. A. Hoffmann, Nicolai Gogol und Franz Kafka. Ein guter Einfall? Ein glänzender. Aber offen gesagt messe ich solchen originellen Einfällen keine sonderliche Bedeutung bei. Denn es ist eine alte Wahrheit: In der Literatur kommt es nicht auf die Einfälle an (die liegen zwar nicht auf der Straße, stehen jedoch fast täglich in den Zeitungen), sondern darauf, was der Autor aus dem Einfall machen kann.

Was hat uns Anna Seghers von jenem Schriftsteller erzählt, für den Ernst Fischer 1963 auf der berühmten Liblice-Konferenz ein Dauervisum für die Oststaaten beantragt hat? Dieser Antrag ist, wie man weiß, noch weitgehend unerledigt: In der DDR beispielsweise gilt Kafka, obwohl man sich dort 1965 immerhin einen einmaligen (sehr ordentlichen) Auswahlband seiner Werke geleistet hat, nach wie vor als ein Diversant, ein besonders gefährlicher Staatsfeind. Ein Dauervisum kommt offenbar überhaupt nicht in Frage. Von diesem unvermindert vorhandenen Hautgout profitiert beim Publikum in der DDR die »Reisebegegnung«.

Daß Kafka an einem Kaffeehaus-Tisch sein »Schloß« schreibt, kann ich mir nicht recht vorstellen. Daß E. T. A. Hoffmann, Gogol und Kafka genau die gleiche Sprache sprechen, die sich überdies nicht im geringsten von jenem Seghers-Idiom unterscheidet, das wir von ihren mit wenig Geist geschlagenen proletarischen Helden längst kennen, will ich nur am Rande vermerken. Daß die drei Genies bereitwillig im Kaffeehaus ihre Geschichten nacherzählen und noch ganze Passagen vorlesen oder auswendig rezitieren, finde ich einigermaßen komisch, zumal die meisten Schriftsteller, ob nun Genies oder nicht, für die (gelungenen) Arbeiten ihrer (lebenden!) Kollegen wenig Geduld haben.

Daß Kafka im Kaffeehaus zu allerlei griffigen Bekenntnissen bereit ist (er sagt, er fühle sich »heimatlos, zwischen Deutsch und

Tschechisch« und sei »verkapselt in Todesangst«), daß er Banalitäten von sich gibt (»Jeder von uns muß wahr über das wirkliche Leben schreiben«) und in backfischhafter Verzückung ausruft: »Wie wunderbar ist die Sprache, wie rätselhaft!«, scheint mir ziemlich geschmacklos.

Aber dies alles mag noch nebensächlich sein angesichts dessen, worauf die »Reisebegegnung« hinausläuft – nämlich auf eine unmißverständliche und handfeste Auseinandersetzung mit Kafka. Sein Schreiben, wirft ihm Gogol vor, habe keinen Sinn, weil ihn die Menschen nicht begreifen könnten: »Unverständliches Zeug nützt nichts, wie es oft junge Leute verzapfen.«

Hoffmann tadelt Kafka, weil er »nie über Gerechtigkeit« geschrieben habe, sondern »nur über einen Prozeß im allgemeinen, den eine unbekannte Macht steuert«. Die Schriftsteller aber sollten »die Menschen trösten und warnen«. Indes käme bei Kafka viel vor – bedauert Hoffmann –, »was die Menschen sinnlos beängstigt, zweiflerisch, unsicher macht«. Und: »Bei Ihnen gibt es, fürchte ich, keine richtigen Menschen aus Fleisch und Blut mit guten und schlechten Eigenschaften.«

Gegen Ende der Erzählung wird der zentrale Einwand immer stärker akzentuiert: In Kafkas Werk vermisse man die optimistische Perspektive. In seinen Erzählungen fehle – wieder ist es Hoffmann, der dies feststellen muß –, »daß man sich irgendwann, irgendwie hoch erheben kann über die Leiden und Qualen in unserem bedrohten Leben«.

Ein wenig darf sich Kafka gegen die ihn kritisierenden Kollegen zur Wehr setzen: Ob er denn nicht das Recht habe, die Wirklichkeit so ausweglos darzustellen, wie er sie sehe? Darauf hat Hoffmann nur gewartet, um den Individualisten und Pessimisten energisch auf Vordermann zu bringen. Er, Kafka, sehe ja nur ein »schmales Stück Wirklichkeit«: »Weil Sie für sich selbst keinen Ausweg sehen, sehen Sie auch keinen für andere. Man muß aber nach einem Ausweg suchen, nach einer Bresche in der Mauer ... Ein Lichtpünktchen muß man aufglänzen sehen.«

So wird hier Kafka vom Standpunkt des Sozialistischen Realismus (übrigens des orthodoxen, eher des von gestern und vorgestern) nach Strich und Faden abgekanzelt: Anna Seghers ist sich, so unwahrscheinlich dies auch sein mag, nicht zu gut, um die plattesten und simpelsten Vorwürfe, die im Laufe der letzten zehn Jahre von den borniertesten Kritikern und Funktionären in Ostberlin und Moskau (aber nie in Warschau) gegen Kafka erhoben wurden, zu wiederholen und ungeniert Gogol und vor allem Hoffmann (wer hätte gedacht, daß ausgerechnet der Autor der »Nachtstücke« zum passionierten Sachwalter des Sozialistischen Realismus avancieren würde?) in den Mund zu legen.

Schließlich gibt es in dieser Erzählung noch eine überraschende, eine schlechthin umwerfende Pointe: Kafka übt Selbstkritik. Im »Schloß« sei »die Versöhnung, das Aufenthaltsrecht nach soviel Entbehrung. Ich hätte es wenigstens so schreiben sollen. Ja, ›Amerika‹, darin war etwas enthalten, was die Menschen verstanden. An dieses Etwas hätte ich mich halten sollen«.

Mit anderen Worten: Kafka kommt zum Ergebnis, daß er sein ganzes Werk hätte anders schreiben und sein »Schloß« mit einem versöhnlich-optimistischen Ausgang versehen sollen. Das schlägt dem Faß den Boden aus. Ich halte dies – und bei allem Respekt vor der Autorin des »Siebten Kreuzes« sehe ich keinen Grund, taktvoll-vorsichtige Umschreibungen zu suchen – für hirnverbrannten Blödsinn und für eine Schamlosigkeit obendrein.

Doch was auch ein großer Schriftsteller publizieren mag, er kann immer nur sich selber kompromittieren, nie sein früheres Werk. In der Erzählung »Die Reisebegegnung« heißt es einmal: »Jeder ist schuld an dem, was er schreibt.« Eben, eben.

(1973)

Nicht gedacht soll ihrer werden?

Anna Seghers ist ins Zwielicht geraten, ja, in Verruf. Noch unlängst hat man sie, zumal jenseits der Elbe, gerühmt und verherrlicht, wenn nicht gar verklärt. Neuerdings wendet man sich von ihr ab, sie wird mehr oder weniger deutlich verurteilt, wenn nicht gar verdammt. In der DDR gibt es dem Vernehmen nach – man kann es kaum glauben – 180 Anstalten, Betriebe und Institutionen der unterschiedlichsten Art, die man mit ihrem Namen geschmückt hat.

Nun wird dort gefragt, ob die Beibehaltung dieses Namens denn noch angebracht oder auch nur zulässig sei.

Ähnliche Sorgen hat man in der Bundesrepublik ebenfalls, allerdings in erheblich geringerem Umfang. Betroffen ist vor allem Mainz, wo Anna Seghers im Jahre 1900 geboren wurde. Zweimal hat man sie mit hohen Würden bedacht: 1977 wurde ihr die Ehrenbürgerschaft der Johannes-Gutenberg-Universität verliehen und 1981 die der Stadt Mainz. Beiden Beschlüssen gingen heftige und etwas peinliche öffentliche Auseinandersetzungen voran. Wer damals gegen die Ehrung der in Ost-Berlin ansässigen Mainzerin war, sieht sich jetzt bestätigt. Es wird auch überlegt, ob es nicht doch richtig wäre, die Anna-Seghers-Schule in Mainz rasch umzubenennen. Und Deutschlehrer zweifeln, ob sie ihren Schülern die Lektüre des Romans »Das siebte Kreuz« überhaupt noch empfehlen können. Die Erzählerin Anna Seghers sei nicht mehr glaubwürdig. Also: Nicht gedacht soll ihrer werden. Aber was ist denn eigentlich geschehen?

Walter Janka, Kommunist seit 1930, der ab 1941 in Mexiko den wichtigsten Exil-Verlag auf dem amerikanischen Kontinent (»El Libro Libre«) geleitet und nach seiner Rückkehr aus dem Aufbau-Verlag den bedeutendsten, auch im Westen hochgeachteten Verlag der DDR gemacht hat – dieser Walter Janka wurde im Dezember 1956 der konterrevolutionären Verschwörung gegen die Regierung Ulbricht beschuldigt und im Juli 1957 in einem Schauprozeß zu fünf Jahren Zuchthaus verurteilt. Erst 1989 hat Janka einen Teil seiner Erinnerungen unter dem Titel »Schwierigkeiten mit der Wahrheit« veröffentlicht – in der Bundesrepublik übrigens, nicht in der DDR. Das Buch enthält knappe und sachliche Informationen auch über Anna Seghers.

Im Oktober 1956, unmittelbar nach dem Einmarsch der sowjetischen Truppen in Budapest, hatte sie Janka dringend gebeten, sofort nach Ungarn zu reisen, um den siebzigjährigen Georg Lukács, dessen Leben offensichtlich gefährdet sei, zu retten. Janka, zu dessen prominenten Autoren der Literaturwissenschaftler Lukács gehörte, war hierzu bereit, Johannes R. Becher, der Kulturminister der DDR, unterstützte diesen Plan, stellte ein Auto mit Fahrer zur Verfügung und beschaffte blitzschnell Devisen und Reisepässe.

Aber im letzten Augenblick wurde die Aktion abgeblasen: Ulbricht war dagegen.

In der gegen Janka erhobenen Anklage spielte seine nie angetretene Reise nach Ungarn eine entscheidende Rolle: Er habe Lukács, der »ein verkappter Agent des Imperialismus in den Reihen der internationalen Arbeiterbewegung« sei, aufspüren wollen, um ihn »als geistiges Oberhaupt der Konterrevolution in die DDR zu holen«.[8] Da der Prozeß zur Abschreckung dienen sollte, mußten bekannte Schriftsteller an ihm als Zuhörer teilnehmen, unter anderen Anna Seghers: Sie »sah betroffen zu Boden. Sie schwieg, als Lukács verleumdet und fälschlich beschuldigt wurde. Sie erhob sich nicht, um ihren Protest in den Saal zu rufen, zu fordern, daß sie gehört wird. Nein, sie schwieg. Und sie schwieg auch nach dem Prozeß.«[9]

So ist das: Anna Seghers hat sich schändlich verhalten – und nicht nur gegenüber ihrem Freund und Verleger Walter Janka. Sie hat auch den Alt-Kommunisten Paul Merker, einen Ulbricht-Rivalen, gegen besseres Wissen als amerikanischen Agenten denunziert: Er wurde 1955 zu acht Jahren Zuchthaus verurteilt und mußte schon 1956 rehabilitiert werden.

Aber wer sich für Anna Seghers interessiert hat, genauer: für ihre Rolle in der DDR und ihr Werk nach der Rückkehr aus dem Exil, den kann, was Janka jetzt mitteilt, schwerlich überraschen. Wer wissen wollte, der wußte, daß sie sich ängstlich gehütet hat, von der Parteilinie abzuweichen oder gar das Unrecht, den Terror in der DDR zu beanstanden. Niemals hat sie gegen die Verbrechen Stalins protestiert, sogar nach Chruschtschows berühmter Abrechnung zog sie es vor, konsequent zu schweigen, sie, die sich in jeder Hinsicht mehr hätte herausnehmen können als irgendein Schriftsteller zwischen der Elbe und der Oder. Janka schreibt: »Gerade sie hätte sich der Mitverantwortung nicht entziehen dürfen . . . Ein wenig Mut hätte ihrem Ruf nicht geschadet und ihre Position nicht gefährdet. Selbst Ulbricht hätte es nicht gewagt, sie verhaften oder auch nur belästigen zu lassen. All das wußte sie. Trotzdem blieb sie stumm.«[10]

Ganz stumm freilich doch nicht. In ihrem 1969 veröffentlichten Roman »Das Vertrauen« werden die Leser buchstäblich wie

Schwachsinnige behandelt: Anna Seghers präsentiert ihnen allen Ernstes noch die gröbsten und dümmsten Propagandalügen. So sollen dem Roman zufolge – um nur dieses Beispiel anzuführen – am 17. Juni 1953 gegen den SED-Staat bloß Agenten, Idioten und Kriminelle rebelliert haben. Mehr noch. Dieser Roman enthält eine Art Liebeserklärung – und es ist kein anderer als Stalin, den Anna Seghers noch viele Jahre nach seinem Tod inbrünstig liebt und trotz aller die Welt erschütternden Enthüllungen als den gütigen Vater der Nationen und den Weisesten aller Weisen preist. Wie soll man das verstehen, worauf soll man es zurückführen? Auf Borniertheit? Wohl kaum, eher auf Feigheit, auf Zynismus und abstoßenden Fanatismus. Wie auch immer: Nicht gedacht soll ihrer werden.

Indes: Haben wir Anna Seghers geschätzt und bewundert, weil wir sie für edel, hilfreich und gut hielten? Oder weil wir ihr die Romane »Transit« und »Das siebte Kreuz« verdanken, weil sie den »Aufstand der Fischer von Santa Barbara« geschrieben hat und den »Ausflug der toten Mädchen?« Sollen wir auf diese Bücher jetzt verzichten? Haben sie sich denn in der Zwischenzeit verändert? Text bleibt Text – davon waren wir seit eh und je überzeugt. Gilt der Satz nicht mehr? Doch, er gilt nach wie vor. Aber wahr ist auch, daß literarische Arbeiten im Laufe von Jahren und Jahrzehnten verblassen und absterben, daß sie andererseits in einer neuen Situation eine neue Bedeutung gewinnen können, ja sogar eine ungeahnte Aktualität. »Das siebte Kreuz«, dieser keineswegs zu Unrecht berühmteste Roman der Anna Seghers, dessen Manuskript 1940 abgeschlossen war und der 1942 erschienen ist (eben in dem von Walter Janka geleiteten Exilverlag) – wie liest er sich hier und heute?

Die Geschichte des Arbeiters Georg Heisler, der im Oktober 1937 zusammen mit sechs Leidensgefährten aus einem Konzentrationslager in der Nähe von Mainz flieht und dem es im Unterschied zu den anderen schließlich gelingt, ins Ausland zu entkommen, war für uns, die wir der älteren Generation angehören, damals, in den Jahren nach dem Zweiten Weltkrieg, eine Sensation, und zwar mit gutem Grund.

Romane, deren Handlung im »Dritten Reich« spielte, gab es so gut wie überhaupt nicht – und die wenigen, die sich fanden, waren literarisch minderwertig, bestenfalls mittelmäßig. Hier aber hatten wir ein poetisches Buch von hoher sprachlicher Qualität und überdies spannend und aufregend wie ein guter Kriminalroman, freilich einer mit umgekehrten Vorzeichen: Verbrecher in den Uniformen der SS und der SA verfolgen einen Unschuldigen. Sofort fiel auch die Fülle und die außerordentliche Anschaulichkeit der Milieuschilderungen auf: Welcher deutsche Romancier unseres Jahrhunderts hatte die Welt der einfachen Leute, vornehmlich der Arbeiter, Handwerker und Bauern, so überzeugend zu zeigen vermocht wie Anna Seghers? Sie selber war übrigens durchaus nicht plebejischer Herkunft, vielmehr stammte sie aus einem begüterten bürgerlichen Haus.

In der Zwischenzeit hat »Das siebte Kreuz« von seiner Suggestivität nur wenig eingebüßt. Gewiß, so aufregend wie einst ist das Buch nicht mehr. Aber nach wie vor bewundert man die Souveränität und auch die unzweifelhafte Virtuosität einer Erzählerin, die traditionelle Ausdrucksmittel und moderne Kompositionstechniken aufs glücklichste miteinander verbindet: Sie bilden in ihrer Prosa eine fugenlose, eine selbstverständliche Einheit. Doch deutlicher als früher sehen wir jetzt, wie sehr sich Anna Seghers unter dem Einfluß der antifaschistischen Volksfronttaktik der KPD bemüht, ihren Roman von politischen und ideologischen Elementen freizuhalten. »Das siebte Kreuz«, gewidmet »den toten und lebenden Antifaschisten Deutschlands«, ein unpolitischer Roman? Das ist so absurd nicht, wie es im ersten Augenblick anmutet.

Wogegen der Roman sich richtet, weiß der Leser gleich – natürlich gegen den Terror und die Barbarei, gegen den Nationalsozialismus. Nur wird dieser Begriff konsequent umgangen. Warum eigentlich? Vielleicht deshalb, weil die Autorin auch solche Begriffe wie »Kommunismus«, »Sozialismus« oder »Sozialdemokratie« vermeiden möchte. Von denen, die sich hier gegenüberstehen, wird immer ganz allgemein gesprochen: Verfolger sind es und Verfolgte, Täter und Opfer, böse und grausam die einen, gütig und tapfer die anderen.

»Lieber Freund« – heißt es in dem Roman –, »diese Welt – wie sie nun einmal beschaffen ist – hat verhältnismäßig wenig Möglichkeiten, entweder halten wir eine bestimmte Sorte Menschen hinter einem Stacheldraht und geben schön acht und viel besser als bisher, daß alle drin bleiben – oder wir sind drin und die andern geben auf uns acht.« Also klare und einfache Fronten, bloß »wir« und »die andern« – und nichts Genaueres hierüber. Doch braucht man nicht lange zu rätseln, wer denn gemeint ist: Den zitierten Satz läßt Anna Seghers einen Nazi aussprechen, einen Polizeikommissar. Aber hätte nicht genau dasselbe ein sowjetischer Funktionär oder ein Offizier des Staatssicherheitsdienstes in der DDR sagen können? Ist vielleicht der Anna Seghers hier ein so primitives wie handfestes Rezept des totalitären Staates schlechthin entschlüpft?

Ein anderer Nazi, der Kommandant des Konzentrationslagers, aus dem die sieben Häftlinge geflohen sind, fühlt – nicht zufällig erst ganz am Ende des Romans –, »daß er nicht hinter einem einzelnen her war, dessen Züge er kannte, dessen Kraft erschöpft war, sondern einer gesichtslosen, unabschätzbaren Macht«. Wiederum hütet sich Anna Seghers, diese Macht zu definieren. Daß sie alle Gegner des nationalsozialistischen Regimes im Sinne hat, läßt sich schwerlich glauben, die verklärende und mystifizierende Formulierung deutet weit eher auf den Kommunismus hin.

Aber warum hat der Kommunismus 1933 so kläglich versagt, warum ist die ganze deutsche Arbeiterbewegung damals wie ein Kartenhaus zusammengebrochen, warum hat ein großer Teil gerade des Proletariats Hitler unterstützt? Die Fragen bleiben unerwähnt. Und die Situation der Kommunisten im Herbst 1937? Daß es zu diesem Zeitpunkt eine illegale KPD in Deutschland nicht mehr gab, wird in dem Roman mehrfach zumindest angedeutet. Auf den Spanischen Bürgerkrieg und die Niederlage der Republikaner finden sich immerhin zwei oder drei Anspielungen.

Die Moskauer Prozesse? Im Gespräch mit dem fliehenden Georg Heisler sagt der brave Arbeiter Paul Röder: »In deinem Rußland haben sie's auch nicht geschafft. Erst hat's nach was ausgesehen, daß man doch manchmal bei sich gedacht hat: Vielleicht, wer weiß? Jetzt –.« Heisler, seit Jahren im Konzentrationslager und infolgedessen nicht informiert, ist natürlich begierig, Näheres zu erfahren. Aber er bekommt von Röder nur zu hören: »Jetzt, das

weißt du doch . . . Wie dort alles drunter und drüber geht!« Heisler
fragt ungeduldig: »Was?« Röders Antwort lautet: »Was weiß ich,
ich kann diese Namen doch nicht behalten.«

Diese Dialogpassage scheint mir charakteristisch für die Taktik
der Autorin des »Siebten Kreuzes«: Zwar nähert sie sich jener
Frage, die damals die Kommunisten der ganzen Welt erschütterte,
doch weicht sie, um ja nicht in Widerspruch zur Parteilinie und zur
offiziellen Propaganda der Sowjetunion zu geraten, schleunigst
wieder zurück.

Und Georg Heisler, der Held des Romans, der sofort die Leser
für sich einnimmt – ist er wirklich ein Kommunist? Ja, das ist er
schon, freilich einer von besonderer Art, gewissermaßen ein apoli-
tischer Kommunist. Er kannte nur eine Leidenschaft – und das war
der Sport. »Du, Georg« – sagte ihm mal ein Freund – »hast statt
'nem Kopf 'nen Fußball auf den Schultern.« So schloß er sich, ein
gelernter, beschäftigungsloser Automechaniker, einem Arbeiter-
sportverein an. Von dort kam der lustige und eher unseriöse Bursche, dem alles Politische gleichgültig, ja unverständlich war, offenbar automatisch zu den Kommunisten. Als bei einer Demon-
stration sein Schuh beschädigt wurde, hören wir, daß er zu denen
gehört, »die auch barfuß mitgegangen wären, von Anfang bis
Ende«. Für die Bücher, die man ihm zu lesen gab, war er allerdings
nicht zu haben, freimütig sagte er, »daß er alles doch nicht behalten
könnte«. Das sei eben nichts für ihn. Schon gut, aber war es da
nicht ein reiner Zufall, daß er sich den Kommunisten angeschlos-
sen hatte und nicht den Nazis?

Einen ganz anderen Weg hat sein Jugendfreund Paul Röder gewählt. Ihm gefällt das »Dritte Reich«: »Jetzt geschieht doch was . . .
all die Vergünstigungen und die Zulagen . . . so was war noch nie da
auf der Welt.« Daß dieser Röder, der so zufrieden ist mit dem
neuen Deutschland und der so ausgiebig die NS-Volkswohlfahrt
rühmt, den alten Kumpel Georg Heisler, den er seit Jahren nicht
gesehen hat und der ihm offen sagt, daß er aus einem Konzentrationslager geflohen sei und von der Polizei gesucht werde, in seiner
Wohnung übernachten läßt und damit ein großes Risiko auf sich
nimmt – kann man das überhaupt glauben? Vielleicht doch. Er mag
leichtsinnig sein und die Gefahr unterschätzen.

Daß aber Röder zwei ehemalige KPD-Mitglieder im Auftrag
Heislers, der keine Ahnung hat, was aus ihnen seit 1933 geworden
ist, in Frankfurt sucht, damit sie dem von der Gestapo Verfolgten
zur Flucht ins Ausland verhelfen, daß er die Bedenken und Befürchtungen seiner schwangeren Frau in den Wind schlägt, daß er
sie und ihre gemeinsamen Kinder aufs höchste gefährdet – wie soll
man sich das erklären? Heisler will ihm etwas erläutern, verzichtet
aber bald darauf: »Röder hätte von all dem wenig verstanden...«
Jedoch: »Verstanden oder nicht verstanden, Röder half.« So ist das
im Werk der Anna Seghers: Mit Vorliebe verherrlicht sie einfache
Menschen, die wenig denken und wenig verstehen und nie zweifeln – wenn sie Kommunisten sind, dann folgen sie gehorsam allen
Befehlen. In einer anderen Partei sprach man da vom »Führerprinzip«.

Ob die Menschen, die Heisler auf seiner Flucht durch die Städte
und Dörfer am Rhein und Main trifft, wissen, wie es um ihn bestellt ist, oder ob sie es nur ahnen – sie überwinden allesamt ihre
Angst, sie denken nicht daran, den Mann in Not den Behörden zu
melden, meist helfen sie ihm. Sogar ein Halbwüchsiger, ein Gärt-
nerlehrling, von dem es heißt, daß er bei der Hitlerjugend gut
angeschrieben war, der keinen Augenblick zweifelt, daß jene, die
in den Konzentrationslagern eingesperrt werden, da hineingehören
wie Irre ins Irrenhaus, sogar er erschwert der Gestapo die Verfolgung durch eine bewußt falsche Aussage. Jedenfalls wird im »Siebten Kreuz«, von einer einzigen Ausnahme abgesehen, nicht denunziert. Wußte es Anna Seghers nicht besser?

Zunächst einmal spricht es für sie, daß sie im Unterschied zu
anderen emigrierten Autoren keineswegs versucht hat, den Lesern
ihres Romans einzureden, Hitler herrsche gegen den Willen des
deutschen Volkes. Im Konzentrationslager habe sich Heisler, heißt
es, den Alltag ganz anders vorgestellt: »Er hatte geglaubt, einem
jeden Gesicht, einem jeden Pflasterstein sei die Schande anzusehen,
und Trauer dämpfte die Schritte und Stimmen und selbst die Spiele
der Kinder. Die Straße hier war ganz ruhig, die Menschen sahen
vergnügt aus.«

Was veranlaßt diese Menschen dennoch, sich so und nicht anders zu verhalten? Warum entscheiden sich sogar die Anhänger des

Nationalsozialismus (wie der biedere Röder) mit schöner Regelmäßigkeit gegen den Staat und gegen die Polizei? Und wenn schon
einer im Gestapo-Verhör kapituliert und einen der Flüchtlinge verrät, dann hängt er sich auf und seine Frau brüllt verzweifelt, »er
hätte es gestern tun sollen, vor dem Verhör«. Was steht hinter
dieser Handlungsweise? Das Wunschdenken der Anna Seghers?
Mit Politik haben die Entscheidungen der Personen, die sie auftreten und in heikle Konflikte geraten läßt, nichts zu tun. Vielmehr
lassen sie sich von ihrem Gewissen leiten, von Mitleid und Näch-
stenliebe. Davon ist denn auch im letzten Satz des Buches die
Rede: Im Innersten des Menschen gebe es etwas, »was unangreif-
bar war und unverletzbar«.

Was aber geschieht im »Dritten Reich« mit den alten Kommunisten? Sofern sie nicht emigriert oder inhaftiert sind, haben sie sich
natürlich mit dem neuen Regime arrangiert – wie der Architekt
Sauer, auf dessen Jackett ein Hakenkreuz zu sehen ist. Ähnlich wie
Franz, der einst Heislers Freund und Mentor war, sind sie der
düsteren Schatten auf ihrem ganzen Dasein überdrüssig, sie leiden
darunter, daß ihnen das »gewöhnliche Leben« nicht gegönnt wird:
»Franz fragte sich da einen Augenblick, einen einzigen Augenblick, ob dieses einfache Glück nicht alles aufwiege. Ein bißchen
gewöhnliches Glück, sofort, statt dieses furchtbaren, unbarmherzigen Kampfes für das endgültige Glück irgendeiner Menschheit,
zu der er, Franz, dann vielleicht nicht mehr gehört.« Nur für »einen einzigen Augenblick« erlaubt sich Franz, erlaubt sich Anna
Seghers einen solchen Gedanken.

Aber sie hat sich nicht nehmen lassen, in dem Roman auch das
Heldentum der KPD zu besingen: Zusammen mit Georg Heisler
flieht aus dem Lager auch ein alter Funktionär namens Wallau, der
wieder eingefangen wird und, obwohl man ihn grausam mißhandelt, jede Auskunft standhaft verweigert. Daß bei Anna Seghers
Wallau, der Mann des Parteiapparats, ermordet wird, doch der
Zufallskommunist Heisler entkommen darf, hat man gelegentlich
als Kritik jener verstehen wollen, die von den Nazis 1933 so schnell
und gründlich besiegt und verjagt wurden.

Allerdings läßt sich nicht verschweigen, daß die heroischen Szenen und Episoden im »Siebten Kreuz« das halbe Jahrhundert am

schwächsten überdauert haben. Wallaus Heldentum erinnert heute gar zu sehr an Lesebuchgeschichten. Die Wirklichkeit sah wohl anders aus. Doch auch dies wird im Roman angedeutet. Heisler erinnert sich, daß Menschen mit Riesenkräften und erfahren in allen Kämpfen zusammenbrachen: »Sie waren fertiggemacht worden, und in der Todesangst waren die Nachrichten aus allen Fugen gelaufen.«

Hat man auch Anna Seghers »fertiggemacht«? Nein, gewiß nicht. Aber warum hat sie Paul Merker erfundener Untaten beschuldigt? Hat man ihr gedroht, konnte man sie erpressen? Warum hat sie Walter Jankas empörende Verurteilung zugelassen, warum hat sie nicht einmal versucht zu protestieren, was, Janka zufolge, Arnold Zweig, Erich Arendt und Hanns Eisler getan haben? Im »Siebten Kreuz« findet sich der Satz: »Furcht, das ist, wenn eine bestimmte Vorstellung anfängt, alles andere zu überwuchern.« Warum hatte sie, gerade sie, soviel Angst vor Ulbricht und seinen Vollstreckern? Was immer wir in Zukunft über Anna Seghers noch erfahren sollten, unsere Dankbarkeit für ihre besten Bücher hat davon unberührt zu bleiben.

(1990)

Der proletarische Draufgänger

Es begann mit einem Fußtritt. Der Maurerlehrling Eduard
Schmidt, der sich später, literarische Assoziationen nicht scheuend,
Claudius nannte, stand auf einem Gerüst. Statt jedoch zu arbeiten,
beobachtete er »das Spielen des Windes auf dem Wasser«. Da geschah es: »Plötzlich bekam ich einen so heftigen Tritt von hinten,
daß ich in den Mörtelkasten flog.«[1] Was tun? Eine handgreifliche
Auseinandersetzung mit dem Polier, dessen pädagogische Methoden so derb waren, empfahl sich aus vielerlei Gründen nicht. Also
beschloß der Lehrling, die Begebenheit in einem Artikel darzustellen und das Manuskript der Gewerkschaftszeitung anzubieten. Allein, es war der Redaktion dieses Blattes versagt, die Tragweite des
geschilderten Vorfalls zu ermessen. Der Verfasser ließ sich nicht
entmutigen und suchte mehrere weitere Redaktionen auf; es erwies
sich jedoch, daß auch sie kein Bedürfnis hatten, die Geschichte mit
dem Fußtritt der Öffentlichkeit zugänglich zu machen. Schließlich
sprach der junge Mann in der Redaktion des kommunistischen
»Ruhrecho« vor. Obschon eine unmittelbare klassenkämpferische
Interpretation der Begebenheit kaum möglich war, erkannte man
dort, daß sich das Manuskript zu einem kleinen Aufsatz über die
Mißstände in der Erziehung der Maurerlehrlinge im kapitalistischen Staat ausbauen ließ. Der entsprechend ergänzte Artikel
wurde gedruckt. An diesem Tag, deutet Claudius an, habe sich sein
Schicksal entschieden.

Ein proletarischer Draufgänger und ein spontaner Rebell war er
wohl in seiner Jugend. Er wurde 1911 in Gelsenkirchen-Buer als
Sohn eines Bauarbeiters geboren. Ab 1929 wanderte er kreuz und
quer durch Europa. 1932 kehrte er zurück und trat der KPD bei,
1933 war er vorübergehend inhaftiert. 1934 emigrierte er in die
Schweiz, betätigte sich dort politisch, wurde 1936 wieder verhaftet

und sollte den deutschen Behörden ausgeliefert werden. Aber der eidgenössische Kriminalbeamte, der ihn an die Grenze zu bringen hatte, erlaubte ihm, aus dem Zug zu entkommen. Claudius floh nach Spanien, wo er in den Internationalen Brigaden zuerst als einfacher Soldat und später als Kriegskommissar kämpfte. Er wurde zweimal verwundet. Nach dem Spanischen Bürgerkrieg war er in Frankreich, kam 1939 illegal in die Schweiz, wurde abermals verhaftet und hatte es lediglich den Bemühungen Hermann Hesses zu verdanken, daß man ihn nicht den Nazis überantwortete, sondern nach einjähriger Haft in ein Arbeitslager brachte. Nachdem er schon vorher mit der Novelle »Das Opfer«, die 1938 in der Zeitschrift »Das Wort« abgedruckt worden war, seine literarische Begabung bewiesen hatte, schrieb er im Lager den in Spanien spielenden Roman »Grüne Oliven und nackte Berge«, der 1944 in Zürich erschien. Anfang 1945 auf freien Fuß gesetzt, ging Claudius sofort nach Italien, kämpfte in der italienischen Partisanenbrigade »Garibaldi« und war Zeuge der Hinrichtung Mussolinis. Im Sommer 1945 ist er wieder in Deutschland, wird Pressechef im Bayerischen Ministerium für Entnazifizierung und siedelt 1947 in die Sowjetzone über. Anfang der fünfziger Jahre gehört er bereits zur Prominenz der dortigen Literatur, wird Sekretär des Schriftstellerverbandes und ab 1956 Diplomat der DDR: erst Generalkonsul in Syrien, dann Botschafter in Vietnam.

Ein waghalsiger Abenteurer und Vabanquespieler, temperamentvoll und jähzornig, kühn, derb und starrsinnig, ehrgeizig und fanatisch ist dieser Mann. Das alles spürt man in seinen frühen Arbeiten. Er schrieb damals eine Prosa, in der sich neben gezwungenen und pseudopoetischen Metaphern auch herbe und eigenwillige, männlich-rauhe Passagen von erstaunlicher evokatorischer Kraft finden. Besonders empfänglich ist Claudius für sinnliche Eindrücke. Ihn faszinieren elementare Gefühle: leidenschaftlicher Haß, gierige Liebe, animalische Angst. Er erzählt vom Opfertod eines spanischen Hirtenknaben und vom Schicksal eines politischen Flüchtlings, der immer wieder von einem Land ins andere abgeschoben wird. Er zeigt die panische Furcht eines jugoslawischen Partisanen und den erschreckenden Deutschenhaß einer französischen Widerstandsgruppe. Claudius sagte später, den größten Einfluß habe auf ihn die sowjetische Literatur ausgeübt. Indes muß man bei den Geschichten, die vor seiner Übersiedlung in die Ostzone entstanden sind (»Haß«, 1947; »Gewitter«, 1948), eher an westliche, vor allem amerikanische Erzähler denken.

Sein Roman »Grüne Oliven und nackte Berge« läßt wiederum auf das Vorbild Malraux' und Hemingways schließen. Ein Kommunist hatte dieses Buch verfaßt, der nach der Niederlage in Spanien dem Kommunismus weiterhin die Treue hielt. Aber im Unterschied zu Bredel und auch zu Uhse war Claudius, als er an seinem Spanienbuch arbeitete, isoliert. Er hatte im schweizerischen Lager kaum Kontakt mit der Partei und wußte daher nicht, was von ihm erwartet wurde. So schrieb er, was er selbst für richtig hielt: Er fügte zwar häufig propagandistische Parolen ein, gab jedoch seine Erlebnisse schonungslos wieder und zeichnete ein – bei aller Subjektivität – zumindest teilweise wahres Bild der Zustände während des Bürgerkriegs. Hartnäckig und trotzig machte Claudius die Enttäuschung, Verbitterung und schließlich Verzweiflung der kommunistischen Freiwilligen deutlich. Für die besten Kapitel des Romans ist die Verbindung von nüchterner Schwermut und krassem Realismus charakteristisch. Zu der östlich der Elbe verbreiteten Lesebuchlegende vom Spanischen Bürgerkrieg – wie sie etwa Bredel in der »Begegnung am Ebro« geboten hatte – stehen die »Grünen Oliven« in grellem Widerspruch. Der Roman ist daher dort unbequem. In der DDR hat man ihn im offiziellen Lehrbuch mühsam umgedeutet. In Polen wurde er von der Zensur zunächst verboten und konnte erst während des Tauwetters erscheinen. In anderen Ländern des Ostblocks ist er überhaupt nicht publiziert worden.

Wie Anna Seghers, Willi Bredel und Bodo Uhse ihren bedeutendsten Exilbüchern, »Das siebte Kreuz«, »Die Väter« und »Leutnant Bertram«, in der DDR nichts annähernd Vergleichbares an die Seite stellen konnten, hat auch Claudius den Exilroman »Grüne Oliven und nackte Berge« nicht zu übertreffen vermocht. Die Handlung seines Romans »Menschen an unserer Seite« (1951) spielt in den Jahren 1949/50 in einer Ostberliner Fabrik. Der Held ist ein alter Arbeiter, dessen aufopferungsvolle Tätigkeit auf die Belegschaft dieser Fabrik einen politisch-erzieherischen Einfluß im

Sinne der SED ausübt. Ein oberflächlicher Propagandaroman mit
schematischen Gestalten, papiernen Dialogen und vielen langweiligen Beschreibungen – gewiß, und doch stieß das Buch in Partei-
kreisen auf Widerstand. Claudius wurde verübelt, daß er die Gestalt eines schlechten Parteisekretärs zeigte, auf allerlei Mißstände
in der DDR hinwies und zum Helden einen besonders primitiven
Menschen auswählte, der überdies offenbar Alkoholiker ist. Ein
großer staatlicher Verlag lehnte den Roman ab, schließlich wurde
er auf Grund allerhöchster Entscheidung doch gedruckt und sogar
mit dem Nationalpreis ausgezeichnet. Aber noch nach der Verleihung dieses Preises konnte Alexander Abusch seinen Unwillen
nicht verbergen. Er warf Claudius vor, er habe die Verhältnisse »zu
sehr schwarz in schwarz geschildert«, und fragte: »Sind in seinem
wichtigsten Helden Hans Ähre wirklich die positiven Züge von
Allgemeingültigkeit gestaltet, die typisch für einen Neuerer als
Vorbild in der Arbeit und im Leben sind? ... Warum fehlt jede
Erwähnung der sowjetischen Stachanow-Bewegung, ohne deren
Beispiel und direkte ideologische Wirkung die deutsche Aktivi-
stenbewegung ja historisch undenkbar ist? Vernachlässigt Claudius' Methode der psychologisierenden Detailmalerei nicht zu sehr
die ideologische Entwicklung besonders einer Reihe von Nebenfi-
guren?«[2]

Im Unterschied zu den meisten bekannten Schriftstellern der
DDR hat Claudius in den fünfziger Jahren noch einmal versucht,
die Gegenwartsproblematik in der Welt zwischen der Elbe und der
Oder in einem größeren Roman zu behandeln. Das völlig miß-
lungene Buch ist ebenso kurios wie sein Titel: »Von der Liebe soll
man nicht nur sprechen« (1957). Geplant war wohl ein proletarischer Erziehungsroman vor dem Hintergrund der Zeit von 1945
bis 1953. Claudius erzählt die Geschichte eines Bauernmädchens
Christine, das zunächst ein Verhältnis mit dem Großbauern Hülsenbeck hat, später jedoch zum Parteisekretär Thonke übergeht,
den sie schließlich heiratet. Kurios war auch die Reaktion der Par-
teipresse. Das »Neue Deutschland« zeigte sich sehr unzufrieden:
»Alle gesellschaftlichen Probleme, deren es in Claudius' Roman
nicht wenige gibt, werden von einer erotisch-sinnlichen Atmosphäre überlagert, die dem Leser nicht selten eine klare Beurteilung

erschwert ... Sexualität beherrscht die Gedanken, Empfindungen und Vorstellungen der Männer und Frauen dieses Dorfes, ist die bestimmende Aktionskraft für alles Handeln ... Solche Auffassungen von Liebe und Ehe, wie sie fast alle Dorfbewohner zeigen, sind ein Produkt einer bei uns beseitigten Gesellschaftsordnung...« Vor allem aber kreidet der Rezensent dem Autor die Figur des Parteisekretärs an: »Das Auftreten Thonkes, der Gestalt, von der man am meisten erwartet, sowohl in der Liebe als auch bei der Veränderung der Zustände im Dorf, hinterläßt manchmal einen geradezu lächerlichen Eindruck...« Endlich versichert der Rezensent, niemand habe etwas dagegen, »wenn ein Roman ausschließlich von Liebe handelt. Aber auch die literarische Bewältigung des Themas Liebe verlangt gesellschaftliche Wahrheit«.[3]

Einige Wochen später kam das Zentralorgan der SED noch einmal in einem ausführlichen »Diskussionsbeitrag« auf den erotischen Roman des Nationalpreisträgers Eduard Claudius zu sprechen. Über die beiden Hauptmotive heißt es jetzt zusammenfassend: »Den Klassengegner Hülsenbeck erlebt sie (Christine) nicht als Klassengegner, sondern als Mann, dem sie sich hingeben mußte; in Thonke sieht sie nicht in erster Linie den Parteisekretär, sondern nur den Mann, den sie liebt.« Dieser Thonke sei aber »keineswegs saft- und kraftlos«. Und etwas weiter: »Ihr (Christine) war Thonke näher als die Partei, aber in der objektiven Gestaltung fehlt ein wesentliches Glied zum Verständnis der Wirklichkeit.« Die beunruhigende Frage, welches Glied eigentlich gemeint sei, wird nicht geklärt. Hingegen hören wir, es entstünde in diesem ausschließlich von Liebe handelnden Roman »trotz aller Führungstätigkeit des Parteisekretärs der Anschein einer nur spontanen Entwicklung, und die Rolle der Partei wird nur verzerrt dargestellt«.[4] Ungeachtet vieler weiterer Vorwürfe gehört der Roman »Von der Liebe soll man nicht nur sprechen« zum Lehrplan der Schulen in der DDR. Das amtliche Lehrbuch widmet der Analyse des Werks rund acht Druckseiten. Die Beurteilung fällt hier freundlicher aus: »Die Liebe zwischen Christine und Richard Thonke macht das Heranreifen neuer Beziehungen, einer höheren, sozialistischen Moral sichtbar... Die Ehe ist keine bloße sinnliche oder auf ökonomische Interessen fußende Vereinigung mehr, son-

dern sie gestaltet sich zu einer innerlich gefestigten Gemeinschaft.«
Claudius habe »deformierte Liebesbeziehungen, in denen nur das
Sexuelle herrscht, ... als überwindbar dargestellt«.[5]

Als man sich in der DDR mit diesem Roman gründlich beschäftigte, war Claudius schon Diplomat im Nahen Osten. Warum hat
man ihn weggeschickt? Wollte man den rastlosen, querköpfigen,
etwas unbequemen, aber doch verdienten alten Kämpfer loswer-
den? Kam die Ernennung den geheimen Wünschen des Abenteu-
rers Claudius entgegen, der es in der Enge von Ost-Berlin nicht
mehr aushalten konnte? War es also etwa die getarnte Flucht eines
verdrossenen Mannes, der sich nach einer anderen Atmosphäre
sehnte?

Aus der DDR-Thematik jedenfalls ist der Schriftsteller Eduard
Claudius geflohen. Dem Roman »Von der Liebe soll man nicht nur
sprechen« folgte nach fünfjähriger Pause ein Band mit Erzählungen, die in Syrien, Laos und Vietnam spielen: »Das Mädchen
›Sanfte Wolke‹« (1962). Geboten wird Klassenkampf mit Erotik
vor exotischem Hintergrund. Von jenen Eigenschaften, die die
frühe Prosa dieses Autors lesenswert gemacht haben, ist nichts
mehr geblieben.

(1963)

Der deftige Heimatdichter

Der Roman »Ochsenkutscher« (1950), mit dem Erwin Strittmatter im Alter von achtunddreißig Jahren debütierte, wurde zunächst kaum beachtet – nur Alfred Kantorowicz lobte den Anfänger aus der Provinz in der »Täglichen Rundschau«[1].

Aber schon wenige Jahre später gehörte Strittmatter zu den repräsentativen und bei jeder Gelegenheit gefeierten Autoren der Welt zwischen Elbe und Oder. Zweimal (1953 und 1955) erhielt er den »Nationalpreis für Kunst und Literatur«, zweimal (1954 und 1958) den ersten Preis in einem staatlichen Preisausschreiben für Kinder- und Jugendliteratur. Hohe Orden und weitere Preise – so der Lessingpreis 1961 – ließen nicht auf sich warten. Er wurde ordentliches Mitglied der Ostberliner Deutschen Akademie der Künste und bekleidete von 1959 bis 1961 den einflußreichsten Posten im literarischen Leben der DDR: Er war Erster Sekretär des dortigen Schriftstellerverbandes. Seit 1961 ist er Stellvertretender Vorsitzender dieses Verbandes.

Strittmatters Bücher gehören zum Lehrplan der Schulen. Ein für den Unterricht verbindliches Lehrbuch widmet diesem Autor 67 Seiten – den Anhang mit Leseproben nicht einbegriffen. In der Zusammenfassung heißt es: »Wir sind gewiß, daß einst sein Werk, ein hervorragendes Ergebnis des sozialistischen Realismus, auch auf ganz Deutschland ausstrahlen ... wird.« Diesem Werk wird »Wert und Dauer für die Nachwelt«[2] zugesprochen. Wie man auch immer seine literarische Begabung beurteilen mag – unbestritten ist die Tatsache, daß kein einziger Schriftsteller der DDR, dessen Laufbahn nach 1945 begann, ein vergleichbares Echo gefunden hat.

Strittmatter wurde 1912 in Spremberg als Sohn eines Bäckers geboren und wuchs in einem Niederlausitzer Dorf auf. Die offiziellen Biographen betonen gern seine vielen Berufe, die diesem in politischer Hinsicht nicht eben ergiebigen Lebenslauf doch einen proletarisch-abenteuerlichen Anstrich verleihen. Er war Bäcker, Pferdeknecht, Chauffeur, Kellner, Fabrikarbeiter und Wärter in einer Pelztierfarm. In dieser Zeit versuchte er auch – allerdings vergeblich –, sich literarisch zu betätigen. Auffällig karg sind hingegen in allen biographischen Angaben über Strittmatter die Informationen über seine Kriegsjahre. Wir erfahren lediglich, daß er Soldat war und gegen Ende des Krieges desertierte. 1945 ist Strittmatter wieder in der Heimat und abermals Bäcker. 1947 tritt er der SED bei, schreibt nach dem Besuch einer Parteischule für eine Provinzzeitung und arbeitet dann einige Jahre hindurch als Lokalredakteur im Senftenberger Braunkohlengebiet.

Sein plötzlicher literarischer Aufstieg ist mit dem Namen Brecht verknüpft. 1951 hatte Strittmatter im Auftrag einer Laienspielgruppe der kommunistischen Jugendorganisation eine Szenenfolge aus dem Bauernleben in der DDR geschrieben. Sie wurde als unzulänglich abgelehnt. Eine Neufassung dieser Szenenfolge, »Katzgraben« betitelt, gelangte im nächsten Jahr in die Hände von Brecht.

Damals, als die stalinistische Kulturpolitik ihren Höhepunkt erreicht hatte, hielt es Brecht für besonders ratsam, seine staatlichen Förderer nicht zu verärgern. Man erwartete von ihm, er werde in den Spielplan seines Theaters ein Zeitstück aufnehmen, das die aktuelle Propaganda der SED stützen könnte. Brecht versuchte, die Partei mit dem Hinweis zu vertrösten, er arbeite an einem Versdrama über einen in der DDR preisgekrönten Schnellmaurer, den sich in jenen Jahren auch andere Autoren – beispielsweise Eduard Claudius – zum Helden erkoren hatten. Allein, das angekündigte dramatische Werk wollte nicht recht gedeihen und ist nie vollendet worden. In diesem Augenblick kam Strittmatters Manuskript.

Dem Stadtmenschen Brecht, der vom Leben auf dem Lande keine Ahnung hatte, imponierte die gründliche Kenntnis des Dorfmilieus, die der Verfasser des »Katzgrabens« unzweifelhaft besaß. Aber ihm gefiel ebenfalls Strittmatters volkstümlich einfache und bisweilen anschauliche Sprache. So reizte es ihn, den unbeholfenen Entwurf in ein spielbares Bühnenstück umzuwandeln, mit dem er der Partei beweisen konnte, daß er ihre Wünsche zwar nicht als Autor, doch immerhin als Theaterleiter erfülle.

In langwieriger Zusammenarbeit mit Strittmatter, an der sich auch mehrere Assistenten Brechts stark beteiligten, entstand schließlich ein Drama, das als Kollektivprodukt bezeichnet werden muß. Neben den Realien sind der Grundriß der Handlung und die Sprache im wesentlichen Strittmatter zuzuschreiben. Die Konstruktion einzelner Szenen hingegen, der dramaturgische Aufbau des Ganzen und die Charaktere der auftretenden Figuren stammen vornehmlich von Brecht und seinen Assistenten.[3]

Trotz einer ungewöhnlich sorgfältigen und teilweise vortrefflichen Aufführung war dem Stück ein nennenswerter Erfolg nicht beschieden. Auch die führenden marxistischen Kritiker machten aus ihrer Enttäuschung kein Hehl. Max Schroeder, beispielsweise, betonte sein Mißbehagen und empfahl dringend weitere Umarbeitungen. Er hat auf nicht humorlose Weise die Problematik des Stückes charakterisiert: »In Strittmatters Spiel steht im Vordergrund der Kampf zwischen den Kleinbauern gegen den Großbauern, wobei es gelingt, den Mittelbauern auf die Seite des Kleinbauern herüberzuziehen.«[4]

Vom sprachlichen Niveau des »Katzgrabens« mag ein Abschnitt zeugen, den Brecht in einem diesem Drama gewidmeten Aufsatz als besonders wirkungsvoll hervorgehoben hat.[5] Dieses Zitat verdeutlicht übrigens, wie gering Brechts Ansprüche waren, wenn er die Versuche von Anfängern beurteilte, die bereit waren, seine Hinweise zu befolgen. Es spricht der Grubenarbeiter und Parteisekretär Steinert, der die Bauern über die Nützlichkeit von Traktoren belehrt:

Ochse! Ochse! Ochse!
Ist so ein Vieh der Mittelpunkt der Welt?
Denkt doch daran, wir schaffen jetzt Stationen,
wo man sich einen Traktor leihen kann,
und ihr, ihr klammert euch an Ochsenschwänze.
Warum nicht mit der Nase Furchen ziehn!
Ein Ochse darf für uns doch nur Behelf sein,
der Kuhablöser, solang's an Traktoren mangelt.
Im Vorjahr saht ihr nur noch Ochsen; die Partei
sieht längst Traktoren pflügen.

In einem weiteren Bühnenstück, dem Schauspiel »Die Holländer-
braut« (1959), behandelt Strittmatter die sozialen und politischen
Verhältnisse in seiner Niederlausitzer Heimat kurz vor und kurz
nach Kriegsende. Anzeichen einer dramatischen Begabung lassen
sich in dem Werk, das er diesmal offenbar allein verfertigt hat,
beim besten Willen nicht finden.

Hingegen verfügt Erwin Strittmatter über eine vor dem Hintergrund der DDR-Literatur deutlich erkennbare epische Begabung,
die zwar nicht in seinen Erzählungen (»Eine Mauer fällt«, 1953),
wohl aber in seinen Romanen zutage tritt – in dem bereits erwähnten »Ochsenkutscher«, in dem Buch »Tinko« (1954) und vor allem
in seinem auch außerhalb der DDR erfolgreichen Hauptwerk »Der
Wundertäter« (1957).

Einzelne Abschnitte und Szenen dieser vorwiegend auf dem
Lande spielenden Romane weisen Strittmatter als volkstümlich-
urwüchsigen Erzähler aus, als beherzten und temperamentvollen
Heimatdichter, der Humor und Phantasie hat, das kernige Wort
bevorzugt und beobachten und fabulieren kann. In drastischen
Schilderungen des Dorfmilieus und der Welt der Handwerker, in
plastischen Genrebildern und harmlos-heiteren Miniaturen bewährt sich seine Begabung. Handfest ist sein Humor, simpel und
hausbacken. Er verschmäht weder geschmacklose noch vulgäre
Scherze. Seine besondere Liebe gehört dem Kegelbruder-Ulk.
Aber zuweilen – am häufigsten im »Wundertäter« – wartet er auch
mit treffenden satirischen Akzenten auf.

In allen drei Romanen fallen farbige, natürlich klingende Dialoge auf, die sich durch kraftvolle Wendungen und saftige Dialekt-
ausdrücke auszeichnen. Andererseits vertraut Strittmatter seiner
Sprache nicht und strebt daher Vergleiche und Bilder an, die er
vermutlich für poetisch hält. »Die Nacht war groß«, – heißt es im
»Wundertäter« – »und die kleinen Lichter saßen versteckt wie
Läuse in ihrem schwarzen Pelz.« Oder: »Auch auf dem Baum
dieser Liebe wuchsen für Weißblatt faule Früchte. Sie fielen ihm
nach einigen Wochen auf den Kopf.«

Wer sich allerdings von den Vorzügen der Prosa Strittmatters
überzeugen möchte, muß beharrlich sein. Denn dieser Autor stellt
die Geduld und Nachsicht des Lesers auf eine harte Probe. Die

Romane enthalten eine Fülle fader und nichtssagender Schilderungen sowie seichter und platter Episoden. Die intellektuelle Armseligkeit ist schwer erträglich.

Die meisten Gestalten sind entweder mit einer primitiven Schablone gezeichnet oder unterscheiden sich voneinander nur durch ihre Namen. In dem Stück »Katzgraben« heißen die Bauern Kleinschmidt, Mittelländer und Großmann, wodurch Strittmatter bereits ihre Klassenzugehörigkeit zu den »Kleinbauern«, den »Mittelbauern« oder den »Großbauern« unterstreicht, was wiederum deren Charaktere unwiderruflich bestimmt: Der »Kleinbauer« ist gut, der »Großbauer« böse, und der »Mittelbauer« schwankt zwischen gut und böse, also zwischen der DDR und dem Klassenfeind. Im »Wundertäter« gibt es – um nur einige Beispiele anzuführen – einen Fabrikdirektor Drückdrauf, einen Professor Obenhin, einen Wachtmeister Dufte, einen Gesellen Hohlwind, einen Feldwebel Zauderer, einen Friseur Stufenschneider. Mit entwaffnender Naivität bedient sich Strittmatter der billigsten Klischees.

Immer wird die Welt aus der Sicht kindlicher und kindischer, einfältiger und dümmlicher Helden gezeigt. Im Mittelpunkt des »Ochsenkutschers«, der wohl als eine Art Erziehungsroman gedacht war und in dem autobiographische Elemente dominieren, steht ein armer, verträumter Dorfjunge, der noch im Alter von siebzehn Jahren wie ein kleines Kind spricht. Die Handlung beginnt in der Wilhelminischen Zeit und spielt vornehmlich in den Jahren der Weimarer Republik. Strittmatter kritisiert auf treuherzige Weise die dürftigen und entbehrungsreichen Verhältnisse auf dem Lande, er erzählt von einer Dorfschule mit borniertem preußischen Lehrertypen, er attackiert Bigotterie und Chauvinismus.

Politische Motive, in dem »Ochsenkutscher« nur am Rande angedeutet, hat Strittmatter in dem Roman »Tinko«, der unter starkem Einfluß des Sozialistischen Realismus entstanden ist, in den Vordergrund gerückt. Die gesellschaftlichen Veränderungen im Leben eines sowjetzonalen Dorfs in den Jahren 1948/49 sollen hier veranschaulicht werden. Der Titelheld, ein elfjähriger Junge, wird von seinem Großvater erzogen, einem reaktionären Bauern, der natürlich verschlagen, rechthaberisch und außerordentlich eigensinnig ist. Bald taucht jedoch der Vertreter des Fortschritts auf. Im

Sinne des Schemas, das in der DDR-Literatur dieser Jahre häufig angewandt wird, ist es ein Heimkehrer, ein einfacher Soldat, der sich in einem sowjetischen Kriegsgefangenenlager in einen begeisterten Kommunisten verwandelt hat. Bei Strittmatter tritt in dieser Rolle Tinkos Vater auf. Schnell kommt es zu einem Konflikt zwischen dem guten, fortschrittlichen Vater und dem bösen, reaktionären Großvater.

Aber alles endet so, wie die Partei es wünscht, wobei der Untergang der glücklich überwundenen Epoche durch den Tod des verbohrten, abstoßend unverbesserlichen Großvaters symbolisiert wird. Im Schlußabsatz heißt es: »Stellmacher Felko und andere Männer in schwarzen Röcken schrauben den Sarg zu. Mein Vater hält mich bei der Hand. Seine Hand ist glatt und warm. Ich sehe Großvaters Hände zum letzten Male. Sie waren stumpf und braun wie Wurzelstümpfe. Jetzt sind sie bleich und grau wie Knochen. Sie werden nicht mehr im Acker wühlen, als ob sie ihn streicheln. Sie werden mich auch nicht mehr schlagen. Sie haben die neue Zeit zurückzerren wollen. Die Zeit schleuderte sie beiseite.«

Da der Titelheld zugleich der Ich-Erzähler des Romans ist, sehen wir die komplizierten Erscheinungen in den ersten Nachkriegsjahren lediglich aus der Perspektive eines Kindes. Die primitive Erkenntnisstufe und die bisweilen bestürzende Naivität des Buches werden auf diese Weise von vornherein legitimiert. Andererseits aber unterschiebt Strittmatter seinem erzählenden Medium Reflexionen und Wahrnehmungen, die die Möglichkeit eines elfjährigen Jungen weit überschreiten. Schließlich gerät der Verfasser mit den Grundsätzen der epischen Logik in Widerspruch, weil er diesen Ich-Erzähler über Vorgänge berichten läßt, bei denen er nicht zugegen war.

Bezeichnend für »Tinko« ist auch eine stilistische Manier – Strittmatter versucht es diesmal mit kurzen, abgehackten Sätzen von fast einschläfernder Monotonie. Als Beispiel dafür mag der Anfang des Romans dienen: »Schon am Morgen ist es wie Frühling. Ich reiße das vortägige Blatt vom Kalenderblock. Eine fette schwarze Zehn wird sichtbar. Unter der zehn steht ›Oktober‹. Schon den zweiten Tag bin ich nicht in der Schule. Die Kartoffeln und Großvater sind daran schuld. Morgen werden sie in der Schule

den Hausaufsatz abliefern: ›Worüber ich glücklich wäre‹. Von mir
wird der Lehrer Kern keinen Hausaufsatz sehen. Ich wäre glücklich, wenn ich wieder in die Schule gehen könnte. Man braucht sich
dort nicht zu bücken, bis der Rücken starr und steif wird. Ich
schlendere aufs Feld. Die Sonne wärmt. Die Luft ist lau.«

Strittmatters nächster Roman, »Der Wundertäter«, ist zwar nur
drei Jahre nach »Tinko« erschienen, stammt aber dennoch aus einer anderen Epoche. Die Geschichte vom elfjährigen Dorfjungen,
der die SED-Herrschaft auf dem Lande preist, wurde durch die
Forderungen der stalinistischen Kulturpolitik geprägt. »Der Wundertäter« hingegen kann als ein Dokument des »Tauwetters« in der
DDR gelten. Allerdings muß man sich darüber im klaren sein, daß
»Tauwetter« nicht unbedingt »Revolte« bedeutet. Von aufrühreri-
schen Akzenten ist dieses Buch frei; und es sind in ihm auch nicht
die geringsten Anspielungen zu finden, die als Anzeichen der Unzufriedenheit des Autors mit den Verhältnissen jenseits der Elbe
verstanden werden könnten.

Aber schon die Wahl des Themas läßt auf jene größere Freiheit
schließen, die der DDR-Literatur damals vorübergehend gegönnt
wurde. Nachdem Strittmatter einige Jahre versucht hatte, den aktuellen Fragen im Sinne der Partei gerecht zu werden, wandte er
sich jetzt, wie einst in dem unfreundlich aufgenommenen Erstling,
wiederum der Vergangenheit zu: Die Handlung beginnt 1909 und
reicht bis 1943. Erzählt wird die Geschichte eines weltfremden und
dennoch lebenstüchtigen Bäckergesellen, eines ewigen Pechvogels,
der letztlich doch Glück hat. Er leidet unter seiner Unbildung,
aber schlägt sich fröhlich durchs Leben. Er ist verträumt, arglos
und versponnen und zugleich schlau und gewitzt.

Aus vielen anekdotischen Szenen entsteht ein bunter epischer
Bilderbogen. Da gibt es allerlei amüsante Gaukeleien, da hören wir
von humorigen Abenteuern mit spröden oder liederlichen Mädchen und von heiklen Begegnungen mit geilen Witwen; schlüpfrig-
biedere Späße, unbedarfte Gaunerstücke und harmlose Schelmen-
streiche werden geboten. Derb und deftig ist der Ton. Jemand
packt »ein dralles Weib an den Hüften«, »Brüste strämmten den
Blusenkattun«, der Meister schlägt einem Mädchen »mit der fla-
chen Ofenschosse eins auf den gewölbten Teil des Rockes«.

Kurz vor Ausbruch des Zweiten Weltkrieges meldet sich unser lustiger Held freiwillig zur Wehrmacht. Dieser Wendung verdankt der Schlußteil des Buches einen neuen Ton, denn Strittmatter macht ausgiebig von der Gelegenheit Gebrauch, Szenen aus dem Landserleben zu schildern und Kasernenscherze einzuflechten. Seine (nicht übermäßige) Aggressivität gilt dem Typ des beschränkten und mitunter auch tyrannischen Unteroffiziers, der in derartigen Büchern – über den Ersten oder über den Zweiten Weltkrieg, östlicher oder westlicher Herkunft – als Zielscheibe des Spotts stets beliebt ist.

Die Kritik in der DDR hat sich um den »Wundertäter« redlich bemüht. Don Quixote, Till Eulenspiegel und Simplicius Simplicissimus seien, erfuhr man, die Ahnen des Strittmatterschen Bäckergesellen. Auch Wielands »Agathon«, Goethes »Wilhelm Meister«, Eichendorffs »Taugenichts« und Kellers »Grüner Heinrich« wurden zum Vergleich herangezogen. Die gebildeten Interpreten wollten dieses heitere Werk mit den Postulaten der Kulturpolitik in Einklang bringen. Eine einfache Aufgabe war es nicht. Dennoch avancierte das Buch kurzerhand zum proletarischen Erziehungsroman und wurde sogar offiziell als »meisterhafter sozialistischer Entwicklungsroman«[5] deklariert.

Allerdings spielt »Der Wundertäter« nicht im proletarischen, sondern vorwiegend im kleinbürgerlichen Milieu. Auch haben wir es kaum mit einem sozialkritischen und überhaupt nicht mit einem sozialistischen Roman zu tun. Im Zuge des »Tauwetters« meinte Strittmatter, diesmal politische Fragen entweder ganz aussparen oder nur rasch andeuten zu dürfen. Der Zeithintergrund ist flüchtig skizziert und erweist sich in vielen Kapiteln lediglich als eine Art Kulisse für die Abenteuer und Streiche des Helden. Die zahlreichen satirischen Akzente entspringen weder einer ideologischen oder politischen Betrachtungsweise der Phänomene, noch haben sie mit Gesellschaftskritik im marxistischen Sinne etwas gemein. Vielmehr handelt es sich um eine primitive, unverblümte, gesundkräftige Lebensweisheit, die bisweilen amüsant ist, meist harmlos wirkt und immer vordergründig bleibt. Nicht der Klassenkämpfer, der Schalk hat hier das Wort.

So konnte »Der Wundertäter« in der DDR zu einem wirklichen

Erfolgsbuch werden: Endlich hatte ein repräsentativer Partei-
schriftsteller einen Roman geschrieben, der, mit erotischen Episoden, mit Altherrenwitzen und mit allerlei Ulk reichlich gewürzt,
als Unterhaltungslektüre für weniger anspruchsvolle Leser vortrefflich geeignet war. Freilich hat auch das »Tauwetter« das intellektuelle Niveau der Strittmatterschen Prosa nicht zu heben vermocht. Der Abschnitt, in dem vom Einfluß Nietzsches auf den
Romanhelden die Rede ist, kann in dieser Hinsicht als typisch
gelten: »Er las mit krauser Stirn, und er fand Stellen, die er nicht
verstand. Er schöpfte Verdacht, daß diese Buchstellen nur von
Friedrich Nietzsche persönlich verstanden werden konnten, denn
dieser Friedrich war nichts weniger als der Vater des Übermen-
schen. Stanislaus fand aber auch Absätze und weise Lehren, die
ihm eingingen wie Honig. Die Biene Friedrich Nietzsche schiß
ihm diesen Honig paßrecht in die Hirnzellen. ›Alles am Weibe ist
ein Rätsel, und alles am Weibe hat eine Lösung: sie heißt Schwan-
gerschaft.‹ Ja, ja, der Friedrich wußte Bescheid! Stanislaus konnte
sich nicht verzeihen, daß er Lilian kein Kind gemacht hatte. Es
wäre ihr schwerer gefallen, mit einem Kindbündel auf dem Arm
nach Feldwebeln zu fischen.«

In der DDR wurde versucht, die intellektuelle Dürftigkeit der
Bücher des oft preisgekrönten Schriftstellers theoretisch zu rechtfertigen. Strittmatter, heißt es, wähle den »naiven Erzählstand-
punkt«, denn er wolle den Lesern eine »ideologische Vorgabe«
einräumen.[6] Das offizielle Lehrbuch erläutert, die geistige Unzu-
länglichkeit der Zentralfiguren Strittmatters sei für ihn »ein Mittel,
eine bei aller Sympathie kritische Distanz, eine gewisse ›Verfrem-
dung‹ zum Helden zu gewinnen«.[7]

Daraus geht hervor, daß dieser Romancier, wenn er nur wollte,
auch eine weniger simple Darstellungsweise wählen könnte, jedoch
seinen Intellekt aus erzieherischen Gründen unter den Scheffel
stellt. Eine derartige Deutung würde wohl glaubhafter klingen,
hätte nicht Strittmatter dem Bedürfnis, öffentliche Ansprachen zu
halten, so häufig nachgegeben. Denn in ihnen bevorzugt er mit
erstaunlicher Konsequenz ebenfalls jenen »naiven Erzählstand-
punkt«. Vielleicht meinte er, auch auf der »Theoretischen Konferenz« des Schriftstellerverbandes der DDR im Jahre 1958 seinen

Hörern eine »ideologische Vorgabe« einräumen zu müssen. Er sagte:

»Zunächst ist man mal für manche Kollegen schon gar nicht ›salonfähig‹, wenn man zu optimistisch auf unsere gesellschaftliche Entwicklung sieht. Es muß doch zum Deibel etwas zu kritisieren und zu witzeln geben; wozu sind wir denn sonst so schlau? Und wenn's die Sachsen sind, über die wir uns lustig machen, ohne zu merken, daß wir damit dem Feinde schöne Schützenhilfe leisten. Da ich kein Kind von Traurigkeit bin, habe ich zu Zeiten kräftig mitgewitzelt, wenn's sehr dick kam, hie und da auch mitgezweifelt. Schließlich wollte ich ja nicht der Dummbüttel vom Dorfe sein. Da war ich also schon angesteckt, ganz hübsch angesteckt übrigens. Was mich aber nicht ganz und gar krank werden ließ, das war mein proletarischer Optimismus. Den konnte und konnte ich nicht länger als eine Stunde verstecken... Der Sozialismus ist das, was schwer zu machen ist. Schön, aber wenn man die Vorgänge noch psychologisch verkompliziert, dann ist er nicht nur schwer zu machen, sondern überhaupt nicht... Nun gehöre ich für meine Kollegen wieder zu den naiven Vereinfachern, und ich muß sagen: Mir ist ganz wohl dabei.«[8]

Es besteht kein Anlaß, an der Aufrichtigkeit dieses Geständnisses zu zweifeln. Aber es fällt schwer, einen Unterschied zwischen dem intellektuellen Niveau des Heimatdichters Strittmatter und demjenigen seiner volkstümlichen Helden zu erkennen.

(1963)

Die Bibel und Stalin

Der jetzt neunundfünfzigjährige Stefan Heym, den einst das Kriegsbuch »Bitterer Lorbeer« international bekanntgemacht hat, gehört zu jenen DDR-Autoren, die sich über mangelndes Echo im Westen nicht zu beklagen brauchen. Aber obwohl sein Werk zum großen Teil aus Romanen und Geschichten besteht, wird die Frage nach der Qualität dieser Prosa in der Regel ausgespart. Heym hat mittlerweile den Ruf einer eher politischen als literarischen Figur.

Das aber ist doch wohl nicht ganz gerecht. Denn er hat sich als ein nicht nur scharfsinniger und sarkastischer, sondern auch phantasievoll-anschaulicher Erzähler erwiesen, der bisweilen – so in einigen sorgfältig und fast raffiniert komponierten Geschichten des Bandes »Licht und Schatten« (1960) – für heikle und wichtige aktuelle Themen einen einprägsamen und durchaus adäquaten literarischen Ausdruck zu liefern vermochte.

Andererseits hat Heym niemals verheimlicht, daß ihn vor allem Politisches interessiert und daß ihm an der Kunst nur wenig, hingegen an dem, was man Breitenwirkung nennt, sehr viel gelegen ist. Im Grunde verwendet er die epische Form lediglich als Verpakkung und Vehikel für zeitkritische Befunde und polemisch gemeinte Diagnosen. Dabei operiert er ziemlich forsch auch mit kunstgewerblichen und etwas groben Mitteln und kennt, scheint es, keine Bedenken, seine Bücher hier und da in die Nähe der Kolportage geraten zu lassen.

Das kann nicht jedermanns Geschmack sein. Nur sollte man sich hüten, einer solchen Prosa, die militanten und aufklärerischen Intentionen auf sehr direkte und gleichwohl unterhaltsame Weise dienen will, die Daseinsberechtigung innerhalb der Literatur abzusprechen. Und wie ich es für einigermaßen töricht halte, etwa einem Rolf Hochhuth vorzuwerfen, er kümmere sich nicht um die

Errungenschaften der modernen Dramatik, so wäre es auch im Fall
Heym – die Parallele ist, glaube ich, gar nicht so abwegig – ein
Mißverständnis, auf strenge ästhetische Kriterien pochen zu wol-
len.

Dies gilt erst recht für seine im letzten Jahrzehnt geschriebenen
erzählenden Werke. Sie spielen alle in ferner Vergangenheit, doch
geht es natürlich immer und ausschließlich um die unmittelbare
Gegenwart. Aber der sich aufdrängenden Frage, ob denn der historische Roman heute noch einen Sinn habe, entziehen diese Bücher
schon deshalb den Boden, weil der DDR-Autor Heym offensichtlich über keine andere Möglichkeit verfügt, zu sagen, was er sagen
will. Mit anderen Worten: Er aktualisiert nicht die Historie, vielmehr behilft er sich, um Aktuelles an den Mann bringen zu können, mit historischen Figuren und Motiven. Nach Daniel Defoe,
der im Mittelpunkt seiner Erzählung »Die Schmähschrift« (1970)
stand, ist nun, in dem Roman »Der König David Bericht«[1], Bibli-
sches an der Reihe.

König Salomo benötigt »einen autoritativen, alle Abweichungen
ausschließenden Bericht über das Leben, die großen Werke und
heroischen Taten« seines Vaters, des Königs David, der damals
offenbar einen ziemlich üblen Leumund hatte. Die in Auftrag gegebene Schrift soll »allem Widerspruch und Streit ein Ende setzen«. Daß der meist mit der so dekorativen Harfe abgebildete
König David keineswegs nur ein Freund der holden Sangeskunst
war, sondern auch ein recht skrupelloser und vor grausamen Verbrechen nicht zurückschreckender Machtpolitiker, kann eine Neu-
entdeckung bloß für diejenigen Leser sein, denen die Bibel bisher
entgangen ist.

Denn die jüdischen Schreiber, die für das Sammelwerk arbeite-
ten, das später »Das Alte Testament« genannt wurde, waren nicht
die schlechtesten Literaten; und so dachten sie nicht daran, die
Juden zu schonen – weder das Volk noch seine Könige. Nicht
zuletzt deshalb sind viele Texte dieser erfolgreichsten Anthologie
der Weltliteratur noch heute lesbar – darunter gerade die über die
zahlreichen Missetaten des musikalischen Tyrannen David. Was
hierüber die Bücher Samuel knapp und klar mitteilen, wird von
Heym ausgeschmückt und ergänzt, motiviert und interpretiert.

Bald ähnelt der biblische Monarch verschiedenen modernen Diktatoren. Wenn ich mich nicht ganz irre, ist es vor allem Stalin, der hier als Modell benutzt wurde.

Aber in Wirklichkeit geht es dem DDR-Autor nur in zweiter Linie um Stalin und seinesgleichen. Weniger eindeutige Gestalten sind es, die ihn faszinieren. Delikateres hat er im Sinn. Wichtiger nämlich als König David ist in dieser Geschichte derjenige, der das Material über ihn sammelt und den Bericht entwirft: Ethan ben Hoshaja, ein Historiker.

Er hat »eine Schwäche für die Wahrheit«, er ist ein wissensdurstiger Mann, er forscht mit detektivischem Spürsinn. Indes erwartet König Salomo, daß in dem Report »die erbaulichen Aspekte des Lebens« betont werden. »Unsre Aufgabe ist es – sagt ein Mitglied der von ihm berufenen Kommission –, die Größe unsres Zeitalters zu widerspiegeln, indem wir einen glücklichen Mittelweg wählen zwischen dem, was ist, und dem, was die Menschen glauben sollen.« Es komme darauf an, die historischen Geschehnisse »mit Diskretion« darzustellen, diese aber sei »Wahrheit gezügelt durch Weisheit«. Die »völlige Verdrehung der Tatsachen« ist unerwünscht, denn »sie narrt nur völlige Narren und macht das ganze Buch unglaubhaft«. Dem weisen Salomo hingegen ist es lieber, wenn die Kommission »die Wahrheit, wo sie gebeugt werden muß, nur geringfügig beugte, und überhaupt auf subtilere Art vorginge, damit das Volk auch glaubt, was geschrieben steht«.

Kurzum: Nicht die Abrechnung mit dem Stalinismus schlechthin steht hier im Vordergrund, sondern die Auseinandersetzung mit den Propagandamethoden, mit dem Sozialistischen Realismus. Und daß es Heym dabei weniger um jenen der dreißiger und vierziger Jahre geht als vielmehr um Praktiken, die in der kommunistischen Welt immer noch üblich sind, zeigt der Schluß seines Romans. Der patriotisch gesonnene Historiker Ethan ben Hoshaja, der freilich zuviel erfahren hat, wird zum Tode verurteilt; da aber sein leiblicher Tod »übelmeinenden Menschen Anlaß geben könnte zu der Behauptung, der Weiseste der Könige, Salomo, unterdrücke Gedanken, verfolge Schriftgelehrte, und so fort«, soll der Angeklagte »zu Tode geschwiegen werden; keines seiner Worte soll das Ohr des Volkes erreichen ...«.

Stefan Heym zielt also auf die Lage heutiger Schriftsteller ab –
von Solschenizyn bis zu Wolf Biermann, ihn selber, den Autor des
Romans »Der König David Bericht«, nicht ausgeschlossen. Von
Anspielungen kann hier kaum die Rede sein, alles wird, ungeachtet
des historischen Kostüms, sehr direkt und deutlich, oft allzu deutlich dargelegt. Den Nürnberger Trichter verpönt Heym nicht. Um
ja nicht mißverstanden zu werden, verwendet er häufig, auch inmitten biblisch getönter Kadenzen, Vokabeln wie etwa »Abweichung« und »Gruppenbildung«, »Unterwanderung« und »Wühl-
arbeit«, »Personenkult« und »literarischer Hochverrat«.

Wo Heym auf Hochdramatisches aus ist und mit großen Bögen
und feierlichen Akkorden zu arbeiten versucht, wirkt sein Buch
eher peinlich. Doch wo er sich auf augenzwinkernden Witz und
bittere Ironie verläßt – und das gilt für beträchtliche Teile des
Ganzen –, ist sein King-David-Report lesenswert und auf makabre
Weise amüsant. Der Erzähler Heym bewährt sich, wo bei seinem
Roman, sagen wir, nicht Bach, sondern Offenbach Pate gestanden
hat. – Übrigens: Ist es nicht leichtsinnig, hier über den eigentlichen
politischen Inhalt dieses Buches so offen zu reden, da es doch,
nicht zufällig, nur im Westen erscheinen durfte? Wird nicht damit,
was keiner möchte, nämlich dem in der DDR lebenden Autor
eventuell geschadet?

Solche Fragen hört man in der Tat oft. Aber wer dies befürchtet,
muß die Kulturpolitiker der SED für schwachsinnig halten. Sie
waren und sind es nicht. Ich kann die ängstlichen Freunde der
DDR-Autoren beruhigen: Was wir aus ihren Büchern herauslesen,
wird von den in Ostberlin für die einheimische Literatur zuständigen Damen und Herrn erst recht verstanden. Man braucht sie nicht
vom Westen aus darüber aufzuklären, was Heym geschrieben hat:
Sie wissen es schon.

Spöttisch ist in seinem pseudobiblischen Roman von »behördlich zugelassenen Erzählern von Geschichten und Legenden« die
Rede. Heym, Nationalpreisträger der DDR, gehört ebenfalls zu
den »behördlich zugelassenen« Schriftstellern, nur daß ihm, seit er
Mitte der sechziger Jahre gegen die Reglementierung der Literatur
in den Ostblockländern protestiert hat, die Konzession lediglich
für das Ausland bewilligt wird.

Wie man sieht, konnte es sich die DDR noch nicht leisten, Heyms Offenbachiade zu veröffentlichen. Doch kann sie es sich immerhin schon leisten, ein Buch für den Westen freizugeben – und das ist nicht weniger bemerkenswert. Und auch erfreulich.

(1972)

Der Kaiser ist nackt

Es ist schon richtig, daß Stefan Heym, wie bei uns mitunter behauptet wird, zu den berühmtesten Schriftstellern der DDR gehört. Allerdings verdankt er diesen Ruhm weniger der Qualität seiner Bücher als vor allem der ängstlichen und hartnäckigen Taktik der SED, die seine literarischen Erzeugnisse, seit er sich Mitte der sechziger Jahre einige kühne Banalitäten über den sozialistischen Realismus geleistet hat, eher den westdeutschen Lesern als den Bewohnern des Arbeiter-und-Bauern-Staates gönnt.

Andererseits hält man es in Ost-Berlin nicht für nötig, den populären Autor und alten Kommunisten besonders streng zu behandeln. Im Unterschied etwa zu dem erheblich jüngeren Wolf Biermann, der von Kompromissen nach wie vor nichts wissen will, ist Heym ein umgänglicher Mann, mit dem sich reden läßt. Zu seinem sechzigsten Geburtstag im April 1973 machten ihm hohe Parteifunktionäre ihre diplomatische Aufwartung: den reichlichen Blumengaben entsprach Freundliches im »Neuen Deutschland«. Seither informiert man uns ziemlich regelmäßig, daß dieses oder jenes Werk von Stefan Heym, das man in der Bundesrepublik wieder vergessen hat, bald auch in der DDR erhältlich sein werde; wenig später ist zu lesen, daß ein anderes seiner Bücher, das von einem Ost-Berliner Verlag bereits angekündigt war, dort vermutlich doch nicht erscheinen könne. Unsere Kenner der DDR-Szene interpretieren diese Nachrichten oder Gerüchte als Symptome, sei es der Verhärtung, sei es der Liberalisierung des Kulturlebens im anderen deutschen Staat.

Hinzu kommen die Interviews, die der keineswegs auf den Mund gefallene oder gar die Werbung verachtende Stefan Heym den Publikationsorganen in der kapitalistischen Welt gern und oft gewährt. Was er jenen schuldet, die seine öffentlichen Auftritte (hüben hoffnungsvoll und drüben mißtrauisch) beobachten, weiß er natürlich sehr wohl: Immer darf der westliche Reporter zumindest *eine* dreiste Frage stellen, die es Heym ermöglicht, erneut seine Unabhängigkeit und sein kritisches Verhältnis zur SED zu beweisen. Aber man braucht auch nie lange auf die Belehrung zu warten, daß dem Kommunismus, trotz der Fehler der leider etwas engstirnigen Genossen, die glorreiche Zukunft gehöre. – So entsteht jener Widerspruch, den man hierzulande gern als dialektisch bezeichnet. Er mundet dem westlichen Publikum vortrefflich. Ob nun dialektisch oder nicht – auf jeden Fall wird der Wolf satt und das Schäflein bleibt heil und unser Stefan Heym im Gespräch.

Das alles ist sehr spannend. Wenn man dies auch noch seinen Büchern nachrühmen könnte, wäre Anlaß zu eitel Freude. Doch darum ist es, offen gesagt, nicht so gut bestellt: Denn Stefan Heym verfügt über mehr Intelligenz als Geschmack, er hat mehr Mut als Talent. Auch wenn es von ihm einige amüsante satirische Geschichten gibt und in seinem Roman »Der König David Bericht«[1] (1972) parodistische Elemente auffallen, die von augenzwinkerndem Witz und einer sympathisch-boshaften Phantasie zeugen, so haben wir es doch weniger mit einem Epiker zu tun, der die polemische Zeitkritik anstrebt, als mit einem Zeitkritiker, der sich der epischen Form lediglich als Verpackung und Vehikel für mehr oder weniger aktuelle Befunde und Diagnosen bedient.

Von allen Büchern Heyms fand in den sechziger Jahren sein Roman über den 17. Juni – »Der Tag X« – das stärkste Echo und dies vielleicht deshalb, weil er überhaupt nicht publiziert wurde. Er habe ihn, berichtet der Autor, in den Jahren 1954 bis 1958 zunächst in englischer Sprache geschrieben (auf diesen Umstand legt der ehemalige Emigrant Heym ganz besonderen Wert) und erst dann ins Deutsche übersetzt. Das 1959 abgeschlossene Manuskript wurde von der Partei ohne Diskussion abgelehnt: Seinem Weg zum mysteriösen Ruhm stand nun nichts mehr im Wege – weder seine literarische Qualität noch seine politische Tendenz. Und Heym selber hörte nicht auf, in Interviews an die Existenz des verbotenen Buches zu erinnern: Was zu uns als pikantes Gerücht

gedrungen war, avancierte bald zur Legende mit diskreten Märty-
rertönen.

Dieser Legende versetzte Robert Havemann einen unsanften
Stoß: Er erklärte in seiner Autobiographie »Fragen, Antworten,
Fragen«, Heym solle dankbar sein, daß die Veröffentlichung seines
Romans von der Partei verhindert wurde. Denn er habe »die
grundfalsche offizielle Lesart« übernommen, »wonach der
›17. Juni‹ ein von den westlichen Geheimdiensten organisiertes
konterrevolutionäres Unternehmen war«[2]. Also schrieb Havemann im Jahre 1972. Wenig später ging Heym ans Werk: Er verfer-
tigte eine Neufassung, wobei er das ursprüngliche Manuskript lediglich »als Materialsammlung« verwertet haben will. Das muß
übrigens sehr anstrengend gewesen sein. Denn wenn wir auch
nicht wissen, wieviel in den »5 Tagen im Juni«[3] (dies der neue Titel)
tatsächlich aus dem »Tag X« stammt, so ist es immerhin unverkennbar, daß Heym mit dem Blick in zwei Richtungen gearbeitet
hat: Die Neufassung sollte für die DDR akzeptabel und für die
Bundesrepublik attraktiv sein. Daran ist heutzutage nicht wenigen
Autoren diesseits und jenseits der Elbe gelegen: Ob dieser so be-
liebte deutsche Silberblick auch unserer zeitgenössischen Literatur
zugute kommt, muß zumindest bezweifelt werden.

Heyms Rechnung ist jedenfalls nicht ganz aufgegangen: Das
neue Buch durfte zwar in der Bundesrepublik erscheinen, doch
wurde es in der DDR abermals verboten. Und wer weiß, ob er
seiner Partei für diese Entscheidung nicht ebenso dankbar sein
sollte wie für die Verhinderung der legendären Erstfassung. Denn
Heym ist ein in der DDR verfolgter Schriftsteller geblieben und
darf also im Westen weiterhin von jenem Sonderrabatt profitieren,
der in solchen Fällen von unserer literarischen Öffentlichkeit menschenfreundlich gewährt wird. Und im übrigen schmecken verbo-
tene Früchte überall besonders gut. Mit anderen Worten: Man
kann sich denken, daß dieser Roman in der DDR, wohin gewiß
schon viele Exemplare gelangt sind, ein aufmerksames, ja, sogar
aufgeregtes Publikum findet, das hier endlich lesen kann, was zwar
im Grunde alle wissen, was jedoch noch nie von einem DDR-
Autor beschrieben wurde. Nach wie vor erinnern viele Schriftsteller in der kommunistischen Welt an das Kind aus Andersens Mär-

chen: Alle sehen, daß der Kaiser nackt ist, aber sie, die Schriftsteller, sind die einzigen, die es zu sagen oder wenigstens anzudeuten versuchen.

Diesen Lesern in der DDR mögen unsere Einwände gegen die »5 Tage im Juni« nebensächlich oder gar weltfremd vorkommen. Indes läßt es sich nicht verheimlichen, daß wir es zwar mit einem bemerkenswerten zeitgeschichtlichen Dokument, doch zugleich mit einem dürftigen und erschreckend oberflächlichen Roman zu tun haben. Aber er ist nicht etwa deshalb so arg mißraten, weil Stefan Heym nicht sagen durfte, was er sagen wollte, sondern weil er nicht erzählen konnte, was er – da er sich zu diesem Thema entschlossen hatte – hätte erzählen müssen. Nicht an der Zensur ist er also gescheitert, sondern an den Grenzen seines literarischen Talents.

Die Handlung beginnt am 13. Juni und reicht bis zum Abend des 17. Juni 1953. Sie spielt vorwiegend unter den Arbeitern und Angestellten eines fiktiven Ost-Berliner Industriebetriebs. Heym gibt sich viel Mühe, die Unzufriedenheit und die Verbitterung der Arbeiter zu zeigen und auch und vor allem die Umstände zu schildern, die sie gezwungen haben, sich gegen das Regime zu wehren, zu streiken und zu demonstrieren. Andererseits macht er deutlich, daß die Parteiführung von den Sorgen und Nöten jener Klasse, deren Sachwalter und Repräsentant sie zu sein vorgab, nichts wußte und offenbar auch nichts wissen wollte. Schließlich zögert er nicht, in sein Buch kurze Szenen aufzunehmen, die erkennen lassen, wie groß die Ratlosigkeit der SED-Führung angesichts der offenen Rebellion gewesen war.

Aber diese Motive finden sich in einem auffallend wirren Roman, der, obwohl Heym an ihm viele Jahre gearbeitet hat, flüchtig und hastig geschrieben scheint und dessen Lektüre viel Geduld erfordert. Er gehört zu jenen Büchern, die man erst beim zweiten Lesen ganz verstehen kann, ohne freilich die Gewißheit zu erlangen, daß es sich gelohnt hat, sie überhaupt zu lesen.

Die Zahl der Personen ist übermäßig groß, was damit zusammenhängen mag, daß die ursprüngliche Fassung etwa doppelt so umfangreich war wie die endgültige. Heyms Romanfiguren voneinander zu unterscheiden ist oft nicht leicht, dafür kann man, wie beim Fußballspiel, gleich erkennen, auf welcher Seite sie stehen. Da gibt es Bürger der DDR mit widerlichen Zähnen und spinnenhaften Fingern, sie haben in ihrem Wesen »etwas Lauerndes und zugleich Herrisches«, sie sind geil und feige und mißhandeln Frauen. Von einem heißt es, er habe »in besseren Tagen die Zwangsarbeiter von Rowno« drangsaliert, dem anderen wird wenigstens ein Vater nachgesagt, der in der SS war. Sie alle sind – wie könnte es anders sein? – westliche Agenten: »Wenn es brodelt, steigt der Dreck nach oben« – werden wir belehrt.

Doch treten in diesem Roman auch ganz andere Menschen auf: Der Gewerkschaftsfunktionär Witte (»Ich habe nie vergessen, daß ich ein Arbeiter bin«), ein ganz vorbildlicher Kerl, der freilich bisweilen etwas selbständig denkt, was ihm gar nicht gut bekommt; der Parteisekretär Banggartz, der wieder etwas zu unselbständig ist, aber dafür »die Partei als seine wahre Familie« betrachtet; der wackere Arbeiter Kallmann (»Ich hab' mir den halben Daumen abgeschnitten als junger Mann und hab' ihn mir mit dem Taschentuch festgebunden und weitergearbeitet«), der sich leider vom Klassenfeind ein wenig mißbrauchen läßt und am Ende, wie es sich für einen solch polternden deutschen Helden schickt, die Welt nicht mehr versteht; und auch jene herben und aufopferungsvollen Arbeiterinnen sind wieder da, bei denen sich hinter der rauhen Schale der weiche Kern und unter der derben Kluft der feste Busen verbirgt.

Wie man sieht, geniert sich Stefan Heym nicht, das Standardpersonal der DDR-Romane des sozialistischen Realismus fast ganz zu übernehmen. Seine schriftstellerische Technik weicht hingegen ein wenig von dieser Schablone ab. Hier und da blendet er, einer westlichen Mode von vorgestern folgend, in die Handlung allerlei Dokumente ein. Und während die Genossen bei Heym so reden, wie sie einst in den Romanen des braven Willi Bredel geredet haben, darf sich ein West-Berliner Striptease-Mädchen, das natürlich mit üblen Agenten munkelt, in stummen Selbstgesprächen artikulieren. Sie sind sinnigerweise dem Schlußmonolog aus jenem »Ulysses« nachgebildet, der in der DDR als abstoßendes Produkt der modernen westlichen Literatur gilt und dort noch immer zu den unerwünschten Büchern gehört. So ist der Joyce auf den Heym gekommen. Sieht man von diesen verkrampften Modernismen ab, dann triumphiert hier ein Stil, der wiederum tröstlich ist. Denn die Sprache dieses Buches beweist, daß es immer noch einen, sagen wir, gesamtdeutschen Trivialromen gibt: »›Prost!‹ antwortet vom anderen Tischende her der Dreher Bartel, schüttet sich seinen Korn in den Rachen und biß in seine Bockwurst, daß der Saft spritzte.« Der deutsche Kitsch ist vorerst unteilbar.

Aber immerhin hat Heym seine ursprüngliche Version der Vorgänge vom 17. Juni revidiert. Auch jetzt schreibt er westlichen Geheimdiensten eine wichtige Rolle zu, doch für die Verhältnisse, die zur Rebellion geführt haben, macht er die Partei und die Regierung verantwortlich. Er wirft jenen, die damals an der Spitze standen, folgenschwere Fehler vor. Damit freilich ist es nicht getan. Denn die Kluft, die in der kommunistischen Welt die alltägliche Wirklichkeit von dem ideellen Programm trennt, hat ihre Ursache nicht in den Irrtümern oder Fehlern der jeweils die Macht ausübenden Politiker. Nicht darum geht es, daß derartige kommunistische Politiker das Programm der Partei kompromittieren, sondern daß dieses Programm immer wieder derartige Politiker ermöglicht, ja nötig macht. Gerade hier endet Heyms Einsicht: Er rechtfertigt niemanden, aber was eine logische und auch unvermeidbare Konsequenz der theoretischen Grundlage war, stellt er als einen bedauerlichen Betriebsunfall dar, den menschliches Versagen verschuldet haben soll.

So endet das Buch mit einem eindeutigen Bekenntnis zur SED. Den Funktionär Witte, der oft Heyms Ansichten ausdrücken darf, läßt er sagen: »Trotz ihrer Fehler und Mängel – es gibt nur die eine Partei, nur die eine Fahne.« Und ebendeshalb darf der Roman »5 Tage im Juni« in der DDR nicht erscheinen, und Stefan Heym ist auf einen Verlag angewiesen, über den der Klassenfeind verfügt. Zur Schadenfreude besteht nicht der geringste Anlaß.

(1974)

Für festliche Stunden

Arnold Friedrich Vieth von Golßenau, der Sproß einer sächsischen
Uradelsfamilie, hatte für sein erstes Buch ein plebejisch klingendes
Pseudonym gewählt: Ludwig Renn. Auch im Leben bediente er
sich fortan dieses Schriftstellernamens. Damit sollte ein grundsätz-
licher Schritt angedeutet werden: Der Verfasser hatte sich ein für
allemal von seiner feudalen Umwelt losgesagt, um sich dem revolu-
tionären Kampf der Arbeiterklasse anzuschließen. Das war eine
ideologische und politische Entscheidung, die durch zeitgeschicht-
liche Ereignisse und persönliche Erlebnisse bedingt wurde. Liest
man jedoch Renns autobiographische Bücher, so spürt man, daß
hier neben ideologischen und politischen Überlegungen noch ein
Motiv anderer Art eine gewiß untergeordnete, aber doch nicht
ganz unwichtige Rolle gespielt hat: Der dekadenten Atmosphäre in
seiner Umgebung überdrüssig, suchte der von Golßenau das Einfache, Saubere und Gesunde, das Primitive und das Kräftige. Das
alles glaubte er im Proletariat finden zu können. Der einsilbige
Name Renn – schlicht, knapp, hart – symbolisiert also auch eine
von Politik und Zeitgeschehen unabhängige elementare Sehnsucht.

Der Dichter, von dem hier die Rede sein soll, stammt ebenfalls
aus Sachsen – er wurde 1915 in Chemnitz geboren –, kommt jedoch nicht aus einem adligen, sondern aus einem bürgerlichen oder
großbürgerlichen Haus. Als Sechzehnjähriger tritt er in Berlin dem
Kommunistischen Jugendverband Deutschlands bei. Hatte Renn
als Fahnenjunker in einem besonders exklusiven Regiment des kö-
niglichen Sachsen gedient, um die Offizierslaufbahn einzuschla-
gen, so war unser Dichter Lehrling in einer Druckerei, bereitete
sich also für einen proletarischen Beruf vor.[1] Der junge Kommunist, der sich auch in der Illegalität politisch betätigte, emigrierte
1936. Sein Weg führte ihn über Ägypten, Palästina und England

nach Frankreich, wo er zeitweise interniert war und sich an der Widerstandsbewegung beteiligte, und schließlich nach der Schweiz, wo er abermals ein Internierungslager kennenlernen mußte. In Zürich erschien im Frühjahr 1945 seine erste selbständige Publikation: »Zwölf Balladen von den großen Städten«. Name des Verfassers: Stephan Hermlin. In Wirklichkeit hieß der Debütant Rudolf Leder.

Daß wir es hier mit einem Pseudonym zu tun haben, ist nicht bemerkenswert – übrigens mußten die nach der Schweiz emigrierten deutschen Schriftsteller meist ihre Arbeiten anonym oder pseudonym veröffentlichen. Hingegen scheint die getroffene Wahl aufschlußreich zu sein. Während Leder ein unauffälliger, alltäglicher Name ist, ruft das Pseudonym Hermlin die Erinnerung an jene edlen Pelze wach, mit denen Könige traditionsgemäß ihre Mäntel schmückten. Dieser Name läßt an etwas Wertvolles und Kostbares denken, an Erlesenes und Feierliches. Und der Vorname? Stephan mag zwar ebenso gebräuchlich wie Rudolf sein, ist jedoch der Vorname von zwei bedeutenden Lyrikern der letzten hundert Jahre – von Mallarmé und George. Hermlin hatte wohl eher den Franzosen gemeint, worauf – von allen anderen Umständen abgesehen – die von ihm gewählte Schreibweise hindeutet. Gleichviel, ob Mallarmé oder George – bei beiden Namen stellen sich im ersten Augenblick ähnliche Assoziationen ein: Erhabenes und Dunkles, formale Strenge, festlicher Tonfall und priesterliche Würde, das Weihevolle und das Majestätische.

Hat der Debütant derartige Assoziationen angestrebt? Das kann ich nicht behaupten. Aber daß er, ein Feinschmecker der Sprache, ein sensibler Kenner der Symbole, Bilder und Anspielungen, sich ihrer nicht bewußt war, ist ausgeschlossen. Unlieb waren sie ihm jedenfalls nicht. Und mögen auch in diesem Fall bei der Wahl des Pseudonyms ideologische und politische Motive keine Rolle gespielt haben – Hermlin blieb im Exil dem Kommunismus treu –, so darf man doch von einem psychologischen Symptom sprechen. Wird nicht hier die gleiche Sehnsucht deutlich wie einst bei dem von Golßenau, als er sich Renn nannte – allerdings in umgekehrter Richtung? Hat der Autor der »Zwölf Balladen« vielleicht seinen gewöhnlichen, schlichten Namen in einen ungewöhnlichen, an-

spruchsvoll-wohlklingenden umgewandelt, weil er, der ehemalige
Lehrling in einer Druckerei, der kommunistische Klassenkämpfer,
der umhergetriebene Emigrant, vom Vornehmen und Distingu-
ierten träumte und sich im Grunde seiner Seele nach dem Exklusiven und dem Aristokratischen sehnte?

Dies sei, wird man sagen, eine menschliche, eine harmlose Sehnsucht. Natürlich – nur kann sie unter bestimmten gesellschaftlichen und politischen Voraussetzungen unversehens ihre Harmlo-
sigkeit einbüßen und sogar den Künstler in schwierige Konflikte
bringen. Aber wie auch immer: als sich der junge Dichter für den
Namen »Stephan Hermlin« entschied, bekannte er sich bewußt
oder unbewußt zu einem persönlichen ästhetischen Programm.
Denn die Assoziationen und Reflexionen, zu denen dieses Pseudonym Anlaß gibt, werden durch sein literarisches Werk bestätigt
und potenziert.

Schon die frühe Lyrik, enthalten in dem erwähnten Erstling
»Zwölf Balladen von den großen Städten« und in den kurz darauf
in Deutschland erschienenen kleinen Sammlungen »Die Straßen
der Furcht« (1946) und »Zweiundzwanzig Balladen« (1947), läßt
eine außerordentliche sprachliche Gewandtheit, eine geradezu artistische Formulierungsbegabung erkennen. Zugleich erweist es
sich, daß der Autor sehr belesen und für heterogene literarische
Einflüsse empfänglich ist. Barock, Symbolismus, Neuromantik
und Expressionismus machen sich in seinen Versen bemerkbar;
man glaubt das Echo vieler Lyriker zu hören – von Rilke, Hofmannsthal und George über Heym, Stadler und Trakl bis zu
Brecht und Benn. Vor allem aber ist das Vorbild der Franzosen
deutlich: von Rimbaud und Mallarmé bis Eluard und Aragon. Die
vom Surrealismus kommende literarische Widerstandsbewegung
Frankreichs, deren einzelne Vertreter er während des Krieges ken-
nenlernte, hat ihn wohl am stärksten geprägt. Diese nicht immer
rühmliche stilistische Anpassungsfähigkeit und Vielseitigkeit und
die sprachliche Geläufigkeit prädestinieren übrigens Hermlin zum
Nachdichter: Wir verdanken ihm beachtliche und teilweise meisterhafte Übertragungen von Versen Paul Eluards, Pablo Nerudas,
des Türken Nazim Hikmet, des Ungarn Attila Jozsef und amerika-
nischer Negerlyriker.

Was indes seine eigenen Verse betrifft, so lassen sich über alles Eklektische hinaus doch gemeinsame Kennzeichen feststellen. Denn welchem Meister Hermlin auch nacheifert, welcher stilistischen Anregung er auch folgen mag – es entstehen immer Strophen für festliche Stunden. Er liebt das edle Wort, den gewählten Ausdruck, den getragenen Tonfall, den feierlichen Rhythmus, die elegische Melodie, die dunkle Metapher, die tiefsinnige Anspielung, die strenge Form. Er bevorzugt romanische Versgebilde: die Stanze und das Triolett, die Terzine und das Sonett.

Vor allem liebt er das Poetische schlechthin. Er hat offenbar das dringende Bedürfnis, das Dasein zu stilisieren. Was er schildert, wirkt malerisch und dekorativ. In Hülle und Fülle werden geboten: Kathedralen, Dome, Paläste und Türme, Brunnen, Fontänen und Schwäne, Haine, Hügel und Gestade, Fahnen, Marmor und Glocken. Alle Musikinstrumente werden für dieses poetische Universum bemüht: von der Geige bis zur Orgel und mit einer besonderen Vorliebe Blasinstrumente – es gibt Flöten, Oboen, Saxophone, Trompeten, Fanfaren und Posaunen. Und was dieser Lyriker auch sagen mag, es wirkt würdig und erhaben. Er singt und kündet, er raunt und beschwört. Das Preziöse ist sein Element. Eine Strophe des »1940–1941« datierten Gedichts »Die toten Städte« lautet:

Senkt sich des Abends Kühle
Auf die traumsüchtige Welt,
Ist auf der Hügel Gestühle
Wolkenschatten gestellt,
Geistert die Klage der Hähne
In der Fiebernden Ruh,
Fliegen die Ungebornen
Dem Asphodelenhain zu.

Im selben Gedicht findet sich auch folgende Strophe:

Sonnen, wohin vergangen
Ist euer tönendes Rad?
Von der Schönheit umfangen
Apollinische Saat,

Flöten und marmorne Bilder,
Sterne im Abendbaum,
Lächelnde Mädchen, du milder,
Wohin starbst du, Traum?

Ein »Manifest an die Bestürmer der Stadt Stalingrad«, datiert »Dezember 1942«, beginnt:

Weil diese Nacht euer Haupt umlohte
Und der Vernichtung eure Stirn sich neigt . . .

Die zweite Strophe dieses *Manifests* hebt an:

Ich bin das Echo auf den weißen Treppen
Im Turme eures Haupts. Wie lang die Nacht . . .

In der »Ballade von den Städteverteidigern« lesen wir:

. . . aus der Seide
Einer taubengrauen Dämmerung schimmert das Salz
Der Gesichter gefallener Kämpfer in tönender Heide.

Städte schreiten in dieser Lyrik »wie Wälder aus Marmor und Licht«. Vom »Flug dämmernder Schwalben« hören wir und von »des Domgestühls Wind«. Um die »Nüstern« eines Giganten »flackert vergeblich des Bienenflugs goldene Glut«. In einem Gedicht vom Jahre 1945 erklärt Hermlin:

. . . Nimmermehr mag ich deiner entraten,
Bis am schattenden Turme die Lanze mich trifft.

Oder:

Vor Domen senkt sich meine Stirn.

Daß der Autor dieser Verse Kommunist ist, geht nur aus wenigen Gedichten hervor – dann allerdings unmißverständlich. In der »Ballade von den weitschauenden Augen« besingt er die »ruinenbesternten« Türme des Kremls und die zweihundert Millionen, die die »morgige Welt« säen. »Und deine Beschwerde« – versichert der Dichter – »wird schon metallen vom Kreml aus Glockenmündern genannt.« Verwunderlich ist allerdings das Entstehungsdatum die-

ser Ballade: 1940. Es drängte also den jungen Hermlin, der Sowjetunion gerade zur Zeit des Hitler-Stalin-Pakts zu huldigen.

Ansonsten ist in seinen Versen aus jenen Jahren vom revolutio-
nären Optimismus nichts zu spüren, vielmehr dominieren Einsamkeit und Müdigkeit, Resignation und Todessehnsucht. Nicht militante Gedichte sind es, wohl aber Klagelieder, deren Trauer jedoch
ebenso selbstgefällig anmutet wie ihre Form:

> Ihr toten Dichter, die ihr für mich spracht,
> Ihr verließt mich, doch ich euch nie.
> Ich versank in der Bitterkeiten Meer,
> Und ihr hörtet nicht, als ich schrie.

Hermlin teilt mit: »Ich bin die Müdigkeit, das dumpfe Grauen.«
Und ruft: »Doch wir sind krank / Und würgen an des Alpdrucks
Speis.« Und bittet:

> O Bruder Tod, erhör uns, wieg
> Uns ein, eh sich das Graun erfüllt!

Er entwirft eine makabre poetische Landschaft – mit »blauen Kin-
derkadavern« und »endlos hinreichenden Zügen von Leichen«, mit
»rattenerfüllten Kellern« und »gräßlichen Stollen«. Und die Nacht
ist »von Sirenen, den sterbenden Tieren, zerfetzt«. In den Versen
häufen sich Todesmotive und Todessymbole. Die Rede ist von
»des Todes Bienenstock« und »des Todesweins Rest«, von der
»Totenuhr in jedem Haus« und von des »Todes murmelnden
Schleusen«; da heißt es: »Und in den Trümmern baden / Tote im
Abendschein«, und »Die toten Tänzer in den Höfen / Hängen im
Drahtgesträuch.«

Um seine Stimmung anzudeuten, glaubt Hermlin in düsteren
Farben schwelgen zu müssen. Kaum ein Gedicht, in dem das Wort
»schwarz« nicht vorkäme. Es gibt »schwarzes Blut«, »schwarze
Sonnen«, »schwarze Lippen«, »schwarzen Mohn«, »schwarze Rosen« und »schwarze Rosse«, einen »schwarzen Schlangenhag«,
»nachtschwarze Minuten«, »geschwärzte Fassaden«; und Blut
zischte wie »schwarzes Bier«.

Alles in allem: Eine Lyrik voll krampfhafter Wendungen, bana-
ler Verse, pathetischer Töne, konventioneller Symbole, blasierter

Posen. Allerdings braucht man nicht lange zu suchen, um Strophen
oder – noch häufiger – einzelne Zeilen zu finden, denen ein subtiler
Reiz nicht abgesprochen werden kann, deren Musikalität ihren
Eindruck nicht verfehlt. Mögen es auch nur kurze Passagen sein, in
denen Hermlin seine Gefühle und Visionen, zumal seine Leiden zu
beglaubigen vermochte – sie zeugen doch von einem unzweifelhaf-
ten künstlerischen Temperament. Und schon diesem Umstand
mußte früher oder später ein Konflikt zwischen ihm und seiner
Partei entspringen.

Allem Anschein nach hat Hermlin schon damals gespürt, daß
seine düster-vornehme Dichtung sich beim besten Willen nicht mit
den Forderungen der kommunistischen Kulturpolitik in Einklang
bringen läßt. Er war entschlossen, diesen Widerspruch zu überwinden. 1945 wurde die Frage aktuell – denn nun ergab sich für
den deutschen kommunistischen Dichter die Möglichkeit, zu den
Massen zu sprechen. Jetzt mußte er der Aufgabe gerecht werden,
die ihm die Partei gestellt hatte. Hermlins Sprache war für diese
Aufgabe ungeeignet. Offen erklärte er in der 1945 geschriebenen,
bekenntnishaften »Ballade von den alten und den neuen Worten«:

> Genügen können nicht mehr die Worte,
> Die mir eine Nacht verrät,
> Die beflügelte Magierkohorte,
> Wie vom Rauch der Dämonen umdreht . . .

Der Abschied fällt schwer:

> Daß an meinen Worten ich leide!
> Und die Worte waren schön . . .

Dennoch gibt der Dichter kund:

> Drum gebt mir eine neue Sprache!
> Ich geb euch die meine her.

Und:

> Ich will eine neue Sprache,
> Wie einer, der sein Werkzeug wählt.

Allein, auch dieses programmatische Gedicht, offenbar schon in jener gewünschten neuen Sprache geschrieben, klingt elegisch aus:

> Am Boden liegt das Glas
> Und das Brot gewürzt mit Qualen.

Die notwendige Umstellung will nicht gelingen. »Forderung des Tages« ist – wiederum programmatisch – ein anderes Gedicht aus dem Jahre 1945 betitelt. Hier versichert der Dichter: »Ich vernehme des Kommenden süßeste Geigen.« Sogleich fügt er jedoch hinzu: »Die Oboen der Toten bezaubern mein Blut.« Todesmotive häuft Hermlin auch in der 1947 entstandenen »Ballade nach zwei vergeblichen Sommern«. Während des Krieges hatte er eine »Ballade von der Königin Bitterkeit« geschrieben. Jetzt hingegen, 1947, im Jahre seiner Übersiedlung nach Ostberlin, wartet er mit einer »Ballade von der Dame Hoffnung« auf. Aber in Wirklichkeit ist dieses Gedicht nicht weniger bitter. Sein Fazit lautet:

> Verbotener Brunnen du, nach dem wir bohren:
> Von den Bedrängten Hoffnung bist genannt.

Auch den ebenfalls 1947 datierten Stanzen mit dem Titel »Die Zeit der Wunder« kann man schwerlich den vom Sozialistischen Realismus geforderten Optimismus nachrühmen. Sie enden gar mit den einfach und schön formulierten Feststellungen:

> Der Worte Wunden bluten heute nur nach innen.
> Die Zeit der Wunder schwand. Die Jahre sind vertan.

So war die Lyrik, die der Umsiedler Hermlin mitbrachte, für die Kulturpolitiker der Zone wenig brauchbar und ziemlich suspekt. Die »Zweiundzwanzig Balladen« erschienen 1947 zwar in Ostberlin, wurden jedoch nicht mit einem sowjetzonalen, sondern mit einem westdeutschen Literaturpreis bedacht. Vielversprechend schien freilich für die Kulturpolitiker Hermlins Ruf zu sein: »Drum gebt mir eine neue Sprache!« Der Wunsch ließ sich erfüllen: Von kommunistischen Autoren erwartete man damals, daß sie sich die lyrische Sprache des Johannes R. Becher zum Vorbild nahmen.

Indes hatte Hermlin in dieser Angelegenheit durchaus eigene Anschauungen. Von 1945 bis 1947 in Frankfurt ansässig, war er am

dortigen Rundfunksender tätig, für den er eine Reihe von Buchbe-
sprechungen verfaßt hatte. Sie erschienen – zusammen mit ähnlichen kleinen Arbeiten von Hans Mayer – Anfang 1947 in einem
westdeutschen Verlag. In diesem Buch rühmte er unter anderem
gerade jene Autoren, die in der DDR ignoriert oder bekämpft
werden sollten: Kafka und Karl Kraus, Joyce und Eliot. Nach
seiner Übersiedlung nach Ostberlin wird das Buch dort ebenfalls
ediert, jedoch erweitert um »Bemerkungen zur Situation der zeitgenössischen Lyrik«. Hier äußert sich Hermlin über den repräsentativen kommunistischen Dichter:

»Tragisch ist der Fall eines der bedeutendsten Lyriker des heutigen Deutschlands, der Fall des Johannes R. Becher. Sein letzter
Gedichtband (»Heimkehr«, Aufbau-Verlag, Berlin) beweist neuer-
lich, daß Becher in seiner von sehr ernsten politisch-ästhetischen
Motiven bestimmten Erneuerung, die er seit etwa fünfzehn Jahren
unternommen hat, über jedes mit seiner hohen dichterischen Begabung verträgliche Ziel hinausgeschossen ist. Dieser Fall ist sehr
kompliziert und erfordert eine gründliche Auseinandersetzung. Es
liegt aber unleugbar der Beweis vor, daß die Bemühung um einen
neuen Realismus hier die Substanz und Eigengesetzlichkeit des
Lyrischen zerstört hat: Becher ist in neo-klassizistischer Glätte
und konventioneller Verseschmiederei gelandet. Er hat eine politisch richtig gestellte Aufgabe mit dichterischen Mitteln falsch gelöst.«[2]

Hermlin, der übrigens dieses Urteil ein Jahrzehnt später demü-
tig widerrief[3], hat damit die Gefahr bezeichnet, die ihn selber bedrohte. Denn er stand vor einem ähnlichen Dilemma wie Becher in
den zwanziger Jahren. Einerseits mußte er für seine politische
Dichtung eine den Massen des Volkes verständliche, klare und
einfache Sprache finden (dies nennt er »die Bemühung um einen
neuen Realismus«), andererseits wollte er nicht der Modernität
verlustig gehen, dem Primitivismus verfallen und am Ende »die
Substanz und Eigengesetzlichkeit des Lyrischen« zerstören. Die
Ergebnisse dieser Bemühungen sind vor allem in dem Band »Der
Flug der Taube« (1952) zusammengefaßt.

Es wäre falsch, anzunehmen, die kulturpolitischen Forderungen, deren Berechtigung Hermlin freiwillig anerkannte, hätten auf

seine Dichtung nur einen ungünstigen Einfluß ausgeübt. Manche dieser Verse, geschrieben Ende der vierziger und Anfang der fünfziger Jahre, beweisen, daß es ihm gelungen war, verschiedene Extravaganzen der frühen Balladen und ihre bisweilen ausgeklügelte, krampfhaft-ambitionierte Metaphorik zu überwinden. Hier und da wirkt seine Diktion strenger und disziplinierter und hat an Natürlichkeit und Anschaulichkeit gewonnen.

Zugleich ist aber zu den vielen literarischen Vorbildern, die sich in Hermlins Lyrik bemerkbar machten, nun auch die sowjetische Poesie hinzugekommen; die Hemmungen, die bisher seiner Neigung zum Feierlichen und Erhabenen doch Grenzen gesetzt hatten, werden vom patriotischen Enthusiasmus weggeschwemmt. Er wählt fast ausschließlich heroische Stoffe oder zumindest solche, die sich für eine heroisch-pathetische Behandlung eignen. So besingt er in zyklischen Gedichten die bolschewistische Oktoberrevolution von 1917 und die Verteidigung Leningrads im Zweiten Weltkrieg. Stalin und Pieck und die Heldentaten junger Kommunisten in Griechenland und Frankreich. Uneingeschränkt triumphiert das Monumentale. Das griechischen Partisanen gewidmete Poem »Epon« endet:

> Wie einen Mantel haben den Tod sie sich um die Schulter
>   geschlagen.
> Sie trinken die Zukunft durstig, als sei sie schon da.
> Schon überrollt sie der Strom von Schreien und Schüssen
>   und Tagen,
> Und ihr Schweigen erzählt die Legende Attika.

Ein Poem zu Ehren von Wilhelm Pieck hebt an:

> Der Zeiten Vorhang schwankt im Winde der Geschichte.
> Wer wartet auf das Stichwort in den schweren Falten?
> Es raunt die Nacht von Stimmen, längst verhallten ...
> Wie ferner Tubaruf dröhnt die Geschichte,
> Im Schritt der Straße enden die Legenden.

Der Tod, das Leitmotiv der früheren Lyrik Hermlins, kann in seiner Poesie aus der stalinistischen Zeit, die programmatisch optimistisch zu sein hat, nur eine untergeordnete Rolle spielen: An seine Stelle tritt als geheimnisvoll-erhabenes Motiv die Nacht. Das zyklische Gedicht »Aurora«, das beste Stück des Bandes »Der Flug der Taube«, beginnt:

> In dieser Nacht ist der Wind für immer umgeschlagen,
> Nichts konnte mehr so sein, wie es bisher gewesen war,
> Neu lasen sich die alten Bücher mit ihren Sagen,
> Das Verborgene lag offen, und das Unverständliche ward klar.

Und:

> Um dieser einen Nacht willen ward alle Musik geschrieben,
> Um dieser einen Nacht willen ward jeder neue Gedanke
> gedacht.
> Jedes Herz hatte in der Welt seine Heimat. Jeder Verlassene
> konnte lieben.
> Was immer geschehen war, geschah für diese Nacht.

Mannigfaltige Aufgaben kommen dem Nachtmotiv in Hermlins poetischem Universum zu: Die Nacht kann das Gute und das Böse symbolisieren, den Fortschritt und die Reaktion. Sie kann auch eine lediglich dekorative Aufgabe erfüllen. »Die Nacht hat die Taube verschlungen« – heißt es im Poem »Der Flug der Taube«. In der Dichtung »Die Jugend« wird behauptet: »Die Nacht weckt die Zukunft auf.« Im Stalin-Gedicht »änderte sich unmerklich die Architektur der Nacht«, im »Flug der Taube« triefen Tau und Nacht von den Schwingen der Titelheldin, in der »Jugend« »wächst ein Wald von Musik um das Gebirge der Nacht«, und im Pieck-Poem bildet die Nacht das Spalier für Fahnen, die wie Rosen blühen.

Hermlins Huldigungen an die sowjetischen Genossen erreichen in diesem Band ihren Höhepunkt. Alle poetischen Vergleiche und Umschreibungen, die die Dichter der DDR in jenen Jahren für die Sowjetunion zu finden bemüht waren, übertrumpfte er, indem er schlicht feststellte: »Wie die Sonne gehört sie jedem.« Das Stalin-Poem hat Hermlin in eine spätere Sammlung seiner Lyrik nicht mehr aufgenommen. Daher soll es in diesem Zusammenhang nicht zitiert sein. Es genügt, auf das Gedicht vom »Flug der Taube« hinzuweisen, in dem sich folgende Passage über Stalin findet:

Dann schritt vom Gebirg herab
Der Rufer, der Lehrer.
Aus den Toren der Klüfte
Trat er hervor, der Mann von Gori.
Er raffte den Vorhang der Nebel.
Quer über der Stirn
Stand ihm des Wasserfalls Regenbogen.

Für einen anderen Typ der Hermlinschen Lyrik dieser Jahre sind
folgende Verse aus dem Gedicht »Der November ist die Heimat«
charakteristisch:

Es stürmten die Kommunisten
Das Land, das Gebirge, die See.
Es nahmen die Rotgardisten
Die Fabrik, das Korn und den Klee.

So erwies es sich, daß die Synthese, die Hermlin anstrebte, sich
nicht verwirklichen ließ. Er wollte ein subtiler Lyriker und zugleich ein revolutionärer Agitator, ein westlicher Ästhet und doch
ein östlicher Barde sein. Er wollte das Volk beglücken – und sich
dabei nicht beschmutzen, die Massen hinreißen – und doch einsam
und vornehm bleiben. Er träumte von einer Rednertribüne in einer
gigantischen Halle – und vom Turm aus edlem Elfenbein. Eine
Synthese aus Hofmannsthal und Majakowski war wohl sein Ideal.
Im Grunde ist er ein weicher Poet, der sich sehr männlich geben
möchte, ein Mann der stillen Töne, der sich zwingt, zu schreien.
Einst, 1942, schrieb er:

Wenn nichts mehr blieb als Bitterkeit,
Kann die abschiedsmüde Hand
Jäh sich ballen zur Faust.

Die Bitterkeit und die abschiedsmüde Geste vermochte er bisweilen glaubhaft zu machen. Aber sein Schrei und die drohende Faust
wirkten immer künstlich, theatralisch und krampfhaft. Man kann
sich des Eindrucks nicht erwehren, daß er ein Dandy ist, der mit
dem Parteiausweis kokettiert. Ernsthaft bemüht, Künstler und
Kommunist gleichzeitig zu sein, mußte auch er – wie Becher – »in
neo-klassizistischer Glätte und konventioneller Verseschmiederei«

landen. Mit dem Band »Der Flug der Taube« war der Lyriker Stephan Hermlin in eine Sackgasse geraten.

Die Versuche auf dem Gebiet der Prosa, sieben Erzählungen zumal, runden das Bild dieses Schriftstellers ab, ohne ihm überraschend neue Züge hinzuzufügen. Er schreibt einen gepflegten und exquisiten Stil, dem man es anmerkt, daß der Autor Kleist und Büchner, Fontane, Thomas Mann und Kafka ebenso sorgfältig studiert hat wie Hemmingway, Sartre und Camus. Über die Ausdrucksmittel der modernen Prosa braucht man ihn nicht aufzuklären. Auch seinen Freud kennt er gut. Hermlins psychologisches Einfühlungsvermögen ist beachtlich. Kein Zweifel: die vielen Rückblenden und Halluzinationen, die unmerklichen Übergänge von der Realität zum Traum, die eingeflochtenen Reflexionen und die retardierenden Einschübe, die knappen Hinweise auf die Atmosphäre und die psychologischen Details – das alles zeugt von einem großen Können.

Dennoch hinterlassen diese Geschichten zumindest ein deutliches Unbehagen. Nicht in politischen, sondern in ästhetischen Kategorien ist die Ursache zu sehen. Denn nicht dem Kommunismus kann Hermlins Diktion zur Last gelegt werden. Jede Phrase hat bei diesem Erzähler das ihr zukommende Gewicht, jedes Wort und jeder Ton üben die ihnen zugedachten Funktionen aus. Nichts in dieser Prosa scheint zufällig, aber auch nichts unmittelbar, natürlich oder spontan zu sein. Unverkennbar ist der Ehrgeiz des Verfassers, der sich immer wieder um ein originelles Bild bemüht, um eine wohlklingende Kadenz, um erlesene Ausdrucksweise.

Wie in Hermlins Lyrik wird auch hier alles konsequent stilisiert und poetisiert: die Sprache und die Atmosphäre, die Figuren und die Aktionen. An hochdramatischen Begegnungen fehlt es nicht, Schauplätze der Handlung sind meist Gefängnisse und Konzentrationslager, die Helden müssen Qualen erleiden und schweben unentwegt in größter Lebensgefahr. Dennoch wirken die Geschichten kalt, ihnen haftet immer etwas Steriles an. Sie vermögen hier und da zu interessieren, aber nie eigentlich zu bewegen oder zu ergreifen. Es ist letztlich die fatale Mischung aus Kunst und Kunstgewerbe, die diese Prosastücke trotz mancher guter Abschnitte so zweifelhaft erscheinen läßt.

Alle diese Eigentümlichkeiten sind schon in seiner ersten Erzählung – »Der Leutnant Yorck von Wartenburg« (1946) – unverkennbar, deren Handlung kurz nach den Ereignissen vom
20. Juli 1944 spielt. Wieder fällt hier Hermlins Sehnsucht nach dem
Aristokratischen auf. Es geht sehr vornehm zu: »Der Freiherr trat
ein, gefolgt von dem Diener, der die Tafel gerichtet hatte.« Ein
Setter streicht um die Knie des Leutnants, es gibt einen »schwarzen
Stutzflügel« und Kerzen, die »trübe und drohend brannten«.
Yorcks Verlobte, die kaum zwanzigjährige Anna, »war von süßer
und schwacher Schönheit«. Das Dezente wird bevorzugt: »Als
einige Stunden darauf – es dämmerte schon – Anna bei ihm eintrat,
schritt er ihr schnell entgegen, um sie von seiner Abreise zu unter-
richten. Aber sie neigte das Haupt zum Zeichen, daß sie bereits
wisse.« Und etwas später: »Er drückte sie sanft auf den Sitz nieder,
von dem sie sich erhoben hatte, dann kehrte er ans offene Fenster
zurück ... Auf den golden strömenden Abend schauend, fühlte er
eine starke, verzichtende Ruhe in sich, und sein rückwärts über die
Schulter gewendetes Antlitz suchte die Wälder ... Verse gingen
ihm durch den Sinn ...«

»Der Leutnant Yorck von Wartenburg« ist indes eine vornehmlich politische Geschichte. Eine kühne Idee liegt ihr zugrunde:
Zwischen der Verschwörung vom 20. Juli und Moskau wird ein
unmittelbarer Zusammenhang hergestellt. Wir haben es hier mit
einer begreiflichen Wunschvorstellung des emigrierten Kommunisten zu tun – die Erzählung ist Anfang 1945 in der Schweiz entstanden –, der in der größten deutschen Widerstandsaktion gegen
Hitler gern das Werk seiner Genossen vermuten wollte. Der Umstand, daß für eine solche Vision auch nicht der geringste reale
Anhaltspunkt vorhanden war, konnte Hermlin offenbar nicht stören, hatte jedoch Einfluß auf die Form seiner Erzählung. Der
Wunschtraum des Verfassers wird als Halluzination des Helden
geboten: Der zum Tode verurteilte Leutnant träumt im letzten
Augenblick seines Lebens, er sei »in das große Land entkommen,
in dem man alles ganz verstanden hatte: Ehre, Treue, Pflicht, Heimat« – womit natürlich die Sowjetunion gemeint ist.

1954 erschien in der DDR eine Neuausgabe des »Yorck von
Wartenburg«. Sie unterscheidet sich von der ursprünglichen inso-

fern, als einerseits der in der Ausgabe von 1946 noch enthaltene
nachdrückliche Vermerk des Autors, »diese Erzählung (sei) von
einer Novelle des Amerikaners Ambrose Bierce angeregt« worden,
weggefallen ist, obwohl sich doch in der Zwischenzeit der Tatbestand kaum verändert haben kann, während andererseits ein politisches Nachwort hinzugefügt wurde, in dem Hermlin seine einstigen Illusionen korrigiert und nunmehr erklärt: »Der Generalsputsch vom 20. Juli 1944, der so elend endete, wie er unzulänglich
geplant war, stellte den Versuch dar, . . . die gemeinsame Front der
Alliierten zu sprengen, unter neuen Fahnen die Aggression gegen
den Osten – und den Westen – fortzusetzen.« Und: »Der Verfasser
erzählt einen Traum . . . Er erzählt nicht von deutscher Geschichte,
sondern von einer deutschen Möglichkeit.«

Dies gilt für alle epischen Arbeiten Hermlins: Zeit und Ort der
Handlung lassen sich zwar meist exakt feststellen, doch sind die
Welten, in denen sich diese Geschichten abspielen, erfunden. Im
Grunde ist er auch nicht bemüht, einer bestehenden Wirklichkeit
gerecht zu werden, vielmehr will er – wie im »Yorck von Wartenburg« – seine Visionen verdeutlichen, die sich immer als Wunschträume oder Angstvorstellungen entpuppen. Nicht mit Gegebenheiten befaßt er sich, sondern mit Möglichkeiten. Der Realität sind
für diese Schöpfungen der Einbildungskraft lediglich einzelne Elemente entnommen, die als Requisiten und Versatzstücke für ein
mehr oder weniger überzeugendes poetisches oder pseudopoetisches Universum dienen.

Die nächsten Erzählungen genügen höheren sprachlichen Ansprüchen als der epische Erstling – so die »Reise eines Malers in
Paris« (1947), die den starken Einfluß Kafkas verrät. Der hier im
Mittelpunkt stehende deutsche Emigrant sieht sich in Paris mit
geheimnisvollen und undurchschaubaren Mächten konfrontiert. In
sein Zimmer sind während seiner Abwesenheit viele Unbekannte
eingedrungen: »War er denn hier noch zu Hause? Er sagte sich
immer wieder, daß er keine Angst habe, aber dann mußte er doch
daran denken, daß die Fremden plötzlich auf ihn losgehen und ihn
aus dem Fenster stürzen könnten.« In politischen Kategorien lassen sich diese mysteriösen Mächte nicht erfassen: »Er hatte seit
Tagen keine Zeitung mehr in der Hand gehabt. Aber vor wem

sollte er sich hüten? Was ihn bedrohte, war vielleicht in keiner Zeitungsspalte der Welt zu finden.«

Auf einer imaginären Reise gelangt er zunächst nach Barcelona während des Spanischen Bürgerkriegs: »In ungeheurer Feindseligkeit schwieg die leere Straße um ihn ... In der Ohnmacht des Alpdrucks sah der Maler, wie durch zahllose Lichtjahre von ihm getrennt, das Ende eines verwandten, gänzlich unbekannten Universums.« Die zweite Station der Reise ist ein französisches Internierungslager, das in einer gespenstisch-unheimlichen Stadtlandschaft liegt: »Das ohnmächtig-weiche Schleifen und Flüstern der Schatten begann von neuem ... Wie ein Ertrinkender fühlte er gleitende Wasser zwischen seinen Lidern und einer Wirklichkeit, deren Abbild sein vergehendes Bewußtsein nur gebrochen erreichte.«

In der dritten Vision schließlich sieht sich der Maler im kommunistisch besetzten Teil Chinas, wo er zwar freundlich aufgenommen wird, jedoch ebenfalls keine Erlösung finden kann: »Auch in Yenan hatte er nicht bleiben dürfen, das bedroht war wie die unbekannte Welt, wie Paris.« Im Fazit heißt es, auf den Helden habe sich »tiefe Müdigkeit« gesenkt. Alpdruck und Bedrohung, Ohnmacht und Müdigkeit sind die Schlüsselworte dieser Geschichte, die mit moderner westeuropäischer Prosa weit mehr gemein hat als mit der Literatur jenseits der Elbe.

Gegen beide Erzählungen wurden in der Zone ernsthafte Bedenken geäußert: Man warf dem Autor vor, er bediene sich surrealistischer Mittel und zeige lediglich passive Helden. Hermlins bereits nach der Übersiedlung entstandener Erzählungsband »Die Zeit der Gemeinsamkeit« (1949) ist, ähnlich der späteren Gedichtsammlung »Der Flug der Taube«, ein Buch des Kompromisses. Hermlin will den Forderungen des Sozialistischen Realismus nachkommen, andererseits aber doch eine Prosa bieten, die – wie manche literarischen Leistungen französischer Kommunisten, denen er offenkundig nacheifert – formalen und intellektuellen Ansprüchen genügen und als modern gelten könnte.

Charakteristisch ist in dieser Beziehung ebenso die originelle Geschichte mit dem Titel »Arkadien«, in der Hermlin von der Hinrichtung eines Verräters der französischen Widerstandsbewe-

gung erzählt, wie auch – in noch stärkerem Maße – »Die Zeit der
Einsamkeit«, deren Stimmung zuweilen an die »Reise eines Malers
in Paris« erinnert. Das Schicksal eines nach Frankreich emigrierten
deutschen Ehepaars namens Neubert wird hier in einigen distanziert gezeichneten Bildern und spröden Visionen gezeigt: »Es war,
als seien beide durch Kilometer getrennt oder als sprächen sie mit
sich selbst. Neubert hatte eigentlich Angst. Und das, was er in
Magdas Augen sah, schien ihm gerade die gleiche Angst zu sein.«
Er gewahrt im Gesicht seiner Frau »die Furcht, die Entfremdung,
die Vereinsamung«.

Diesmal wird jedoch der passive Held am Ende aktiv. Ein Fran-
zose, Beamter des Pétain-Regimes, vergewaltigt Neuberts Frau,
die an den Folgen der Abtreibung stirbt. Der deutsche Emigrant
erschlägt den Missetäter. Zugleich ergibt sich aus dem privaten
Geschehen eine politische Nutzanwendung: Der allein gebliebene
und von der Polizei gesuchte Held beschließt, das ihm nunmehr
verhaßte Pétain-Regime zu bekämpfen – in den Reihen der Kommunistischen Partei.

Als Hermlins episches Hauptwerk gilt die Titelgeschichte dieses
Bandes, die den Aufstand im Warschauer Getto behandelt. In einer
längeren Introduktion, in der sich abermals Hermlins sprachliche
Begabung dokumentiert, gibt er seine Eindrücke von einem Aufenthalt in Warschau im Jahre 1949 wieder, die er mit einigen Reflexionen verknüpft. Den Hauptteil der Erzählung bilden hingegen
fiktive Aufzeichnungen eines Getto-Kämpfers, die zunächst die
Form eines Briefes haben, dann in eine Art Tagebuch übergehen
und schließlich auch eindeutige epische Elemente aufweisen. Dieser Ich-Erzähler hat während der Kampfhandlungen im Getto
Zeit, sich in wohlabgemessenen Sätzen Gedanken über das Verhältnis von Leben und Kunst und auch über die Form seiner Aufzeichnungen zu machen.

Manche Kapitel der Erzählung sind erschütternd, aber die Wirkung entspringt vor allem dem Stoff und wird durch die stilistische
Bemühung des Verfassers eher beeinträchtigt als gesteigert. Während eine schlichte und nüchterne Diktion den historischen Ereignissen am ehesten gerecht werden könnte, steht Hermlins prä-
tentiöser Duktus in peinlichem Widerspruch zum Gegenstand der

Erzählung. Wenn er sagen will, daß unterirdische Verstecke gebaut werden, heißt es: »Das Getto wühlte sich wie ein geblendetes Tier in den Boden.« Die Kampfhandlungen haben begonnen: »Was immer auch geschehen würde, wie bald auch die Gewehre, die sie zur Strecke gebracht haben, schweigen müßten – das Bild der getöteten SS-Männer würde über den Straßen stehen wie die Initiale vor dem ersten Kapitel einer aufgeschlagenen Chronik.«

Die meisten Fakten, die angeführt werden, sind authentisch, aber die Atmosphäre hat mit der Wirklichkeit nichts gemein, denn wieder glaubt Hermlin, das Leben poetisieren zu müssen: »Die Toten, die dem Hunger erlagen, ... tragen die strengen, wie von kalter Flamme geprägten Züge der Märtyrer eines primitiven Meisters. Und sind nicht auch die Trupps, die die Leichen auf Karren sammeln, aus dem Mittelalter aufgetaucht, geradenwegs zu uns getaucht aus der Zeit des schwarzen Todes ...« Gegen Ende werden noch als nicht sehr wählerische Kontrastmotive Erinnerungen des Ich-Erzählers an idyllische Vorkriegsaufenthalte in Paris und London eingeflochten, denen eine sentimentale Deutschland-Vision mit Bildungsreminiszenzen folgt.

Während sich jedoch der Verfasser offenbar einige Mühe gemacht hat, den Stoff formal zu bewältigen, was ihm freilich versagt blieb, hat ihm seine politische Adaption offenbar keine Schwierigkeiten bereitet. Entgegen der historischen Wahrheit[4] sind es in dieser poetischen Vision die Kommunisten, die den Aufstand organisieren und leiten. Als Kuriosum sei vermerkt, daß in Hermlins Vorstellung die Kämpfer im Warschauer Getto während des Aufstands genug Muße hatten, um einem Vortrag ihres Kommandanten über Lenins Schriften zu lauschen.

Auch in der Geschichte »Der Weg der Bolschewiki«, dem propagandistischen Höhepunkt der Sammlung, kann Hermlin trotz des grausigen Themas der unfreiwilligen Komik nicht entgehen. Hier hat ein sterbender sowjetischer Offizier, der in einem deutschen Konzentrationslager gefoltert wird, keine anderen Sorgen als die Erörterung der Frage, warum er eigentlich nicht der Kommunistischen Partei beigetreten sei. Aber es beruhigt ihn die Versicherung seines Leidensgefährten, daß dieser, sollte er den Krieg überleben, für ihn den entsprechenden Antrag stellen werde, woraus hervorgeht, daß nach Hermlins Ansicht auch Tote in die Kommunistische Partei aufgenommen werden können. Und die pädagogische Schlußpointe: Unter dem Eindruck der gelungenen Flucht einiger sowjetischer Kriegsgefangener beschließt ein deutscher Kommunist, der sich in diesem Lager befindet, für die Häftlinge einen geheimen Kursus der Geschichte des Kommunismus zu organisieren.

Nachdem Hermlin mit der Erzählung »Der Weg der Bolschewiki« bei jener heroisch-pathetischen Glorifizierung angelangt war, die auch für die meisten Gedichte des Bandes »Der Flug der Taube« charakteristisch ist, hielt er es immerhin für ratsam, sich im Bereich der Prosa mehrere Jahre lang auf essayistische und publizistische Formen zu beschränken. Erwähnt sei jedoch, daß in der »Ersten Reihe« (1951), einem für die Jugend bestimmten Band prägnanter Lebensbilder deutscher Widerstandskämpfer, einige effektvoll geschriebene Miniaturen auffallen, die mehr als Stilübungen sind. Eine Geschichte hat Hermlin erst Ende 1954 wieder veröffentlicht: Der kurzen, nur in einer Zeitschrift gedruckten Arbeit mit dem Titel »Die Kommandeuse«[5] war mit Recht ein ungewöhnlich starkes Echo beschieden. Handelt es sich doch um eines der kühnsten Prosastücke, das in der DDR geschrieben wurde.

Obwohl der 17. Juni 1953 ein für kommunistische Autoren wenig dankbares Thema ist, leuchtet es ein, daß es das artistische Temperament des Stephan Hermlin anzuregen vermochte. Erfahren in der visionären Umdeutung historischer Ereignisse, zumal verschiedener Aufstände, sah er hier für sich eine reizvolle schriftstellerische Aufgabe. Wenn in seiner Epik die Männer des 20. Juli im Einvernehmen mit Moskau und die Aufständischen im Getto unter Führung von Kommunisten kämpfen konnten, dann konnten es schließlich auch unverbesserliche nationalsozialistische Verbrecher gewesen sein, die am 17. Juni gegen den Arbeiter- und Bauernstaat rebellierten.

Allerdings galt es in diesem Fall, besondere Schwierigkeiten zu meistern, auf die der Schriftsteller in der Welt jenseits der Elbe immer dann stößt, wenn politische Verhältnisse in der Heimat und in der unmittelbaren Gegenwart behandelt werden sollen. Das wäre noch nicht so heikel, könnte sich die dortige Literatur auf die

Anklage des Klassenfeinds im eigenen Haus konzentrieren. Walter Jens schreibt: »Auch der christliche Autor zeichnet nun einmal, zu der Höheren Leid, die Teufelsfratze mit Inbrunst und vehementer Brisanz, während er sich vor Gottes Antlitz nur demütig-wortlos verneigt. Ob Bernanos oder Brecht: man hält sich an den Schatten, um das Licht zu beweisen.«[6]

Auf diese Methode, die der Sozialistische Realismus in der Regel nicht duldet, glaubte Hermlin jetzt ausnahmsweise zurückgreifen zu dürfen. Er erzählt also von einer ehemaligen SS-Kommandeuse, die im Zuchthaus einer DDR-Großstadt fünfzehn Jahre wegen Verbrechen gegen die Menschlichkeit abzusitzen hat, am 17. Juni von den Aufständischen befreit wird und in deren Auftrag auf einer Kundgebung als angebliche Vertreterin der politischen Gefangenen eine Ansprache hält. Am Ende dieser Kundgebung – »weit hinten hatten ein paar Leute das Horst-Wessel-Lied angestimmt« – tauchen jedoch »zwei junge Leute in Trenchcoats« auf, die die entlaufene Kommandeuse verhaften. Sie wird zum Tode verurteilt.

Das ist – alles in allem – eine gut komponierte, straff geschriebene Kurzgeschichte mit vielen vortrefflich beobachteten Details, zumal psychologischer Natur. Wir sehen die Vorgänge fast ausschließlich aus der Perspektive der Heldin, die durch die unerwartete Veränderung ihrer Lage betäubt ist und – wie auch ihre Vorgänger in der Hermlinschen Epik – von Halluzinationen heimgesucht wird; sie läßt sich »in einem Strom von Vorstellungen und unhörbaren Verwünschungen treiben.« Indes hat sich niemand über die literarischen Vorzüge dieses kleinen Prosastücks Gedanken machen wollen, da der politische Inhalt die ganze Aufmerksamkeit für sich in Anspruch nahm. Im Westen empfand man die Geschichte – soweit sie überhaupt bekannt wurde – als ungeheuerliche und schamlose Entstellung der wirklichen Ereignisse, zu der immerhin kein anderer namhafter Schriftsteller der DDR bereit war.

Aber auch in der SED war die Entrüstung groß. Man hatte dort für Hermlins indirekte Darstellung der Vorfälle kein Verständnis und beanstandete, daß er es unterlassen habe, die positiven Kräfte zu zeigen. Im Organ des Schriftstellerverbandes der DDR warf man ihm sogar vor, seine Analyse des Seelenlebens einer SS-Kommandeuse könne fast Mitleid mit ihr erregen.[7] Kein Zweifel, ein absurder Vorwurf, in dem jedoch insofern ein Körnchen Wahrheit steckt, als die von Hermlin gezeichnete Verbrecherin eher eine glaubhafte Gestalt ist als die kommunistischen Heroen in manchen seiner früheren Arbeiten.

Nach dieser von allen Seiten abgelehnten Geschichte sieht Hermlin keine Möglichkeit mehr, sein künstlerisches Werk fortzusetzen. Er sammelt seine »Dichtungen« (1956) und seine »Nachdichtungen« (1957); wie Bredel, Uhse und Kuba schreibt auch er rasch die obligate China-Reportage (»Ferne Nähe«, 1954). Er veröffentlicht, meist aus aktuellen Anlässen, eine Anzahl von Aufsätzen und Artikeln, die freilich gegen Ende der fünfziger Jahre nur noch sporadisch erscheinen (»Begegnungen«, 1960).

»In den Zeiten der äußersten Zuspitzung des gesellschaftlichen Kampfes« – tröstet sich Hermlin in einer »Rede über Michiewicz« – »hat die Dichtung keine andere Wahl als sich entweder, für das zum Absterben Verurteilte Partei nehmend, zu prostituieren oder, auf der Seite des Fortschritts, ihre eigentliche Domäne einzuschränken.«[8] So überflüssig es scheint, gegen eine derartige, haarsträubend primitive Entweder-Oder-Formel zu polemisieren, so aufschlußreich ist doch das hier angedeutete persönliche Bekenntnis. Hermlin hatte sich entschlossen, den sich aus »der äußeren Zuspitzung des gesellschaftlichen Kampfes« ergebenden politischen Erfordernissen gerecht zu werden und daher freiwillig die »eigentliche Domäne« der Dichtung »einzuschränken«. Der Künstler war zu einem Kompromiß bereit, aber nicht zur bedingungslosen Kapitulation. Als sich herausstellte, daß die Partei gerade dies von ihm verlangte, sah er sich gezwungen, ins Schweigen zu fliehen.

Nur gelegentlich versucht er, den Bereich der Dichtung mit publizistischen Mitteln zu verteidigen. Er beruft sich dabei mit Vorliebe auf jene, die einst Kunst und Kommunismus, zumindest zeitweise, zu vereinigen wußten. Er erinnert an Majakowski, der sich der Forderung, die Poesie müsse für die Massen des Volkes verständlich sein, widersetzte und der meinte: »Die Kunst ist nicht von ihrer Geburt an eine Kunst für die Massen ... Je höher die

Qualität des Buches ist, desto weiter ist es den Ereignissen voraus.«[9]

Als sich Hermlin Ende 1962 öffentlich junger Lyriker der DDR annahm und dabei nicht nur politische Kriterien berücksichtigte, hielten es die Kulturfunktionäre für notwendig, gegen ihn einzuschreiten. Auf einer Beratung des Politbüros des Zentralkomitees und des Präsidiums des Ministerrates mit Schriftstellern und Künstlern im März 1963 erklärte er: »Vor etwa zwei Jahren wählte mich meine Sektion in der Deutschen Akademie der Künste zu ihrem Sekretär. Jetzt berief mich die Parteigruppe der Akademie und anschließend die Sektion von dieser Arbeit ab. Diese Entscheidung war richtig, und ich stimmte mit allen anderen für sie. Ich war nicht der richtige Mann am richtigen Platz ... Ich versuchte uns, die Sektion, in besseren Kontakt mit jungen Schriftstellern zu bringen, aber ich beging gleichzeitig eine Reihe von Fehlern ... Das hängt wohl damit zusammen, daß ich Dichtung und Kunst, die mein Leben fast ausfüllen, oft unabhängig von Zeit und Ort betrachte, da und wo sie sich äußern. Ich erkenne das als einen Fehler an; aber ich weiß auch, daß ich vor der Wiederholung dieses Fehlers nicht gefeit bin.«[10]

Man muß wohl den Ritus der kommunistischen Selbstkritik kennen, um die Ungeheuerlichkeit dieser Erklärung ermessen zu können: Hermlin bezichtigt sich schwerer politischer Fehler, deren Ursache er in seiner prinzipiellen, mit der Kunsttheorie der Partei im Widerspruch stehenden Einstellung zur Dichtung sah. Aber er weigerte sich, diese Einstellung zu ändern, und warnte daher vor der Wiederholung seiner Fehler.

Mag auch die Selbstkritik mit dem üblichen Treuebekenntnis schließen – Hermlins Weigerung und Warnung entspringen einer tiefen Einsicht in das Wesen ebenso der Kunst wie der kommunistischen Kulturpolitik. Ob sich aus dieser Einsicht Folgen für sein weiteres künstlerisches Werk ergeben werden, bleibt abzuwarten. Die organisatorischen Konsequenzen ließen freilich nicht auf sich warten: Auf der Zentralen Delegiertenkonferenz des Schriftstellerverbandes der DDR Anfang Juni 1963 wurde Stephan Hermlin in den Vorstand dieser Organisation, dem er seit seiner Übersiedlung nach der DDR angehört hat, nicht mehr gewählt.

In einem seiner frühesten Gedichte, den »Toten Städten«, datiert 1940/41, heißt es:

Verlassen von Blumen und Tieren
Schlägt um uns das Meer
Des Schweigens. Und wir frieren
Und ängstigen uns sehr.

(1963)

Der treue Dichter seiner Herrn

Im Kriegsgefangenenlager wurde er gefragt, ob er Mitglied der NSDAP oder einer ihrer Gliederungen gewesen sei. »Ich hob den Kopf und sagte laut: ›Ja, ich war in der SA!‹«[1] – Hiermit ist bereits auf den wohl wichtigsten Schlüssel zum Verständnis des Schriftstellers Franz Fühmann hingewiesen.

Er wurde 1922 in einer böhmischen Kleinstadt als Sohn eines Apothekers geboren. Aufgewachsen sei er – wird von ihm berichtet – in einer Atmosphäre »von Kleinbürgertum und Faschismus«. Als Gymnasialschüler bewunderte er Hitler. Er liebte, er vergötterte ihn. Stolz trug er die braune Uniform. Am 1. September 1939 meldete er sich spontan zur Wehrmacht. Aber erst später wurde er eingezogen. Er war lange und an vielen Fronten Soldat, in Rußland vor allem und in Griechenland. Den 9. Mai 1945 erlebte er in seinem heimatlichen Bezirk. Von einem einzigen Gedanken war er damals besessen: »Weiter, nur weiter, nur von den Russen weg!« Es ist ihm nicht gelungen: »Ich war westwärts gelaufen, die Richtung hatte gestimmt, doch nun waren die Russen auch schon im Westen; der Weg in die Freiheit war zugekeilt!«[2]

Die nächsten vier Jahre verbrachte er in sowjetischen Kriegsgefangenenlagern. Im Herbst 1947 wurde ihm ein Vorschlag gemacht: »Ich hatte in unserer Baracke im Waldlager immer die Kriegsgefangenenzeitung vorgelesen, eine Tätigkeit, die, was ich nicht wußte, in der Sowjetunion einem eigens dafür eingesetzten Politagitator zukam, und so hatte mich zu meiner Verblüffung der Politoffizier unseres Lagers eines Tages gefragt, ob ich gewillt sei, einen Lehrgang an einer Antifaschule mitzumachen.«[3] Er war, wenn auch ohne Enthusiasmus, bereit, die antifaschistische Schule zu besuchen. Damit hatte sich das Schicksal des Schriftstellers Fühmann entschieden.

Einst sah er einen Sinn seines Lebens. Er glaubte an Ideale. Er hatte eine Aufgabe, die zu erfüllen war. 1945 war seine Welt zusammengebrochen. Dem enttäuschten und betrogenen, dem verbitterten und verzweifelten jungen Mann bot der Lehrgang der »Antifaschule« etwas, worauf er nicht mehr zu hoffen wagte, wonach er sich aber im Grunde gesehnt haben mußte: neue Ideale. Mit gefühlvoll-dunklen, mystisch verbrämten Worten hatte man ihn einst verführt: mit Blut und Boden, Erbgut und Rasse, Volksgemeinschaft und Lebensraum, Führerprinzip und Herrenvolk. Hier indes wurde nicht geraunt und nicht beschworen, sondern deduziert und argumentiert. Das Vokabular, das er jetzt zu hören bekam, war sachlich, nüchtern und trocken. Solche Begriffe wie »Materialismus« und »Klassenkampf«, »Produktionsmittel« und »Mehrwert«, »Kapitalismus« und »Diktatur des Proletariats« ließen sich wissenschaftlich exakt definieren.

Die makellose Klarheit und Logik der Lehre, die hier dargelegt wurde, faszinierte den jungen Kriegsgefangenen. Übertreibt man, wenn man von einer Offenbarung spricht » . . . und . . . und als ich dann die ersten Lektionen über politische Ökonomie gehört hatte, war es mir wie Schuppen von den Augen gefallen: Hier war ja die Antwort auf all die Fragen, die mich immer bewegten . . .«[4] Auf einmal gab es keine Rätsel mehr, alle Phänomene standen in einem kausalen Zusammenhang, die Vergangenheit ließ sich erklären, die Zukunft voraussehen. Wie ein Ertrinkender nach einem ihm hingeworfenen Rettungsring greift, so klammerte sich Fühmann an den Marxismus. Später bekannte er: » . . . Daß mir erst beim Studium des Marxismus die Stationen meines Lebens bewußt geworden waren und daß die Kriegsgefangenschaft für mich die Sinngebung meiner Existenz bedeutete.«[5]

Dank der neuen Heilslehre konnte er den einst in den Reihen des Nationalsozialismus begonnenen Kampf fortsetzen – unter anderen Vorzeichen, auf anderer Ebene und mit anderer Zielsetzung. Wieder sah er eine Aufgabe, die zu erfüllen war, aber größer und herrlicher als jede andere – denn die neue Heilslehre prophezeite und versprach die auf wissenschaftlichen Erkenntnissen basierende Neuordnung und Erlösung nicht nur Deutschlands, sondern der ganzen Menschheit. Der noch gestern die Uniform der SA getragen, konnte heute das beglückende Gefühl der Zugehörigkeit zu einer weltweiten Bewegung ahnen, welche die revolutionäre Romantik mit einem philosophischen System verband und den uralten Traum von der gerechten Gesellschaft zu verwirklichen im Begriff war. Natürlich: um ganz in den Genuß dieses Gefühls zu kommen, mußte Fühmann zunächst einmal dem Zwang der Kriegsgefangenschaft entrinnen. Die Gründung der Deutschen Demokratischen Republik im Herbst 1949 schuf die Voraussetzungen hierzu, denn jetzt wurden alle diejenigen Gefangenen rasch entlassen, deren fortschrittliche Anschauungen eine tatkräftige Beteiligung am Bau des ersten deutschen Staates der Arbeiter ʾund Bauern erhoffen ließen. Im Dezember 1949 kam Fühmann nach Deutschland.

Seine ersten Gedichte waren 1942 in der Lyrik-Reihe eines Hamburger Verlages erschienen. Nun wurden, bald nach seiner Rückkehr, seine neuen poetischen Versuche gedruckt – in der Monatsschrift »Aufbau«, dem damals repräsentativen literarischen Organ der DDR. Es folgten viele weitere Veröffentlichungen und 1953 die erste Sammlung: »Die Nelke Nikos«.

In diesen Gedichten zeigte sich Fühmann als Todfeind des Nationalsozialismus, als Anhänger der Sowjetunion und Patriot der DDR, als Bewunderer des Marxismus und Sachwalter des Weltproletariats. Er lieferte eben jene Propagandastrophen, die von ihm, dem Absolventen der »Antifaschule«, erwartet wurden. Allein, ich glaube nicht, daß er sie nur deshalb verfaßt hatte, um der Gunst des Regimes teilhaftig zu werden und sich die literarische Karriere zu erleichtern. Es waren ehrliche Verse, aus denen Trauer, Schuldbewußtsein und Klage sprachen. Fühmann schrieb mit dem Eifer des Neophyten – aber er wollte sich wirklich bewähren. Er dichtete mit der Inbrunst des betrogenen Liebenden, der erlöst aufatmete, weil er für seine Gefühle wieder ein Objekt gefunden hatte – aber er liebte es wirklich.

Allerdings verdankte er der »Antifaschule« zwar neue Gedanken, hingegen keine neue poetische Sprache. Daher drückte er seine Empfindungen und Ideen zunächst in der Sprache von gestern aus:

Nimm unsre Hände, Deutschland, Vaterland, nimm das
glühende Herz voll Liebe und Haß, vernimm die
Stimme unbändigen Willens: Ja wir
kommen zu schaffen, zu kämpfen, zu tragen dich
Deutschland, Land unsrer Liebe, durchs Reifen der Zeit.
. . . . .
Und wir bringen dir, heiliges, anderes Deutschland
unsere Leben als Quader zum Bau deiner Zukunft.

In einem Lied mit dem Titel »Auftakt« heißt es:

Rauschen die Blätter der Birken,
rauschen die Blätter im Buch.
In den gewaltigen Winden
rauscht unser Fahnentuch.

Und in einem Poem »Aufbau-Sonntag«:

Lieder singen vom Kampf und vom Sieg:
Wir baun das Deutschland von morgen!

Viele dieser Gedichte Fühmanns aus den frühen fünfziger Jahren
zeugen von seinem gewiß aufrichtigen Wunsch, sich einzureihen
und sich anzuschließen, von seiner abermaligen Bereitschaft zur
Unterordnung und zur Gefolgschaft. Er ruft:

Formt jetzt vor uns die Züge
deutscher Erneuerung.

Das Gedicht »Porträt eines Angehörigen der FDJ« schließt er mit
den Worten:

Wir begreifen es selbst nicht, wenn wir ein Planjahr des Lebens
schon in Wochen vollziehen – doch warum auch begreifen – wir
tun es!

Das alles, »die Stimme des unbändigen Willens«, das in »gewaltigen Winden« rauschende Fahnentuch, die Lieder »vom Kampf und
vom Sieg«, die »Züge deutscher Erneuerung« und schließlich die
rührende Versicherung, es sei überflüssig, zu begreifen, was man
tut – das alles ist, schlicht gesagt, unverfälschte NS-Lyrik aus der
Feder eines Mannes, der mit dem Nationalsozialismus nichts mehr
zu tun haben wollte und ihn – kein Zweifel kann hier bestehen –

zutiefst haßte. Man hatte ihn in der »Antifaschule« nur »umfunktioniert«: Daher schrieb er HJ-Gedichte mit FDJ-Vorzeichen.

Fühmann vermochte diese Ausgangspositionen seines Dichtens in der DDR zu überwinden. Er hat mit der Zeit in der Lyrik wie in der Prosa einen eigenen Ton gefunden, er gehört mit Recht zu den führenden Schriftstellern der dortigen Welt. Unverändert blieb jedoch das grundsätzliche, gläubige Verhältnis zur DDR und zum Kommunismus, die disziplinierte Unterordnung. Er befolgt alle Wünsche und Anweisungen seiner Auftraggeber, und seine Arbeiten lassen so gut wie nie darauf schließen, daß er es nur widerwillig tut. Wie einst der begeisterte Rückkehrer aus der Kriegsgefangenschaft ist auch der reife und mehrfach preisgekrönte Dichter folgsam. Er hört nicht auf, der Propaganda der DDR zu dienen.

Vergeblich wird man in seinen Arbeiten die leisesten Anzeichen der Unzufriedenheit oder gar der Revolte finden. Die Skepsis ist seine Sache nicht. Als sich im »Tauwetter«-Jahr 1956 die literarische Opposition in der DDR regte, als eine Anzahl von Schriftstellern, zumal der jüngeren Generation, sich entschieden gegen die dogmatische Kulturpolitik wandte, veröffentlichte Fühmann in der Zeitschrift »Aufbau« das Gedicht »Narrenfreiheit...«, in dem er meinte:

Heut sind da sehr unabhäng'ge
Geister im Narrengewand,
die streben heraus aus der Enge
von Alltag und Vaterland,
hoch am Himmel, im Samte der Wolke
sehn sie der Freiheit Heim,
dort, ferne von ihrem Volke
verschwenden sie Rhythmus und Reim
den Weltgeist zu offenbaren
in einsamster Sinnesbrunst;
sie halten sich für die Nachfahren
der Narren, wenn sie für ihre Kunst
laut schrein nach der Freiheit, die ihnen
erlaubt, in Phantasmagorien
zu verleugnen das Denken, das Dienen,
der fordernden Zeit zu entfliehn.

Als Ende 1956 Wolfgang Harich und seine Freunde verhaftet wurden, war Fühmann mit einem Poem »Die Demagogen« zur Stelle, in dem er verkündete:

. . . . .

und mit Geläute kommen
Maskierte, ein kleiner Zug,
mit Sprüchen, schönen, frommen,

. . . . .

Das ist der Demagogen
Schar, die sich vorm Volke verneigt.

Als sich alle prominenten Autoren der DDR weigerten, die Verhältnisse in der DDR schönfärberisch darzustellen, als Anna Seghers es vorzog, eine Erzählung aus der Zeit der Französischen Revolution zu schreiben (»Das Licht auf dem Galgen«, 1961), als Willi Bredel sich mit der Vergangenheit seiner Heimatstadt Hamburg beschäftigte (»Unter Türmen und Masten«, 1960), als Bodo Uhse zum Schauplatz eines neuen Buches das ferne Mexiko wählte (»Sonntagsträumerei in der Alameda«, 1961), als Eduard Claudius es für angebracht hielt, mit Märchen und Erzählungen aus Syrien, Vietnam und Laos aufzuwarten (»Das Mädchen ›Sanfte Wolke‹«, 1962), als Stephan Hermlin vollkommen verstummte – da verfaßte Franz Fühmann eine große Reportage über eine Schiffswerft in Rostock (»Kabelkran und Blauer Peter«, 1961) und schilderte im selben Jahr in einem zweiten Buch (»Spuk«, 1961) den heroischen Alltag der Volkspolizei in der DDR. Seine Ehre schien wiederum Treue zu heißen.

Aber dieser Franz Fühmann, der vertrauensvoll seinen jeweiligen Führern zu folgen pflegt, hat Talent. Es wird in seiner Lyrik deutlich, in der man neben zunächst primitiven und später verkrampften Propagandastrophen auch Verse finden kann, die aufhorchen lassen. Sowohl der erwähnte Band »Die Nelke Nikos« als auch die spätere Sammlung »Aber die Schöpfung soll dauern« (1957) enthalten einige originelle Balladen, in denen Motive aus alten deutschen Märchen und Sagen auffallen. Fühmann ist bestrebt, diese Motive rationalistisch zu deuten und durch bisweilen überraschende Assoziationen in die Gegenwart einzubeziehen.

Die umfangreiche Dichtung »Die Fahrt nach Stalingrad« (1953), ein meist in freien Rhythmen geschriebener poetischer Bericht, schildert drei Begegnungen des Ich-Erzählers mit der Stadt Stalingrad: Er sieht sie zuerst als Soldat, dann als Kriegsgefangener und schließlich als offizieller Gast. Drei Etappen einer Entwicklung sollen veranschaulicht werden. Hier finden sich außer pathetischen Ergüssen und unerträglichen Banalitäten, außer versifizierten Leitartikeln und pseudopoetischen Reportagen auch einige kurze Passagen, die immerhin als Versuche einer Auseinandersetzung des Autors mit seiner Vergangenheit bemerkenswert sind. Denn das ist Fühmanns großes Thema: das Erlebnis des Nationalsozialismus und des Zweiten Weltkriegs, die schmerzvolle Desillusionierung einer Generation. In der stalinistischen Zeit wurde jedoch ein DDR-Schriftsteller, der sich diesem Themenkreis zuwandte, fast immer verdächtigt, er wolle sich der Gegenwartsprobleme entziehen und in die weniger heikle Vergangenheit ausweichen. So verzichtete Fühmann auf die – wie sich später herausstellte – ihn bedrängende Thematik. Erst als sich nach Stalins Tod eine Entspannung im Kulturleben der DDR spürbar machte, schrieb er die erfolgreiche Novelle »Kameraden« (1955), der die kleine Prosasammlung »Stürzende Schatten« (1959) folgte.

Wie die Lyrik, in der oft das Rhapsodische eine wichtige Rolle spielt, zeigt auch – und in noch stärkerem Maße – Fühmanns Prosa, daß bei ihm stets der erzählerische Impuls dominiert. Zu welchem Thema er auch greifen und was er auch schreiben mag – Reportagen und Erinnerungen, Berichte und Skizzen –: alles verwandelt sich sofort in eine Geschichte. Er hat einen ausgeprägten Sinn für die Erfordernisse und für die Möglichkeiten der novellistischen Form. Insbesondere ist es ihm gegeben, Situationen und Fabeln zu erfinden, die schnell die wesentlichen Charakterzüge seiner Gestalten erkennbar machen und die behandelte Problematik wie von selbst ans Tageslicht treiben. Im Mittelpunkt stehen meist junge deutsche Soldaten, deren Mentalität das »Dritte Reich« geformt hat und deren Konflikte in der Regel aus der Konfrontation mit nationalsozialistischen Verbrechen erwachsen.

Schon die Novelle »Kameraden«, deren Handlung 1941 an der deutsch-sowjetischen Grenze spielt, beweist, daß Fühmann konsequent und geschickt auf dramatische Pointen zusteuert und mit Überraschungseffekten aufwarten kann, die hier allerdings – im Unterschied zu einigen späteren Geschichten – mitunter nicht wählerisch sind. Psychologische Vereinfachungen und sprachliche Klischees, die vor allem in den Dialogen und im schwachen Mittelteil der »Kameraden« stören, hat er in den »Stürzenden Schatten« weitgehend überwunden.

Das Kernstück dieser Sammlung, »Das Gottesgericht«, ist, wie »Kameraden«, eine strenge, kunstvoll komponierte Novelle, der man die klassischen Vorbilder anmerkt. Erzählt wird von vier deutschen Soldaten, die 1943 in Griechenland nach Partisanen fahnden, jedoch nur den biederen griechischen Koch ihrer Einheit finden, den sie schließlich erschießen. Ihre Höhepunkte erreicht die Novelle in den inneren Monologen der beteiligten Personen – Fühmann bietet hier viele psychologische Details und Beobachtungen und bedient sich oft der Technik der Zeitlupe, die es ihm ermöglicht, auch winzige Regungen und Vorgänge zu erfassen.

Daß dieser Erzähler über eine beachtliche und mitunter souverän angewandte Ausdrucksskala verfügt und daß ihm die konventionellen realistischen Mittel nicht mehr genügen, wird in dem Band »Stürzende Schatten« unter anderem durch eine apokalyptische Vision mit dem Titel »Traum 1958« dokumentiert. Auf dieses Prosastück bezieht sich eine recht ungewöhnliche, am Ende des Buches gedruckte Anmerkung des Autors:

»Im ›Traum 1958‹ versuchte ich die Bildlogik des Traums als Gestaltungsmittel auszunutzen. Hinter scheinbar phantastisch-sinnlosen Bildern versteckt, nimmt man die Bilder wörtlich, die furchtbare Realität. Wenn unser Held beispielsweise sieht, wie der Mann im Ledermantel und die Generäle die Bunkertür gewaltig hinter sich zuschlagen, dann drängt sich ihm das einmal vernommene und dann lange vergessene Nazi-Wort: ›Wir werden einmal die Tür hinter uns zuschlagen, daß die Erde aus den Angels fällt‹ ins Erinnern. Wenn der Hinkende die Brust aufklappt und ein stillstehendes Herz zeigt, dann erinnert sich unser Held an das von ihm vergessene Wort eines Hinkenden: ›Mir blieb das Herz stillstehen, als ich die Wunderwaffen des Führers sah!‹ Jedes der Traumbilder ist auf diese Art zu verstehen und auch verständlich.«

Die schulmeisterlichen Erläuterungen sind ganz gewiß nicht nur an die Leser adressiert, sondern vor allem an diejenigen, vor denen Fühman sich offenbar rechtfertigen muß, weil er es gewagt hat, sich literarischer Mittel zu bedienen, die mit der landesüblichen Definition des Begriffs »Realismus« nicht ganz übereinstimmen.

Übrigens vermochte der Selbstkommentar das Buch nicht vor den Angriffen der offiziellen Kritik zu schützen. Die Monatsschrift »Neue Deutsche Literatur« bezeichnete Fühmanns novellistische Auseinandersetzung mit dem Nationalsozialismus und dem Kriegserlebnis als ungenügend. In schönem Deutsch wurde der Autor belehrt:

»Es fehlt den Erzählungen Fühmanns etwas für den Leser der Gegenwart schlechthin Unentbehrliches: Die Orientierung im Jetzt und Hier, die Anleitung zum Handeln, durch das allein die faschistische Vergangenheit wirklich überwunden werden könnte. Dazu aber bedurfte es eben mehr als nur der bloßen Entlarvung: Nur durch die Gestaltung ihrer tätigen Überwindung in unserer sozialistischen Gegenwart wird die faschistische Vergangenheit für den Leser als überwindbar erkannt, aber auch – angesichts der Situation in Westdeutschland – als noch zu überwinden bewußt.«[6]

Besorgt meint die Rezensentin im Fazit, »das den Autor offenbar immer wieder bedrängende Thema der Auseinandersetzung mit der faschistischen Vergangenheit verstelle ihm noch zu sehr den Blick, als daß er ihre machtvolle tätige Überwindung schon zu gestalten vermöchte. Vielleicht jedoch erweist sich diese Besorgnis schon durch Fühmanns nächstes Buch als unbegründet«.

Fühmann begriff die unzarte Anspielung auf seine politische Biographie und machte sich rasch ans Werk, um zu zeigen, daß er sich nicht auf die bloße Entlarvung beschränken wolle, vielmehr auch die Orientierung im Jetzt und Hier sowie die Anleitungen zum Handeln und die Gestaltung der »machtvollen tätigen Überwindung« der faschistischen Vergangenheit in der sozialistischen Gegenwart leisten könne. Es entstand jenes vorher erwähnte Buch über eine Rostocker Werft, eine Reportage, die sich immerhin von vielen ähnlichen Auftragsarbeiten, die in der DDR geschrieben werden, vorteilhaft unterscheidet; während derartige Propagandatexte anderer Autoren mit künstlerischer Prosa keinerlei Berüh-

rungspunkte haben, vermag Fühmann seinem spröden Gegenstand
einigen Reiz abzugewinnen, kleine Stimmungsbilder einzubauen
und wenigstens in einzelnen Abschnitten die erwünschte Synthese
von Literatur und Propaganda zu verwirklichen.

Ja, Fühmann gelingt es sogar, den Alltag eines – natürlich vor-
bildlichen – Leutnants der Volkspolizei zwar schönfärberisch,
doch lesbar darzustellen. Unter anderem läßt er den Leutnant ein
Massengrab besichtigen, in dem 1945 halbwüchsige Volkssturm-
Soldaten bestattet wurden. Die erschütternde Passage bestätigt
wiederum, daß dieser Schriftsteller sich erst entfalten kann, wenn
er auf die Vergangenheit zu sprechen kommt.

Nachdem er mit den beiden Gegenwartsbüchern »Kabelkran
und Blauer Peter« und »Spuk« den von der Kulturpolitik geforderten Tribut entrichtet hatte, glaubte Fühmann, zu dem Thema seines Lebens zurückkehren zu dürfen. Das Prosabuch »Das Judenauto« (1962) enthält eine Reihe von autobiographischen Episoden
aus den dreißiger Jahren und der Zeit des Krieges. Die Inhaltsan-
gabe ließ allerdings Schlimmes erwarten, da Fühmann jeden Abschnitt seines Lebens mit einem historischen Datum in Zusammenhang bringt, auf das er immer im Untertitel hinweist – so etwa:
»1. September 1939 Ausbruch des Zweiten Weltkrieges«, oder:
»22. Juni 1941, Überfall auf die Sowjetunion«, oder: »20. Juli 1944,
Attentat auf Hitler«. Man mußte befürchten, Fühmann wolle hier
lediglich die historisch-gesellschaftlichen Prozesse im Sinne des
Sozialistischen Realismus mit epischen Mitteln illustrieren, also
den politischen Anschauungsunterricht nur durch individuelle Erlebnisse verdeutlichen.

Fühmanns Talent sprengt jedoch die starre Konzeption; die einzelnen Erinnerungen und Berichte gehen unmerklich in Geschichten über; die besten zeichnen sich durch Bildkraft und Beredsamkeit aus. Vortrefflich etwa die Schilderung des Tages, an dem die
Wehrmacht, im Oktober 1938, ins Sudetenland kommt, meister-
haft auch das den Antisemitismus behandelnde Titelstück, eine in
ihrer Art vollkommene Kurzgeschichte, die keinerlei Vergleiche in
der deutschen Gegenwartsliteratur zu scheuen braucht.

Diesmal hat Fühmann auch versucht, der Rüge vorzubeugen,
die Auseinandersetzung mit der Vergangenheit verstelle ihm den

Blick für deren »machtvolle tätige Überwindung«. Daher schließt das Buch mit Episoden aus dem sowjetischen Kriegsgefangenenlager und mit den ersten Erlebnissen des Verfassers nach seiner Rückkehr.

Aber wieder war die Kritik in der DDR nicht zufrieden. So schrieb Eduard Zak in der Wochenzeitung »Sonntag«: »Gegenüber der kritischen Wahrheit, die, in poetischer Verkürzung zwar, aber explizit den Hauptteil des Buches ausmacht, sind die beiden Schlußkapitel mit dem ganzen Gewicht der Wandlung befrachtet ... Die wenigen Seiten können doch kaum das Gegengewicht gegen das Hauptanliegen des Werkes halten. Das Resümee erreicht nicht die poetische Dichte der kritischen Kapitel.«[7] Das ist richtig: der oberflächliche Schluß kann mit den vorangegangenen Kapiteln nicht verglichen werden. Der Kritiker des »Sonntag« hütet sich, nach den Gründen der plötzlichen Niveausenkung zu forschen.

1950 schrieb der Heimkehrer Fühmann in dem Gedicht »Von der Verantwortung der Dichter«:

Aber das Leben ist teuer,
wir ersetzen es nie.
Klar und ungeheuer
zwingt uns die Schuld in die Knie.

(1963)

Schuld und Sühne

Um nichts, scheint es, hat sich der Dichter Franz Fühmann geduldiger und aufrichtiger bemüht als um das Vertrauen der SED. Dennoch mißtraut man ihm heute in Ostberlin – und nicht ohne Grund. Nichts lag ihm ferner, als die Leier des Aufruhrs zu schlagen. Zur Gefolgschaft, nicht zum Widerstand fühlte er sich immer schon gedrängt. Und doch gehört mittlerweile auch er zu den enttäuschten und verbitterten Künstlern in der DDR, wenn nicht gar zu jener leisen und leidenden literarischen Opposition, die zunächst und vor allem gegen die Kulturpolitik der Partei gerichtet ist und von Peter Huchel über Stefan Heym und Stephan Hermlin bis zu Wolf Biermann reicht.

Kein Zweifel, daß Fühmann mehr mit ihnen gemein hat als mit manchem cleveren Schriftsteller und gewieften Pragmatiker im literarischen Leben jenseits der Elbe, mit jenen übrigens in der Regel jüngeren und nicht immer talentlosen Autoren, die vieles tun, um auf beiden Stühlen zugleich sitzen zu können und die sich wohl etwas zu häufig die Brechtsche List zum Vorbild nehmen.

Fühmann hingegen ist weder flink noch wendig, sondern eher bedächtig und beharrlich. Und wie Peinliches er sich auch zuschulden kommen ließ und was immer ihm vorgeworfen werden muß – er mag vielleicht kein angenehmer Zeitgenossen sein, aber er ist ein ernster Schriftsteller, der es sich nie leicht gemacht hat, und gewiß einer der wenigen in der DDR wirkenden Erzähler dieser Generation – er wurde 1922 geboren –, dem man nachrühmen kann, daß noch seine unerfreulichsten und schwächsten Arbeiten lesbar sind. Der unter dem Titel »König Ödipus« erschienene Sammelband[8] beweist dies erneut. Er enthält zehn Erzählungen, von denen die früheste (»Kameraden«) aus dem Jahr 1955 stammt, während zwei Prosastücke – die über 80 Seiten umfassende Titelgeschichte und die Novelle »Schöpfung« – hier, sofern ich richtig informiert bin, erstmalig gedruckt vorliegen.

Allerdings werden dem Leser die Daten der Entstehung oder der Erstveröffentlichung dieser Arbeiten, von einer einzigen Ausnahme abgesehen, nicht mitgeteilt; und die Anordnung ist nicht chronologisch. Es fiele mir leichter, mich darüber zu entrüsten, wenn ich nicht wüßte, daß dieses Verfahren von manchen bundesrepublikanischen Verlagen ebenfalls gern und oft angewandt wird. Mitunter handelt es sich um gewöhnliche Schlamperei, häufiger freilich um bewußte und höchst ärgerliche Irreführung des Publikums. Es sei – wie manche angeblichen Fachleute behaupten – an einem Erzählungsband, dessen einzelne Stücke fünf oder zehn Jahre alt sind, schon nicht mehr interessiert.

Möglich, daß die Schlamperei der Verlage ein gesamtdeutsches Phänomen ist oder daß solche nicht ganz einwandfreien kommerziellen Bräuche kapitalistischer Unternehmer leider auch den volkseigenen Ostberliner Aufbau-Verlag ein wenig demoralisiert haben. Nur daß es im Fall Fühmann vielleicht gar nicht kaufmännische, sondern kulturpolitische Bedenken waren, die es angebracht erscheinen ließen, die Entstehungsdaten seiner Geschichten zu verschweigen und sie auch keineswegs in chronologischer Reihenfolge zu bieten.

In dieser Reihenfolge müßte nämlich deutlich werden, daß die Erzählungen in drei Gruppen zerfallen: Die erste umfaßt Geschichten aus den Jahren 1955–1959; sie spielen alle während des Zweiten Weltkrieges. Die Stücke der nächsten Gruppe (1960–1962) behandeln hingegen Stoffe aus der Gegenwart und der DDR. Die letzten Geschichten (ab 1963) spielen jedoch wiederum in der Zeit des »Dritten Reichs«.

Was sich hinter dieser so übersichtlichen Aufteilung verbirgt, scheint mir weit mehr als die exemplarische Entwicklung eines einzelnen Schriftstellers zu sein. Denn es ist, um es gleich zu sagen, die totale Katastrophe der Literaturpolitik der SED.

Sein Weg führte von der SA, der er sich als ein ganz junger Mann begeistert anschloß, über die Kriegsgefangenschaft in der Sowjetunion zur FDJ, der er nicht weniger begeistert beitrat, als er schon längst kein Jüngling mehr war. Um jedoch Mißverständnissen vorzubeugen: Ich bin überzeugt, daß Fühmann alles andere als ein Opportunist ist, und ich habe nicht den geringsten Anlaß, an der Ehrlichkeit seiner Wandlungen zu zweifeln.

Er war damals, um 1950, gerade der Typ des Nachwuchsautors, mit dessen Hilfe die Kulturpolitiker den Sozialistischen Realismus zu verwirklichen hofften: nicht nur begabt und aufgeschlossen, sondern auch tatsächlich gewillt, alle Empfehlungen und Wünsche der neuen Lehrmeister und Führer genauestens zu beachten. Zudem hatte der angedeutete Makel in Fühmanns Biographie auch seine Vorzüge, weil ein ausgeprägtes Schuldbewußtsein des Kandidaten die Arbeit der Erzieher erleichtern kann und sich ihnen die Möglichkeit bietet, gegebenenfalls auf den Betroffenen Druck auszuüben.

Doch wird dies nicht nötig gewesen sein: Fühmann verfaßte bereitwillig und zugleich enthusiastisch jene Verse, die man von ihm erwartete. Als Erzähler kam er glücklicherweise erst etwas später zum Zuge: Mitte der fünfziger Jahre, da schon die »Tauwetter«-Atmosphäre spürbar war, die ihn ermutigte, das Thema aufzugreifen, von dem man ihn bis dahin aus kulturpolitischen Grün-

den weggedrängt hatte – die Desillusionierung der vom Nationalsozialismus verführten jungen Generation.

Dank dieser 1941 an der deutsch-sowjetischen Grenze spielenden Novelle »Kameraden«, die allen Naivitäten und propagandistischen Akzenten zum Trotz erheblich besser ist als die meisten
literarischen Arbeiten, die dort in jenen Jahren veröffentlicht wurden, rückte Fühmann in die Reihe der prominenten Autoren der
DDR auf. Als aber viele Schriftsteller 1956 meuterten, plädierte er,
ein Mann der Treue und der Zuverlässigkeit und nicht etwa der
Skepsis und des Zweifels, lauthals für die SED, der er übrigens
nicht angehört, und für das Regime, was ihm schwerlich Sympa-
thien einbringen konnte – weder in den intellektuellen Kreisen von
Ostberlin und Leipzig noch gar in der Bundesrepublik.[9]

Indes blieb er bei dem Thema, für das er sich mit den »Kameraden« entschieden hatte. Seiner 1959 unter dem Titel »Stürzende
Schatten« publizierten Kriegsgeschichten, die man jetzt in dem
Band »König Ödipus« wiederfindet – im Westen ist nur die virtuos
geschriebene Erzählung »Das Gottesgericht« bekannt[10] –, braucht
er sich auch heute nicht zu schämen. Um so mehr mag es verwunderlich erscheinen, daß sich Fühmann damals von seinem eigentlichen Thema wieder abwandte. Allerdings verweist schon der Zeitpunkt auf die Ursache.

Im April 1959 hatte die berüchtigte Bitterfelder Konferenz statt-
gefunden, deren Aufgabe es war, mit allen Relikten des Tauwetters, mit allen Erscheinungen des Liberalismus, Kritizismus und
Skeptizismus in der Literatur der DDR gründlich aufzuräumen.
Die Kumpels sollten zur Feder und die Schriftsteller zu den Kumpels greifen. Mit anderen Worten: Die Berufsautoren wurden von
der Partei aufgefordert, im Wettstreit mit den schreiblustigen
Laien die proletarischen Helden im Alltag der DDR zu besingen
und also Betriebsromane und sozialistische Dorfgeschichten zu ver-
fassen.

Der einzige namhafte Schriftsteller, der sich diesen Appell tatsächlich zu Herzen nahm, war, soweit ich sehe, Franz Fühmann.
Man hat ihn nicht genötigt, sondern überzeugt oder, zumindest,
überredet. Fühmann arbeitete längere Zeit in einer Schiffswerft, die
er dann in dem Buch »Kabelkran und Blauer Peter« (1961) be-

schrieb. Er befaßte sich mit dem Dienst der Volkspolizei, den er in
dem Geschichtenband »Spuk« (1961) schilderte, aus dem in die
jetzt edierte Sammlung erfreulicherweise einzig das Titelstück aufgenommen wurde. Übrigens ist die literarische Verherrlichung der
Polizei sogar in einem Polizeistaat ein Kuriosum.

Ferner stammt aus dieser Zeit die im »König Ödipus« abermals
gedruckte Erzählung »Böhmen am Meer« (1962), in der eine ehemalige, nun in der DDR lebende Landarbeiterin an einer psychi-
schen Krankheit leidet, deren Ursache sich am Ende herausstellt:
Fühmanns Heldin wurde einst von ihrem Arbeitgeber, einem herz-
losen Grundbesitzer, brutal fortgejagt. Zwei Figuren werden in
dieser Erzählung gegeneinander ausgespielt: der proletarische Bür-
germeister des Städtchens, in dem die Unglückliche wohnt und der
sich als ihr menschenfreundlicher Beschützer erweist, und jener
Gutsbesitzer, der sich inzwischen in Westdeutschland als Vertrie-
benenfunktionär betätigt.

Aufschlußreich sind die Mittel, mit denen Fühmann diese beiden Gestalten charakterisiert. Der eine ist ein schlanker, gepflegter
Herr mit grauem Backenbart: »Er trug eine schmale randlose Brille
mit goldenem Bügel und rauchte eine Zigarre...« Und der andere:
»Ich musterte ihn scheu: Ein hagerer Mann, straff, mittelgroß, das
Gesicht wettergebräunt und die Stirn und Wangen gefurcht; ein
Gesicht, erfüllt von der Güte derer, die viele Kämpfe durchgestan-
den haben. Sicher, so dachte ich, trägt er das kleine Oval mit der
roten Fahne und den ineinandergeschlungenen Händen am Revers
unterm Lederzeug! Er spürte meinen Blick und wurde verlegen.
›Ich möchte danken‹, sagte ich.«

Einerseits die randlose Brille und die Zigarre und andererseits
der »offene Blick« und der »feste Händedruck« (vom »wetterge-
bräunten Gesicht« ganz zu schweigen) als Kennzeichen der Klassenzugehörigkeit – das sind die nun schon klassischen Mittel des
Sozialistischen Realismus etwa Anno 1950. Daß ein Schriftsteller
wie Fühmann 1962 wieder auf einer solchen Ebene landen konnte,
macht die verheerenden Folgen jener Kulturpolitik deutlich, der
die Stadt Bitterfeld einen fragwürdigen Ruhm verdankt. Fühmann
hat jedoch aus diesen Erfahrungen zu lernen vermocht. Wie teuer
freilich das Lehrgeld war, kann nur derjenige ermessen, der weiß,

was es für einen Künstler bedeutet, zu erkennen, daß er seine Zeit und seine Kraft an eine sinnlose Aufgabe verschwendet hatte.

Als Anfang 1964 die zweite Bitterfelder Konferenz vorbereitet wurde, teilte Fühmann den Lesern des »Neuen Deutschland« klar und schroff mit, er werde den »Bitterfelder Weg« nicht weitergehen, und er denke auch nicht daran, seine Tage weiter in einer Fabrik zu verbringen: »Den großen Betriebsroman werde ich nicht schreiben.« Jeder Schriftsteller, meinte Fühmann, müsse sich auf die Stoffe und Themen besinnen, an denen sich sein Talent am wirksamsten erweisen könne. Dies indes ist nichts anderes als eine entschiedene Absage an die Kulturpolitik, deren Zögling und treuester Sohn Fühmann viele Jahre hindurch war. Aber warum sah man es eigentlich so ungern, daß er immer wieder von der Zeit des »Dritten Reiches« erzählte? Weil man ihn für aktuellere Themen brauchte? Nicht nur.

Ich halte die in der Bundesrepublik außerordentlich beliebten Vergleiche des Kommunismus mit dem Nationalsozialismus für ebenso bequem wie unseriös: Sie fließen nur jenen rasch aus der Feder, die von einem der beiden Phänomene – und meist ist es der Kommunismus – nichts verstehen. So gewaltig jedoch die Unterschiede zwischen diesen beiden Welten sind, so sehr ähneln sich die Methoden, die alle totalitären Staaten anwenden, und die Praktiken, die im Alltag ihrer Bürger spürbar werden. Daher ergeben sich für die Leser in kommunistischen Ländern, sobald Motive aus den Jahren des »Dritten Reichs« behandelt werden, fast immer – ob es nun beabsichtigt war oder nicht – verblüffende und für die Regimes natürlich höchst unwillkommene Analogien und Assoziationen.

Unverkennbar ist das, beispielsweise, in Fühmanns Erzählung »Barlach in Güstrow« (1963). Sie spielt an dem Tag, an dem Barlach erfährt, daß auf Befehl der nationalsozialistischen Behörden ein ihm besonders wichtiges Werk, der Engel, aus dem Güstrower Dom entfernt wurde. Dieses Ereignis löst die Erinnerungen, Visionen und Reflexionen aus, aus denen der größte Teil dieser Erzählung besteht, in der Fühmann – wie er in einer knappen Nachbemerkung mitteilt – »Entwicklungen von Jahren und Stunden« zu konzentrieren versuchte.

Um die Situation zu vergegenwärtigen, in die sein Held im
»Dritten Reich« geraten war, läßt er ihn monologisieren: »Räuber
und Mörder durften sich verteidigen, wenn sie angeklagt waren,
nicht so ein Barlach, der war vogelfrei – und außerdem hätte er ja
nicht einmal wissen können, gegen wen er Klage hätte erheben
sollen: nie würde er herausfinden, wer den Befehl zum Abbruch
des Engels gegeben hatte und wie diese Maßnahme begründet worden war; keine Stelle würde ein Wörtlein verlauten lassen, keine
Antwort würde gewährt, keine Erklärung gegeben werden, denn
dieser Feind kämpfte ja nicht mit offenem Visier; ... und das war
die sichtbare Spur ihres heimlichen Wirkens: das Magdeburger Mal
und der Kieler Geistkämpfer abgebrochen und eingekellert, der
Band Zeichnungen bei Piper von der Gestapo beschlagnahmt, ›Der
Blaue Boll‹ in Berlin und ›Die echten Sedemunds‹ in Altona vom
Spielplan abgesetzt, der Vertrag mit dem Rundfunk in den Papier-
korb geworfen, der Austritt aus der Akademie erzwungen ... Er-
widerungen wurden nicht angehört, auf Diskussionsversuche
wurde nicht eingegangen, ja sogar sachliche Berichtigungen waren
mit Repressalien beantwortet worden.«

Damit ist aber zugleich die fatale Situation gekennzeichnet, in
der sich manche namhafte Schriftsteller und Künstler jenseits der
Elbe befinden. Und wenn Fühmanns Leser in der DDR erfahren,
der Held seiner Erzählungen habe 1937 den »höhnischen Rat zu
hören bekommen, er, Barlach, könne ja in die Emigration gehen« –
dann drängen sich ihnen Vergleiche auf, an denen jene, die den
antifaschistischen Schutzwall erbauen ließen, keineswegs interessiert sind.

Allerdings gehört die Erzählung – trotz mehrerer eindringlicher
Abschnitte – nicht zu den gelungenen Arbeiten des Bandes, zumal
die Diktion dieser Prosa, die mir nicht poetisch, sondern pseudo-
poetisch zu sein scheint, prätentiös und umständlich ist: Die oft
biblisch getönten Sätze und die schwerfällig-feierlichen, preziösen
Kadenzen sind eher geeignet, die inneren und äußeren Vorgänge,
die hier dargestellt werden sollten, zu verdecken, als sie zu verdeutlichen. Ob Fühmanns epische Kraft angesichts der Figur Ernst
Barlachs versagt oder ob er sich, um die Veröffentlichung in der
DDR nicht zu gefährden, einen Zwang auferlegt hat, der ihn

schließlich bei fragwürdigen stilistischen Mitteln Zuflucht suchen
ließ, ist schwer zu entscheiden.

Die Möglichkeiten, über die der Erzähler Führmann verfügt,
wenn er sich von dem Einfluß der Kulturpolitiker frei macht und
sich vor allem bei der Wahl des Themas nicht beirren läßt, zeigen
die beiden neuen Arbeiten. In der Geschichte »Die Schöpfung« –
es geht um das Erlebnis eines Soldaten der Wehrmacht in Griechenland – bedient sich Führmann einer Technik, die er schon früher mit Erfolg anzuwenden wußte – der Zeitlupe: Einem Mini-
mum an äußeren Geschehnissen entspricht ein Maximum an inneren Regungen und psychologischen Details, wobei niemals der
Eindruck des Artifiziellen entsteht, das eine derartige Prosa oft
beeinträchtigt. Was sichtbar wird, ist nichts anderes als die Mentalität eines vom totalitären Staat erzogenen jungen Menschen, der
glaubt, der Kampf um die angebliche Neuordnung der Welt recht-
fertige jegliche Grausamkeit.

Daß Führmann keineswegs auf die Zeitlupe angewiesen ist, sondern auch mit ganz anderen Mitteln erstaunliche Wirkungen erzie-
len kann, beweist die Erzählung »König Ödipus«, deren Handlung
wiederum während des Krieges spielt. Soldaten einer vor Theben
stationierten deutschen Nachrichteneinheit beabsichtigen, zusammen mit griechischen Kameraden den Sophokleischen »König
Ödipus« aufzuführen, was »die Vereinigung des Völkeradels Europas« symbolisieren soll.

Freilich ist die Mitwirkung der Griechen nur im Chor geplant,
und das – als Beispiel der für die ganze Erzählung charakteristi-
schen Ironie Führmanns sei die Stelle hier zitiert – »ungeachtet des
Umstandes, daß diese, der deutschen Sprache nur wenig mächtig,
den Text nicht mitsprechen, sondern nur leise in den raunenden
Rhythmen der Anapäste und Daktylen würden mitsummen können, ein Übel, dem man jedoch dadurch zu steuern gedachte, daß
man die griechischen Chorsprecher in eine zweite Reihe hinter den
deutschen aufzustellen erwog ...«.

Zu der Aufführung kommt es nicht, weil der Rückzug beginnt,
in dessen Verlauf die vom Gros der Truppe abgesprengte Einheit
in den Stallungen, Käfigen und Gehegen des verlassenen zoologi-
schen Gartens einer nordgriechischen Stadt Unterkunft findet. Wo

einst wilde Tiere waren, entstehen dank deutscher Organisation
behagliche Quartiere – aus dem verdreckten Gelände wird rasch
»ein Stück Kultur gezaubert«. Vor diesem Hintergrund läßt Fühmann zwei junge Soldaten – im Zivil Studenten – über den »Ödipus« diskutieren, den sie vom nationalsozialistischen Standpunkt
auszulegen versuchen, wobei übrigens der Erzähler wenigstens einen von ihnen mit einer Denkweise und mit dialektischen Fähigkeiten ausgestattet hat, die weit eher auf marxistische Schulung
denn auf den Geist des »Dritten Reiches« schließen lassen.

Die Interpretationen des Ödipus-Mythos laufen auf die Erörterung jener Frage hinaus, die offenbar Fühmann jetzt mehr noch als
früher bedrängt – der Frage nach der Verantwortung, nach der
Schuld und Sühne des Individuums in der Zeit »des Zusammensto-
ßes zweier Menschheitsepochen«. Diese Debatten, denen es weder
an Humor noch an Scharfsinn fehlt, sind mit einer Kampfaktion
verknüpft, die dieselben Soldaten, die scheinbar in die Tiefen der
Sophokleischen Tragödie eindringen möchten, gleichzeitig gegen
griechische Partisanen durchführen. Der entscheidende Akzent ist
aber gegen die Erzieher dieser jungen Menschen im totalitären
Staat gerichtet: Der Führer der Nachrichteneinheit, im Zivil Philo-
loge, erweist sich als ein falscher Teiresias, »der alles wußte und
nicht zu sprechen wagte aus Angst vor dem Kommenden, aus
erbärmlicher, feiger, elender Angst«.

Fühmanns neue Prosa macht deutlich, daß seine Entwicklung,
mag er auch inzwischen fünfundvierzig Jahre alt sein, noch längst
nicht abgeschlossen ist. Er hat lange die Gemeinschaft gesucht und
mußte schließlich ein Einzelgänger werden. Die Einsicht, daß es
kein Kollektiv gibt, das einem Künstler auf die Dauer Geborgen-
heit bieten kann, mag für Fühmann besonders schmerzvoll gewesen sein. Ja, es läßt sich nicht einmal mit Sicherheit sagen, ob er sich
von derartigen Illusionen vollends getrennt hat.

Aber nichts wäre unsinniger, als von ihm Deklarationen und
Bekenntnisse zu erwarten. Wie es Fühmann zu halten gedenkt,
deutet der Schluß seiner Barlach-Erzählung an, deren Held entschlossen ist, sich auf seinem Wege durch nichts beirren zu lassen.
Die letzte Zeile der Erzählung lautet: »›Ich muß arbeiten‹, sagte
er.«

(1967)

HERMANN KANT

Ein Land des Lächelns

Jawohl, dieser Hermann Kant aus Ostberlin kann sich sehen lassen. Er ist zu vielem fähig. Er weiß Bescheid, er kennt sich im literarischen Gewerbe genau aus, er versteht sein Handwerk. Ein intelligenter, ein schlauer Bursche, ein vielseitiger, ein wendiger Journalist, ein professioneller und temperamentvoller Polemiker, ein lustiger Bruder vom traurigen Feuilleton des »Neuen Deutschland«, eines der flinksten Pferdchen aus dem Elitestall der SED-Presse.

Nun hat er auch noch einen runden und lesenswerten Roman zustande gebracht: »Die Aula«.[1] Überall beachtet man dieses Buch, munter wachsen die Auflagen, mit Übersetzungen in sieben oder neun oder elf Sprachen kann man rechnen, den Nationalpreis der DDR hat der Autor schon fast in der Tasche, an der Universität Greifswald sinnt man, ob es sich bereits schickt, mit dem Ehrendoktorhut zu winken. Und früher oder später wird Kant, ob er es will oder nicht, einen harten Sitz im Zentralkomitee erhalten.

Er hat das alles verdient. Denn dieser listige Tausendsassa ist ein ganz großer Könner. Daran gibt es nichts zu rütteln. Aber so begabt und agil dieser Mann auch ist, so wenig gefällt er mir. Und so kurzweilig sich Teile der »Aula« lesen, so fragwürdig scheint mir dieses Buch doch zu sein.

Gegen Ende des Romans bekommt sein Held, der mit der Biographie des Verfassers ausgestattete und ihm außerordentlich ähnelnde Parteijournalist Robert Iswall, von einem Jugendfreund zu hören: »Du warst zwar ein Angeber, aber du warst perfekt darin, und die Perfektion hat mich schon immer überzeugt.« Das gilt auch für »Die Aula«. Dieses Buch ist so perfekt wie hochwertige Konfektion – und wie ein Kunstwerk es nie sein kann. Sogar die simpelsten Losungen der Propaganda und die faustdicken Lügen werden hier nicht ohne Geschick und nicht ohne Perfektion an den Mann gebracht. Und das will schon etwas heißen.

Worum geht es? Das Alte stürzt, es ändert sich die Zeit, und neues Leben blüht aus den Ruinen. Herrlich ist die Arbeiter- und Bauernmacht, wenn auch nicht frei von Schuld und Fehle, denn aller Anfang ist schwer. Schön ist die Welt und fröhlich die Jugend, doch des Lebens ungemischte Freude ward auch im SED-Staat keinem Irdischen zuteil. An die DDR, die teure, schließ dich an, hier sind die starken Wurzeln deiner Kraft. Die Zukunft ist unser, hier bin ich Mensch, hier darf ich's sein.

Das etwa sind die Leitmotive, die freilich nicht so nackt und schamlos vor uns ausgebreitet werden. Niemals vergißt dieser Ost-berliner Kant den DDR-Himmel über ihm und das proletarische Gesetz in ihm. Aber was er zu sagen hat, wird erst einmal sorgfältig zubereitet, mit einem Schuß praktischer Vernunft angereichert, mit milder Ironie gewürzt, mit harmlosem Witz gepfeffert, mit biederer Sentimentalität angerührt, mit Phantasie ausgeschmückt – und dann appetitlich serviert.

Die Arbeiter- und Bauernfakultäten an den Universitäten der DDR – so nannte man Spezialkurse, die ausgewählten Kadern proletarischer Herkunft Abitur und Studium ermöglichen sollten – wurden ab 1962 geschlossen. Denn sie hatten, heißt es, ihre Aufgabe erfüllt. Kants Held Iswall, einst, wie der Autor, Elektriker und dann Absolvent einer solchen Fakultät, wird aufgefordert, auf der Abschlußfeier die Rede zu halten. Das ist der Ausgangspunkt der Fabel und, journalistisch gesprochen, der Aufhänger des Romans.

Denn Iswall befaßt sich nun monatelang damit, das Material für diese Festansprache zu sammeln: Er fährt nach Greifswald, wo er studiert hat, er blättert in den Personalakten der Universität, er sucht in Ost und West die damaligen Kommilitonen auf, um zu sehen, was aus ihnen mittlerweile geworden ist. Diese Bemühungen Iswalls ergeben eine Art Rahmenhandlung, die 1962 spielt. In sie ist die Haupthandlung eingebettet: die Vorgänge an jener Arbeiter- und Bauernfakultät in Greifswald zwischen 1949 und 1952, wiederum mit Iswall im Mittelpunkt. Ferner werden noch seine Erinnerungen – und auch die einiger anderer Figuren – an frühere

Erlebnisse geboten: in der Kindheit, während des Krieges, in der Gefangenschaft.

Setzt sich also der Roman aus drei Bestandteilen zusammen? Nein. Kann man tatsächlich von drei verschiedenen Zeitebenen sprechen? Nur in einem sehr geringen Maße. Ob Rahmenhandlung, Haupthandlung oder eingeblendete Vorhandlung, ob Gegenwart oder Vergangenheit, ob diese oder jene Ebene – das Buch lebt in Wirklichkeit von ein und derselben Substanz: Es besteht vor allem aus kleinen Geschichten, Schnurren und Anekdoten, aus Humoresken und Schelmenstreichen, aus Witzen, Späßen und Scherzen.

Meist haben sie mit dem eigentlichen Thema der »Aula« nichts oder jedenfalls nicht viel zu tun. Sie werden eingefügt, sobald sich eine passende Gelegenheit findet. Und wenn sich keine passende Gelegenheit finden will, werden sie ebenfalls eingefügt. Sie sind zwar nicht immer, aber doch sehr häufig austauschbar: Was die Figur A. zum besten gibt, könnte auch von der Figur B. kommen, was jemand 1962 erzählt, könnte auch aus dem Jahr 1949 stammen, was auf Seite 50 untergebracht wird, könnte auch auf Seite 350 stehen. Mit diesen Schnurren und Anekdoten ist das Ganze behängt wie ein Tannenbaum mit Weihnachtsschmuck.

Doch wäre es ungerecht, die Qualität eines solchen Assortiments von bunten Scherzartikeln nicht anzuerkennen. Hier zeigt sich die Vitalität des Schriftstellers Kant: Er wartet mit unzähligen und bisweilen sogar originellen Einfällen auf, er bewährt sich als genüßlicher Plauderer, als flotter Geschichtenerzähler und amüsanter Schilderer, als Spaßmacher und Witzbold. Kein Zweifel: Die starke Seite seiner Begabung ist die heitere epische Miniatur, die sich allerdings meist als unbedarft erweist. Ihr vor allem verdankt der Roman seine nicht zu verachtende – und vor dem Hintergrund der DDR-Prosa geradezu außergewöhnliche – Lesbarkeit, seinen vollauf begreiflichen Publikumserfolg.

Zugleich haben die vielen unterhaltsamen, in der Regel anspruchslosen, hier und da albernen Einsprengsel noch eine ganz andere Funktion innerhalb des Buches: Die Schnurre ist die Ausflucht des Zeitkritikers Kant, die Anekdote sein ständiger Schlupfwinkel. Was soll das bedeuten? Dem Autor der »Aula« ist viel daran gelegen, die Leser davon zu überzeugen, daß er das Leben in der DDR selbständig und daher kritisch betrachtet. Dem Roman soll der Zweifel eine pikante Note geben. »Wir machen« – heißt es mit einem schon komisch wirkenden Stolz – »das Denken zur obersten Pflicht, und so ... auch das Fragen.« An einer entscheidenden Stelle bekennt Iswall: »Ich weiß nur, daß ich fragen muß, wenn ich leben will ...«

In der Tat gönnt Kant seinem Sachwalter ein wenig Skepsis, er genehmigt ihm etwas Melancholie. Die Figur soll sich von jenen landesüblichen positiven Helden, die in der Regel nach der sowjetischen Schablone von vorgestern gezeichnet sind, deutlich unterscheiden. In der Kriegsgefangenschaft hat ihn nicht, wie es das Klischee will, Ilja Ehrenburg begeistert, sondern »Vom Winde verweht«. In seinem Arbeitszimmer hängt jetzt nicht ein Porträt von Lenin oder Majakowski, sondern – von Proust etwa oder von Joyce? Nein, aber es ist ein Bild von Hemingway, einem Westler und Nichtkommunisten zwar, doch einem, der in Moskau seit Jahren gerühmt wird. Über vieles darf sich Iswall ironisch und schnoddrig äußern, manches darf er eindeutig verspotten. Was kritisiert er? Stellt er wirklich Fragen? Und worauf bezieht sich sein angeblicher Zweifel?

Kant parodiert nicht nur den Schülerjargon und die Sprache der Lehrer (Grass und Professor Unrat lassen grüßen), sondern auch das Deutsch der Parteifunktionäre. Er nimmt Dogmatiker und Sektierer aufs Korn, die alles gut gemeint, aber leider – wohlgemerkt in den ersten Jahren der DDR – einiges schlecht getan haben. Er führt einen Scharfmacher vor, dem er vorsichtshalber eine untergeordnete Rolle zubilligt: Er ist ein linientreuer Lehrer, dessen Übereifer großen Schaden anrichtet.

Doch als Gegenfigur tritt gleich der Parteisekretär Haiduck auf, ein Pfundskerl, ein Ritter ohne Fehl und Tadel. Zwar wird er später infolge einer Intrige abgesetzt, aber am Ende hat er einen noch höheren Posten, und alles ist wieder in Butter. Wenn damals Menschen aus der DDR geflohen sind – so Iswalls Mutter, so auch sein Kommilitone Fiebach –, dann war daran immer nur die Borniertheit einzelner Funktionäre schuld. Die Standardrechtfertigung lautet: Kinderkrankheiten des neuen Systems.

In den Szenen hingegen, die 1962 spielen, wird die Kritik der
Verhältnisse auf das bescheidenste Maß zurückgeschraubt: Es gibt
in Ostberlin vorübergehend keine Zwiebeln zu kaufen, ein offenbar wichtiger Funktionär schämt sich dessen, daß er Karl May
liest, die Schriftsteller der DDR sind eitel und publizitätsgeil. Und
so weiter. Tauchen gelegentlich ernsthafte Fragen auf, dann werden sie von Kant im Keim erstickt. Ein Hamburger Kaufmann darf
die fundamentale Propagandataktik der Kommunisten beanstanden. Iswall antwortet rasch mit einem Kalauer – und das Gespräch
ist beendet. Ein 1962 aus China zurückgekehrter Freund soll etwas
über die Schwierigkeiten berichten, die sich in der Zusammenarbeit mit der chinesischen Partei ergeben: »Ein Mist ist das. Laß
uns lieber über was Lustiges reden. Magst du noch lustige Geschichten?« Und in der Tat folgt gleich eine – diesmal nicht einmal
lustige – Geschichte.

Aus Problemen macht Kant treuherzige Anekdoten. Heiße Eisen verarbeitet er zu kleinen schmucken Souvenirs. Was geschehen
ist, wird entweder verheimlicht oder ausgespart oder verharmlost
und verniedlicht. Lausbubenstreiche geben den Ton an, die weh-
mütige Erinnerung an die fröhlichen Schuljahre dominiert, die
DDR erweist sich als ein Land des Lächelns.

Daß den kritischen Vorbehalten in der »Aula« fast nur Lappa-
lien und Marginalien ausgesetzt sind und daß die homöopathische
Dosis Zweifel hier äußerst karg bemessen ist, kann uns natürlich
nicht wundern. Daß jedoch Kant unentwegt mit seinem angeblichen Mut kokettiert, daß er stets mit seinem schnoddrigen Pseudo-
zweifel protzt, wirkt peinlich und läßt die Unaufrichtigkeit des
Buches um so deutlicher werden. Dieser Erzähler geht auf flacher
Erde, aber er bewegt sich wie ein Seiltänzer über einem Abgrund.

»Das wäre eine schöne Geschichte«, ruft Iswall kühn und augenzwinkernd zugleich, »in der nicht wäre, was nicht paßt.« Wozu
das Gerede, wenn in dem Buch doch nur zu finden ist, was bequem
hineinpaßt, wenn aus den vielen und oft authentischen Einzelhei-
ten am Ende immer das erwünschte Bild entsteht? Wenn in den in
Hamburg spielenden Szenen meist Gauner und Betrüger auftreten
oder zumindest gescheiterte Existenzen und zwielichtige Figuren,
während die DDR bevölkert wird von tüchtigen Wissenschaftlern

und fleißigen Beamten, von Studenten, deren Moral an Pfadfinder
erinnert und deren Kameradschaft rührend ist?

Gewiß, auch die Bewohner der Kantschen DDR sind nicht nur
und nicht ständig edel, hilfreich und gut wie jene Greifswalder
Studenten, die einen an Tuberkulose erkrankten Kommilitonen so
herzlich betreuen, daß die Träne quillt und die Sentimentalität
hemmungslos triumphiert. Iswall beispielsweise, der schön
menschlich sein soll, ist nicht frei von Schuld. Einst nahm er an, für
seine Freundin und künftige Gattin interessiere sich ein Genosse.
Als man in der Parteisitzung nach Kandidaten für Sinologie-Stu-
dien in Peking Ausschau hielt, schlug er den vermeintlichen Ne-
benbuhler vor und gleich auch eine Kollegin, mit der man ihn
verheiraten könnte – denn die Chinesen wünschten, daß die Sti-
pendien ein Ehepaar erhält. Zwar erweist es sich nach Jahren, daß
seine Intrige ausschließlich Gutes bewirkt hat, aber da es persönliche Motive waren, die den so feinfühligen und seelenvollen Iswall
handeln ließen, leidet er unaufhörlich weiter und genießt seine
moralischen Skrupel. Ist Kant naiv? Nein, er tut nur so – aus
taktischen Gründen.

Allerdings fasziniert den Helden der »Aula« nicht nur die eigene
Schuld, sondern auch das Schicksal des einstigen Kommilitonen
Riek, genannt Quasi, der, nachdem er die Arbeiter- und Bauernfakultät absolviert hatte, in die Bundesrepublik geflohen war. Ein
Schuft? Im Gegenteil, ein Mann mit einem »Herzen aus Vollkorn-
brot«. Für Iswall ist dieser Quasi »ein Rätsel, eine Niederlage, ein
böses Wunder«.

Und Kant läßt seinen Helden über jene Flucht von 1952 so
häufig und so ausführlich meditieren, als hätte man es mit einem
äußergewöhnlichen Faktum zu tun – wo doch in den fünfziger
Jahren Hunderttausende in den Westen flohen, gerade nach dem
Abitur oder nach den Studien. Auf den letzten Seiten löst sich auch
diese Frage fast in Wohlgefallen auf: Einigen Andeutungen kann
man entnehmen, daß der feine Junge kein richtiger Flüchtling war,
sondern sich möglicherweise im Auftrag der DDR-Behörden abgesetzt hat.

So macht sich Kant die Einsicht zunutze, daß es im 20. Jahrhundert den Romanciers nicht gut ansteht, Allwissenheit vozutäu-

schen, wie es noch Gorki oder Scholochow versucht haben. Auch andere Mittel des Romans unserer Epoche, die in der DDR als einigermaßen verwegen gelten – zwei Perspektiven, innere Monologe, Rückblendetechnik, Assoziationsketten –, werden hier häufig und nicht einmal besonders ungeschickt angewandt. Dennoch ist das Ganze bieder wie ein Buch für Jugendliche, zumal weiblichen Geschlechts.

Als der Journalist Iswall einmal die Geschichte einer DDR-Autorin rezensierte, hat er sich »vor allem über die polierten Charaktere . . . geärgert; sie waren so ebenmäßig wie Billardkugeln und rollten genau dahin, wo (die Autorin) sie haben wollte. Dazu gehört natürlich auch schon etwas . . ., aber es war eben Billard, angewandte Mathematik, und es klappte nur, weil die Kugeln glatt waren und auf einer samtbezogenen Fläche rollten«. Genau das trifft auch auf »Die Aula« von Hermann Kant zu. Nur daß sein Billardspiel intelligenter und besser konstruiert ist. Und daß am Ende – trotz allem – ein leises Gefühl der Dankbarkeit bleibt: Denn gelangweilt habe ich mich nicht.

(1966)

Die zusammengelegte Schlauheit

Ein Schriftsteller nicht ohne Talent und mit viel Routine, ein wendiger und witziger, wenn auch meist vordergründiger Erzähler, einer, der sich mit forscher Miene sehr unabhängig gibt und der doch nur die SED-Propaganda ausschmückt – das etwa war der Eindruck, den Hermann Kants populärer Roman »Die Aula« (1965) hinterließ.

Wer an diesem Buch Geschmack fand, der wird sein neues Werk, den Roman »Das Impressum«[2], mit noch größerem Vergnügen lesen. Jene freilich, denen Kants schnoddrig-amüsante Zubereitung der Zeitgeschichte schon damals bedenklich vorkam, werden »Das Impressum« erst recht ablehnen. Denn es handelt sich hierbei zunächst einmal um eine ziemlich skrupellose Reprise.

Wieder steht im Mittelpunkt ein tüchtiger Ostberliner Journalist, den ein aktueller Anlaß – er soll Minister werden – zwingt, sein bisheriges Leben zu überdenken, wieder soll der Weg des Kantschen Helden – diesmal ist es der Aufstieg eines Laufjungen zum Chefredakteur einer großen Illustrierten – die historische Entwicklung in der DDR veranschaulichen, wieder wird ein beträchtlicher Teil des Buches mit mehr oder weniger heiteren Jugenderinnerungen, zumal aus der Zeit des »Dritten Reiches«, gefüllt. Auch die Komposition ist eine Reprise: Abermals dient die biographische Fabel vor allem als Vorwand und Verpackung für eine Anzahl von Anekdoten und Schnurren, Reportagen und Skizzen, Satiren, Genrebildern und Parodien.

Seine Figuren charakterisiert Kant am liebsten mit stereotypen Redewendungen. »Das wird nun etwas komplex« – meint ein Redakteur bei jeder Gelegenheit; ein anderer redet immer von »vorgefundenen Menschen«, ein dritter beendet seine Äußerungen regelmäßig mit der Feststellung »sonst wird nischt«, ein sowjetischer Major wiederholt refrainartig die Worte: »Fritze, ach! Fritze Andermann.« Komisch? Nicht unbedingt, aber die Personen sind immerhin leicht erkennbar.

Die meisten stammen aus dem schon traditionellen Fundus der DDR-Literatur. Während der Lektüre muß man unaufhörlich den Hut lüften: Da gibt es wieder die allzu herbe Sekretärin, die hinter der rauhen Schale das natürlich auf dem rechten Fleck befindliche Herz verbirgt; da haben wir die mütterlich strenge, doch gütig verständnisvolle Altkommunistin, die stets von der heroischen Vergangenheit erzählen will; auch der polternde, aber joviale und weise sowjetische Besatzungsoffizier, der Heine und Tucholsky liebt, ist ebenso wieder da wie die aufopferungsvolle Personalchefin, die zwar gefährdete Ehen repariert, indes mit ihrem eigenen Mann Schwierigkeiten hat.

Doch in mancherlei Hinsicht übertrifft »Das Impressum« den ersten Roman Kants. Er greift gern auf alte Schablonen zurück, gleichwohl versteht er vom Handwerk des Erzählens sehr viel. Wir haben heutzutage – sowohl im Osten als auch im Westen – nur sehr wenige deutsche Autoren, die ihre Sache so leicht und unterhaltsam vorbringen können und die so souverän mit Pointen und Effekten umzugehen wissen. Kant ist ein exakter Beobachter und ein vorzüglicher Spaßmacher. Er verfügt über ein authentisches Fabuliertemperament, er verbindet eine oft skurrile und bisweilen an Grass erinnernde (genauer: Grass verpflichtete) Phantasie mit einem nicht zu unterschätzenden Sprachgefühl, das vor allem seinen Dialogen zugute kommt.

Und mag auch »Das Impressum« in viele einzelne Stücke zerfallen – was übrigens auf die wichtigeren westdeutschen Romane im letzten Jahrzehnt ebenfalls zutrifft –, so ist hier doch jede Episode solide gearbeitet, jede Szene zeugt rühmlich von den dramaturgischen Fähigkeiten dieses Erzählers. Ob man ihm glaubt oder nicht, er schafft es fast immer, daß man ihm freiwillig zuhört. Wer die zeitgenössische deutsche Prosa kennt, der weiß, daß dies schon eine sehr beachtliche Leistung ist. Ich betone das so nachdrücklich, weil es mir andererseits schwerfällt, das »Impressum« ganz ernst zu nehmen.

Einen alten, erprobten und mit besonders viel Sympathie gezeichneten Kommunisten läßt Kant einmal sagen: »Für deine Extratouren habe ich viel übrig, aber eines ... ist für einen Genossen die furchtbarste Scheiße, in die er geraten kann: daß er meint, er sei schlauer als die Partei.« Denn die Partei sei »die zusammengelegte Schlauheit«. Dieser Satz, der in dem Buch »Impressum« unwidersprochen bleibt, verweist nicht nur auf die gedanklichen Positionen des Romanciers Kant, sondern auch auf die Grenzen seiner literarischen Intentionen.

Natürlich ist Kant nicht der Typ des gläubigen Kommunisten: Er, der den Stalinismus in der DDR sehr bewußt miterlebt hat, kann sich über die Unfehlbarkeit der Partei keine Illusionen machen. Gleichwohl scheint es ihm richtig oder opportun, an diesem Dogma festzuhalten: Sein Bild vom Leben in der DDR entspricht tatsächlich jener »zusammengelegten Schlauheit«. Die von der Partei sanktionierte Sicht wird ins Epische transponiert und mit Hilfe von (meist überaus bescheidenen) »Extratouren« gewürzt.

Gewiß, nicht alles funktioniert in der DDR einwandfrei. Ein Schlaraffenland ist sie nicht, wieder aber – wie einst in der »Aula« – ein Land des Lächelns. Eine saubere und heile Welt wird hier entworfen, ein Alltag wird gezeigt, den stets eine Art Pfadfinderethik regelt. Die auftretenden Personen – ob jung oder alt, ob Bote

oder Minister – haben viele Schwächen und Schrullen, zuweilen
unterlaufen ihnen sogar schlimme Fehler. Dennoch sind es ausnahmslos liebe und tapfere und fleißige Menschen. Sie helfen sich
immer gegenseitig, und für ihr sozialistisches Vaterland kennen sie
alle nur die herzlichsten Gefühle.

Kants Held David Groth erweist sich als ein fabelhafter Chef
und großartiger Kollege, ein rührender Ehemann und Familienvater. Er ist ein ganzer Kerl, immer zu Scherzen aufgelegt, und wenn
es darauf ankommt, kann er einem Westberliner Polizisten nicht
nur richtig Bescheid sagen, sondern auch einen kräftigen Faust-
schlag versetzen. Und zu den Muckern gehört dieser Groth keineswegs: Was die Mädchen betrifft, jawohl, da ist er durchaus aktiv.
Aber Kant gönnt seinem nunmehr immerhin vierzigjährigen Journalisten erotische Eskapaden lediglich in seiner Jugend: Seit er ver-
heiratet ist – und er ist es schon seit mindestens fünfzehn Jahren –,
gibt es in seinem Leben keine Seitensprünge. Auch das Eheleben ist
in der DDR sauber.

Kann man denn diesem Groth, diesem mit einigen Tropfen He-
mingway-Parfüm attraktiv gemachten Ideal eines DDR-Bürgers
partout nichts vorwerfen? Doch, er hat von der monatelangen
Krankheit eines Freundes nichts gemerkt. Denn der Held des »Impressum« arbeitet zuviel. Das ist seine einzige nennenswerte Untu-
gend.

Alles Heikle in der Entwicklung der DDR wird hier entweder
ausgespart oder liebevoll verniedlicht. Wie Kant mit der Stalin-
Verherrlichung fertig wird, scheint mir typisch für das ganze Buch.
Auf dem Ostberliner Marx-Engels-Platz tanzen viele Jugend-
freunde, die sich gerne fotografieren lassen möchten. Aber es ist
dort allzu dunkel, da die Scheinwerfer nur das riesige Stalinbild
anstrahlen. Indes genügt eine Bitte an die sowjetischen Soldaten,
und siehe, »alle vier Scheinwerfer senken sich herab, und auf der
gepflasterten Erde wurde Tag«. Und das Ganze löst sich in Tanz
und Wohlgefallen auf.

Auf ähnlich symbolische Weise kommt Kant mit dem 17. Juni
zu Rande: Im Kampf gegen die westlichen Agenten in Maurerho-
sen – denn natürlich waren es vor allem Agenten, die damals rebellierten – finden sie zueinander, der feine David Groth und eine

kecke und schmucke Fotografin, seine künftige Frau. Es ist im
»Impressum« einmal die Rede vom »Widerspruch zwischen Schein
und Sein, zwischen Anspruch und Erfüllung, zwischen Abbild und
Wesen«. Dies in der Tat ist der Widerspruch, den Kant permanent
verharmlost und verkleistert. Der aus verschiedenen Gründen so
schwer darstellbaren Realität weicht er aus: Er behilft sich mit
Anekdoten und Histörchen. Die Schnurre ist sein Rettungsring.

Auch der Roman »Nachdenken über Christa T.« – um mich hier
auf dieses eine Beispiel zu beschränken – ist ein Bekenntnis der
Autorin Christa Wolf zum Kommunismus und trotz mancher Bedenken auch zur DDR. Christa Wolf hat jedoch versucht – und es
ist ihr dies zum großen Teil gelungen –, mit den Mitteln des Epi-
kers in Bereiche des Lebens vorzustoßen, die nur der Schriftsteller,
der Künstler erkunden und bewußt machen kann.

Dem Erzähler Kant hingegen genügt es, eine bereits vorgeprägte
und hinlänglich bekannte Sicht noch einmal episch zu exemplifi-
zieren. Er macht es, wie gesagt, nicht ungeschickt, nur will mir
scheinen, daß er sich – aus welchen Gründen auch immer – weit
unter Preis verkauft. Er verzichtet auf die Möglichkeiten der Literatur. Er trägt dazu bei, daß sie degradiert wird. Denn der Literatur wird von Kant nicht etwa eine erkennende oder entdeckende
Funktion zugebilligt und abverlangt, sondern nur noch eine illu-
strierende.

So gerät der Romancier, der mit der Miene eines burschikosen
Einzelgängers doch nur der »zusammengelegten Schlauheit« der
Partei folgt, unversehens in die Nähe jener westdeutschen Unter-
haltungsliteratur, die das Bild des Lebens in der Bundesrepublik
ebenfalls konsequent beschönigt und verfälscht. Vorher war von
Grass die Rede. Man sollte dies etwas präzisieren: Kants »Impressum« ist eine Mischung aus Grass und Simmel plus SED-Propaganda.

(1972)

Die Entwilderung eines Deutschen

Der Ruf, dessen sich der Ost-Berliner Schriftsteller Hermann Kant
in unseren Breiten erfreut, ist gut und schlecht zugleich. Einerseits
und vor allem: Er, der die auch außerhalb der DDR sehr erfolgreichen Romane »Die Aula« (1965) und »Das Impressum« (1972)
geschrieben hat, mag in mancherlei Hinsicht dubios sein, aber vom
Geschlecht der Langweiler ist er nicht. Wie bitte? Ein zeitgenössi-
scher deutscher Romancier und dennoch kein Langweiler? Ein
Erzähler aus der DDR, der gleichwohl vom Nürnberger Trichter
nichts wissen will? Ein hartnäckiger Anhänger und auch ein forscher Sprecher der SED und trotzdem ein Autor mit Witz und
Humor? Auf jeden Fall haben wir es also mit einem eher ungewöhnlichen Mann zu tun, der, wie bedenklich er auch scheint,
doch nicht ganz unsympathisch sein kann.

Andererseits: dieser agile Hermann Kant ist auch ein großer
Schlaumeier und ein listiger Tausendsassa, ein Pfiffikus, der uns, so
muß man immer wieder befürchten, übers Ohr hauen will. Sowohl
in der »Aula« als auch im »Impressum« war er eifrig bemüht, sich
seinen Lesern als ein kesser und kühner Einzelgänger zu präsentie-
ren, als einer, der, allen bekannten Schwierigkeiten zum Trotz, die
gebräuchlichen Parteischablonen verachtet und ein unkonventio-
nelles, ja, gelegentlich fast schon herausforderndes Bild des Lebens
in der DDR zu zeichnen weiß.

Bei näherer Betrachtung zeigte sich freilich, daß die vielen Qua-
litäten, die Kant mit burschikoser Entschlossenheit und nicht ohne
Koketterie für sich in Anspruch nahm – Selbständigkeit und Unabhängigkeit, Skepsis und Zweifel, Mut und Unbotmäßigkeit –, einen gemeinsamen Ursprung hatten: die bare Prahlerei. Denn letztlich konnte oder wollte er nichts anderes bieten als die (immerhin
unterhaltsame) Transposition ins Epische genau jener Sicht, die das
Politbüro der SED erwartet. Seine beiden Romane sind temperamentvolle und schnoddrige Hymnen auf »die zusammengelegte
Schlauheit«, die, wie es im »Impressum« heißt, von der Partei
verkörpert werde.

Was konnte man sich somit von Kants drittem und abermals
umfangreichem Roman erhoffen? Noch eine amüsante, aber

schönfärberisch-unaufrichtige und streckenweise verlogene Aufbereitung der Zeitgeschichte? Noch ein Buch, in dem ein flotter Draufgänger heiße Eisen anpackt, um sie zu harmlosen, landesüblichen Souvenirs zu verarbeiten? Doch der Kritiker, der die Literatur der Gegenwart beobachtet und nicht mit Überraschungen rechnet, hat seinen Beruf verfehlt. Denn der Weg eines Schriftstellers, auch eines nicht mehr jungen – Kant wurde 1926 geboren –, läßt sich (glücklicherweise) nicht voraussehen.

So hat uns Christa Wolf, deren »Nachdenken über Christa T.« (1968) ein höchst originelles und von rühmlicher moralischer Unruhe zeugendes Buch ist, unlängst mit ihrem ebenso unbeholfenen wie fragwürdigen »Kindheitsmuster« befremdet, einem Roman, der offensichtlich an der Selbstzensur der seit 1968 nicht zu Unrecht gefeierten Autorin gescheitert ist. Von Hermann Kant hingegen, diesem routinierten und raffinierten Produzenten hochwertiger literarischer Konfektion, diesem Spaßmacher und Schlitzohr, dem man nicht über den Weg trauen konnte, haben wir jetzt ein ernstes und ehrliches Buch erhalten, über das zu spotten kein Anlaß besteht.

Der Roman »Der Aufenthalt«[3] erzählt die Geschichte des Mark Niebuhr, der, kaum achtzehn Jahre alt, im Dezember 1944 zur Wehrmacht einberufen wird, doch wenig später in polnische Kriegsgefangenschaft gerät. Dort, in Kriegsgefangenenlagern und in Gefängnissen (zumal in Warschau), spielt sich die Handlung des Romans ab, die bis 1946 reicht. Sie wird ergänzt durch Niebuhrs teilweise als Kontrastmotive verwendeten Erinnerungen an seine (nicht immer idyllische) Jugend in einer Kleinstadt in Dithmarschen.

Ein typischer junger Landser von 1945 ist Kants Held und Ich-Erzähler keineswegs. Er erscheint vielmehr als ein Nachfahre oder Verwandter jener nicht allzu zahlreichen Schelme, die von deutschen Romanciers – von Grimmelshausen bis hin zu Grass – mit Kriegswirren konfrontiert werden. Auch Niebuhr ist ein gewitzter und gerissener Bursche, ausgestattet mit Humor und Phantasie und überdies mit der Fähigkeit, selbst unter den schrecklichsten Bedingungen dem Leben erfreuliche Seiten abzugewinnen und es auch noch zu genießen. Kant vermeidet es, seinem sich durch die

Kriegsgefangenschaft schlängelnden Helden politische Einsichten in den Mund zu legen, die den Horizont eines jungen Deutschen von 1945 merklich überschreiten.

Die Situation, die jener Niebuhr zu bestehen hat, ist ebenfalls nicht alltäglich und doch wahrscheinlich. Er wird beschuldigt, Polen in Lublin ermordet zu haben, und kommt daher zunächst in Einzelarrest und dann in eine Riesenzelle, die er mit Dutzenden (tatsächlicher) deutscher Kriegsverbrecher teilt, zumal mit Wehrmachtsgenerälen und Gestapofunktionären. Dort vollzieht sich ein zweifacher und gleichzeitig in zwei entgegengesetzten Richtungen verlaufender Prozeß. Die polnischen Behörden bemühen sich ebenso beharrlich wie dilettantisch, die Schuld Niebuhrs nachzuweisen. Indes müssen sie nach langwierigen, viele Monate dauernden Verhören und Untersuchungen erkennen, daß es sich hier um eine simple Verwechslung handelt: der Verdächtige war nie in Lublin. Niebuhr ist unschuldig.

Er selber allerdings sieht seinen Fall mittlerweile anders: In der Gesellschaft unverbesserlicher Nazis, die ihn, den Jüngsten, geringschätzen und schikanieren, begreift er, daß es hier mit der Frage nach der individuellen Schuld nicht getan ist. Inmitten von Schmutz und Gestank, gequält von Hunger und Fieber, von Einsamkeit und Todesangst, gemein mißhandelt von polnischen Bewachern und deutschen Leidensgenossen, ahnt er, daß er sich als ehemaliger Angehöriger der deutschen Wehrmacht der Mitverantwortung und also der Mitschuld nicht entziehen kann: Er versteht sich als »einer von den Menschen, ohne die Unmenschlichkeit nicht gegangen wäre«.

Haben wir es nun mit einem Schelmenroman zu tun oder mit einer Passionsgeschichte? Kant vermochte – und das ist das größte Kompliment, das man ihm hier machen muß –, beides miteinander zu verbinden: »Der Aufenthalt« ist eine Passionsgeschichte mit Humor und ein Schelmenroman mit tragischen Zügen. Bemerkenswert und erstaunlich: Kant hat ein Stück deutscher Wirklichkeit und zugleich einen bitteren Abschnitt der deutsch-polnischen Geschichte ohne Verfälschung und ohne Beschönigung gezeigt. So wird beispielsweise die oft grausame Behandlung deutscher Kriegsgefangener (freilich sind es meist Kriegsverbrecher) keineswegs verschwiegen, ja, in einigen Szenen von außergewöhnlicher Realistik mit schonungsloser Anschaulichkeit dargestellt.

Ist der Romancier Hermann Kant jetzt mutiger als früher? Oder verbirgt sich hinter dem vermeintlichen Mut eher der Umstand, daß dies sein erster Roman ist, der nicht in der DDR spielt und in dem weder deutsche Kommunisten auftreten noch jene sowjetischen Offiziere und Berater, die uns die DDR-Literatur stets nur als süßlich-gütige Freunde und Beschützer serviert?

Aber sowenig hier der Haß der Polen von 1945 gegen die Deutschen gemildert wird, so ist der »Aufenthalt« doch frei vom Haß gegen die Polen. Ja, es gelingt Kant, die Leser zu überzeugen, daß sein jugendlicher Held sich selber und die Deutschen von damals auch mit den Augen ihrer Opfer zu sehen imstande ist und schließlich, aller Leiden zum Trotz, für die Polen viel Verständnis hat. Gegen Ende des Buches läßt Kant seinen Ich-Erzähler feststellen: »Der das Wort hier führt, weiß, daß er scheinbar ungebührlich durcheinanderredet ... « Und: »Das Leben braucht meine Erzählung nur, daß es mich besser verstehen kann. Mich und einige noch. Ich komme beim Leben um Verständnis ein. Sage, was gewesen ist, und kann nicht tun, als wäre nicht vieles durcheinander gewesen.«

Das ist richtig und geht doch am Kern des Romans vorbei. Nicht daß der Erzähler oft schwadronierend durcheinanderredet, macht die Schwäche des »Aufenthalts« aus, sondern daß er allzu häufig nur an der Oberfläche der behandelten zeitgeschichtlichen Phänomene bleibt. Indem Kant den von ihm gewählten Ausschnitt der Epoche aus der bewußt und streng begrenzten Perspektive eines noch unerfahrenen jungen Menschen darstellt, umgeht er geschickt eine der großen Schwierigkeiten, mit denen die Autoren zeitkritischer Romane in der DDR kämpfen müssen: Er erspart sich und seinen Lesern – um nur dies anzuführen – Äußerungen zu jenen historischen und politischen Fragen, auf die es in der dortigen Welt jeweils nur eine einzige Antwort gibt – die der Partei.

Dies ist der Preis, den er für die Ehrlichkeit seines Buches »Aufenthalt« gezahlt hat. Mit anderen Worten: Um wahrhaftig sein zu können, konnte es nur oberflächlich sein. Den *shock of recognition*, den, glaube ich, Eliot von der Literatur verlangt hat, kann man dem Roman nicht nachrühmen. Deshalb fällt es auch schwer, Kants stolzer Bemerkung (in einem auf dem Umschlag gedruckten Interview), man habe es hier mit einem »deutschen Bildungsroman« zu tun, vorbehaltlos zuzustimmen. Daß der »Aufenthalt« streckenweise in eine Reihe von Episoden und Satiren, Skizzen und Genrebildern zerfällt, wäre noch kein entscheidender Einwand. Und wie in der »Aula« und im »Impressum« ist bisweilen auch in dieser Geschichte einer »Entwilderung« die Ausflucht des Zeitkritikers die Schnurre und sein Schlupfwinkel die Anekdote.

Schwerer wiegt der Umstand, daß der Roman trotz seines großen Umfangs (einige kräftige Kürzungen in der erheblich schwächeren zweiten Hälfte hätten dem Buch gut getan) weniger Welt zu bieten hat, als es zunächst scheint: die Situationen und Konstellationen wiederholen sich allzu häufig. Die Scheuklappen, die sich Kant selbst verfertigt hat, sind überaus praktisch, und keiner von uns hat das Recht, ihm zu verübeln, daß er sie verwendet. Aber mit listigen Scheuklappen läßt sich ein deutscher Bildungsroman nun doch nicht schreiben.

Wie auch immer: Wir haben Hermann Kant ein aufschlußreiches, ein witziges Buch zu verdanken. Dieser Schriftsteller war und ist ein harter und intelligenter Gegner unserer westlichen Welt. Zur Herzlichkeit haben wir wahrlich wenig Grund. Aber doch zu einer knappen, respektvollen Verneigung.

(1977)

Zwei verschiedene Schuhe

Von den Arbeitern und Bauern haben die Schriftsteller des Arbeiter- und Bauernstaates offenbar genug. Zwar schätzen sie, wie sie bei verschiedenen Gelegenheiten nachdrücklich versichern, sowohl die einen als auch die anderen ganz außerordentlich. Aber nicht mit ihnen befassen sie sich in ihren Romanen und Geschichten, sondern immer wieder mit den Repräsentanten ganz anderer Milieus. Welcher?

In Christa Wolfs »Nachdenken über Christa T.« (1968) geht es um eine Germanistin. Im Mittelpunkt des Romans »Impressum« (1972) von Hermann Kant steht – ähnlich wie in seinem vorangegangenen Buch »Die Aula« (1966) – ein Journalist. Der fragwürdige Held des Romans »Irreführung der Behörden« (1973) von Jurek Becker ist ein Schriftsteller. Ebenfalls um einen Schriftsteller, nämlich um Daniel Defoe, handelt es sich in Stefan Heyms »Schmähschrift« (1970). In seinem Roman »Der König David Bericht« (1972) erzählt Heym vom Schicksal eines Historikers. Anna Seghers läßt in ihrer neuesten Geschichte (»Die Reisebegegnung«, 1973) gleich drei Schriftsteller auftreten: E. T. A. Hoffmann, Gogol und Kafka. In Günter Kunerts »Gast aus England« (1973) hören wir von den Abenteuern eines Verlagslektors. Die Lebensgeschichte eines Bildhauers bietet Rolf Schneiders Roman »Der Tod des Nibelungen« (1970), Literaten sind die Protagonisten der meisten Geschichten seines Erzählungsbandes »Nekrolog« (1973). In Günter de Bruyns Roman »Die Preisverleihung« (1973) ist abermals ein Germanist die Zentralfigur, als sein Gegenspieler fungiert ein Schriftsteller. Und wenn ein DDR-Autor uns mal einen richtigen jungen Arbeiter zeigt – ich meine »Die neuen Leiden des jungen W.« von Ulrich Plenzdorf (1973) –, dann erweist es sich, daß er aus der Fabrik ausgerissen ist und daß er sich, statt von der Pro-

duktion zu reden, meist doch über Literatur verbreitet, über Goethes »Werther« und Salingers »Fänger im Roggen«.

Wie man sieht, spielen die Romane und Erzählungen der DDR-
Autoren in der Regel nicht mehr da, wo sie im Sinne der langjährigen und hartnäckigen Empfehlungen der SED vor allem spielen
sollten – also nicht in Stahlwerken und landwirtschaftlichen Pro-
duktionsgenossenschaften, nicht in Werften und Kohlenbergwer-
ken, sondern unter Intellektuellen und Künstlern, zumal unter solchen, die mit der Literatur beruflich zu tun haben.

Den immer deutlicher werdenden Trend beobachtet die Partei
natürlich sehr mißtrauisch: Sie hat in der Tat triftige Gründe, diese
Entwicklung zu beanstanden und zumindest in Grenzen zu halten.
Es geht keineswegs nur darum, daß die immer wieder geforderten
literarischen Arbeiten aus der Fabrikwelt und über die landwirtschaftliche Produktion nach wie vor fehlen – wobei allerdings noch
zu fragen wäre, wem sie eigentlich, von den Kulturfunktionären
abgesehen, denn fehlen, da jedenfalls die Arbeiter und Bauern,
sofern sie überhaupt Zeit und Lust haben, Romane zu lesen, auf
solche aus dem Leben von Arbeitern und Bauern nicht sonderlich
erpicht sind.

Aber zugleich haben die DDR-Bücher, in denen Fragen der Gegenwart am Beispiel der Schriftsteller, Germanisten und Lektoren
abgehandelt werden, eine von der Kulturpolitik der SED verständlicherweise sehr ungern gesehene Eigentümlichkeit: Wenn sie nicht
gar eine direkte Kritik der Prinzipien des Sozialistischen Realismus
enthalten, so laufen sie zumindest auf eine mehr oder weniger
getarnte Auseinandersetzung mit den Praktiken eben dieser Kulturpolitik hinaus.

Während jedoch derartige Tendenzen eines Teils der DDR-Literatur früher entweder schon von den Verlagen abgewehrt oder von
der parteiergebenen Kritik scharf gerügt wurden, geht man heute
mit den unfügsamen und starrköpfigen Autoren ungleich vorsich-
tiger um. Typisch ist in dieser Hinsicht ein in der »Neuen Deutschen Literatur«, dem Organ des DDR-Schriftstellerverbandes, pu-
blizierter Artikel des Kritikers Heinz Plavius. Die Literatur der
DDR, heißt es da, leide an »Wirklichkeitsverlust«, ihr »Themen-
haushalt« sei nicht ausgeglichen, da man es »mit einem starken

Akzent auf dem akademischen Milieu zu tun« habe: »Stoff, Handlung und Thema vieler Romane entstammen sehr häufig dem intellektuellen Bereich.« Hingegen vernachlässige diese Literatur »den großen Gegenstand Arbeiterklasse«. Doch sei damit – wie der Kritiker eilig hinzufügt – nicht etwa »eine Vereinseitigung nach der anderen Seite beabsichtigt«.[1]

»Wirklichkeitsverlust«? Das mag schon zutreffen. Doch scheint es mir leichtsinnig und vielleicht auch ein wenig heuchlerisch, die Ursache dieses Verlusts mit den Berufen der Helden der DDR-Romane erklären zu wollen. Nein, es sind nicht die von den Schriftstellern bevorzugten Milieus und Stoffe, die den »Wirklichkeitsverlust« zur Folge hatten und haben, sondern Umstände ganz anderer Art. Und Plavius weiß das natürlich ebensogut wie jeder andere, der einige Zeit am literarischen Leben der DDR teilnahm.

Auf diesem Hintergrund ist Günter de Bruyns neuer Roman, »Die Preisverleihung«[2], symptomatisch und aufschlußreich, weil er nicht nur von dem in der DDR-Literatur seit einigen Jahren auffallenden Trend zeugt, sondern weil er zugleich die Gründe des »Wirklichkeitsverlusts« unmißverständlich zu benennen sucht und weil er schließlich diesen Verlust auch noch selber demonstriert.

De Bruyn, ein Berliner des Jahrgangs 1926, verdankt den Ruf, einer der besten DDR-Prosaisten seiner Generation zu sein, vor allem dem Roman »Buridans Esel« (1968), der drüben sehr erfolgreich war und in der Bundesrepublik betont freundlich aufgenommen wurde. Allerdings las man ihn hier vornehmlich als »Nachricht aus Ostberlin« – diese Formulierung fand sich auf dem Schutzumschlag der westdeutschen Ausgabe unmittelbar nach den Worten »Biographie eines Ehebruchs« –, ohne das epische Talent de Bruyns übermäßig ernst zu nehmen. In der DDR hingegen hielt man es für angebracht, ihn gleich als einen meisterhaften Romancier in der Nachfolge von Jean Paul und Fontane zu rühmen.[3]

Mit der »Preisverleihung« scheint de Bruyn insofern an sein Erfolgsbuch anknüpfen zu wollen, als uns wieder eine flott erzählte und mit vielen psychologischen Details angereicherte Dreiecksgeschichte aufgetischt wird. Waren es aber damals ein Herr und zwei Damen (ein Bibliotheksleiter, seine Ehefrau und seine Sekretärin), so sind es diesmal zwei Herrn und eine Dame: Doktor

Overbeck, ein an der Ostberliner Universität tätiger Literaturdo-
zent, seine Frau Irene, eine nicht nur attraktive, sondern auch
gescheite Dolmetscherin, und ihr gemeinsamer Freund, Paul Schuster, ein Schriftsteller.

Doch was sich zwischen ihnen abgespielt hat, liegt schon achtzehn Jahre zurück; de Bruyn zeigt es lediglich in Erinnerungen
seiner Figuren und in einigen Rückblenden. Ausgelöst wird das
Ganze durch die jetzt – um 1970 – bevorstehende Verleihung eines
Literaturpreises: Schuster hat ihn erhalten, Overbeck soll den
preisgekrönten Freund in einer Rede feiern. So kommt es zum
Treffen der drei Personen, bei dem noch eine vierte eine nicht
unwichtige Rolle spielt: die siebzehnjährige Tochter der Overbecks, deren Vater in Wirklichkeit Hausfreund Schuster ist.

Aber sie alle haben sich – trotz der Verwicklungen in Vergangenheit und Gegenwart – nicht sehr viel zu sagen: Die vom Autor
verhältnismäßig sorgfältig vorbereiteten Begegnungen und Wie-
derbegegnungen bleiben merkwürdigerweise ziemlich unergiebig,
die Rückblenden sind knapp und auch eher flüchtig. Gleichwohl
leuchtet es ein, daß die Geschichte des Ehepaars Overbeck und des
preisgekrönten Schriftstellers auf zwei Zeitebenen mit einer Distanz von achtzehn Jahren gezeigt wird. Mehr noch: Nur mit Hilfe
von Rückblenden in die fünfziger Jahre konnte de Bruyn in diesem
scheinbar überaus harmlosen Buch sagen, was er sagen wollte.

Denn mag er auch von Liebe, Ehe und Freundschaft, von der
Aufsässigkeit der Jugendlichen und von der Bequemlichkeit der
Erwachsenen, von veränderten gesellschaftlichen Verhältnissen
und von keineswegs veränderten gesellschaftlichen Konventionen
erzählen – das einzige Thema, das den meist munter plaudernden
Autor des Romans »Die Preisverleihung« aus der Reserve lockt
und von dem er mit unverkennbarem Engagement spricht, lautet:
die Bevormundung der Literatur in der DDR.

An das Buch, das er in seiner Laudatio rühmen soll, glaubt
Overbeck keinen Augenblick. Nur daß er es mitverschuldet hat. Es
ist schon vor achtzehn Jahren entstanden, und damals hatte der
junge Germanist und künftige Dozent auf den noch ganz unsiche-
ren Anfänger Schuster einen starken und verhängnisvollen Einfluß.
Er zwang ihn, sein Manuskript immer wieder umzuschreiben:

»Anstatt die chaotische Welt, die er entworfen hatte, zu ordnen, baute ich ihm eine andere auf, eine vorgeformte, in der alles aufging. Aus erschreckenden Dissonanzen wurden gefällige Harmonien, schreiende Farben wurden abgedeckt, gefährliche Tiefen mit nichtssagenden Worten gefüllt. Alles wurde glatt und richtig, langweilig und farblos.«

Overbeck war – heißt es – »von einer Literatur beeindruckt, die den Zugang zur Wirklichkeit mehr verbaute als eröffnete, umgab sich mit Leuten, die wie er Wunschvorstellungen für Realität, Realität für Schönheitsfehler hielten...« Es ist die Rede vom »Labyrinth der Halbwahrheiten, das entsteht, wenn Urteile ausgesprochen werden müssen, die nicht die eignen sind«. Sachlich schildert de Bruyn, wie Schuster von seinen Auftraggebern systematisch korrumpiert wurde. Als er eine Reportage über eine landwirtschaftliche Produktionsgenossenschaft geschrieben hatte, bekam er vom zuständigen Redakteur zu hören: »Du siehst die Dinge, wie sie sind, uns interessiert aber, wie sie werden.« Und: »Den kleinbürgerlichen Ehrgeiz, eigne Urteile zu bilden, solltest du dem Grundsatz opfern, daß Urteilen Sache derer ist, die den größten Überblick haben.«

De Bruyn scheut sich auch nicht, die fatalen Folgen des auf Schuster ausgeübten Drucks beim Namen zu nennen: Die Redakteure hatten in seinen Manuskripten immer weniger zu streichen oder zu bearbeiten, da es ihm gelang, »zwischen sich als Beobachter und sich als Schreiber ein Sieb zu schieben, das nur Erwünschtes durchließ. Später wurde das Sieb überflüssig, da er für bestimmte Seiten der Wirklichkeit erblindete... Er suchte nicht mehr nach Worten, er hatte Schablonen parat...« Schließlich wird das preisgekrönte Buch als »das eines mißgeleiteten Talents« bezeichnet, »dem Grenzen jeglicher Art mehr bedeuten als die Pflichten des Autors, ihrer zu spotten...«

Eine Anklage also, klar und unsentimental. Gegen wen ist sie gerichtet? Natürlich nicht gegen den erfolgreichen Autor Paul Schuster, den de Bruyn halb ironisch und halb mitleidig betrachtet. Doch auch Overbeck und die Lektoren und Redakteure, sie alle, die sich so intensiv bemüht haben, aus dem angehenden Schriftsteller ein Werkzeug der SED-Propaganda zu machen, erscheinen hier

eher als Opfer einer bornierten und im Grunde gänzlich kunst-
feindlichen Kulturpolitik. Der von gestern und vorgestern? So will
es scheinen. Schusters literarischer Start liegt ja mit allen seinen
fatalen Begleitumständen achtzehn Jahre zurück.

Gehört also »Die Preisverleihung« zu jenen in der kommunistischen Welt längst üblichen Romanen, welche die Verhältnisse in
der unmittelbaren Gegenwart konsequent in eine vergangene Pe-
riode projizieren? Dies ermöglicht immerhin die Auslegung, es
handle sich lediglich um zwar einst existierende, doch inzwischen
bereits überwundene Mißstände. In der Tat beziehen sich die hef-
tigsten Attacken in diesem Buch auf die Kulturpolitik der SED in
den fünfziger Jahren. So wird es auch plausibel, daß de Bruyn für
die Handlung seines Romans zwei Zeitebenen benötigt hat.

Aber zugleich läßt er keine Zweifel aufkommen, daß dies alles,
was ihn so aufregt, seine Aktualität kaum eingebüßt hat: Schuster
ist mit seiner verlogenen Literatur nach wie vor erfolgreich, sein
vor achtzehn Jahren geschriebener oder zumindest konzipierter
Schmöker wird gerade jetzt offiziell ausgezeichnet, und von Overbecks schüchternem Vorschlag, in der Laudatio die Fragwürdigkeit des preisgekrönten Romans wenigstens anzudeuten, will sein
Chef, ein Professor der Germanistik, natürlich nichts wissen. Niemand kann de Bruyn vorwerfen, er habe jene, die für das literarische Leben der DDR von heute verantwortlich sind, etwa ausgespart oder auch nur geschont.

Und wenn sein Held Overbeck erklärt, »daß es zwar bequem,
aber dumm ist, einmal gefundene Wahrheiten wie ewige zu behandeln«, und daß man »stets alle Warum-, Wieso-, Inwiefern-Fra-
gen« zulassen sollte, so sind das für den westlichen Leser Weishei-
ten von kaum noch zu überbietender Banalität. In der DDR scheint
es jedoch dringend erforderlich, derartige Sätze zu schreiben, ja, sie
klingen schon nahezu aufrührerisch. »Das Buch provoziert. Die
Provokation ist ein eindringlicher Appell an uns, mögliche Konflikte auszutragen und nicht zu verschleiern« – urteilte der Ostberliner »Sonntag« über »Die Preisverleihung«.[4]

Wie verheerend die Folgen der von de Bruyn kritisierten Gängelung der Schriftsteller in der DDR sind, das läßt, allerdings höchst
unfreiwillig, auch sein eigener Roman erkennen. Befragt, wie er

zur Literatur gekommen sei, erinnerte er sich an seine frühesten
Leseeindrücke, nämlich an »idyllische Märchen von Matthiessen«:
»Die Zwerge, Riesen, Kartoffelkönige, Uhrenmännchen und sogar
die Hexen waren gutartig und freundlich . . .«[5] So ist es auch in der
»Preisverleihung«: Die Menschen sind hier allesamt gutartig und
freundlich.

Die ernste Abrechnung mit der Kulturpolitik der Partei ist in
eine Geschichte eingebettet, die aus dem Alltag in Ostberlin ein
idyllisches Märchen macht, ein gemütliches Genrebild, das mit der
Realität und mit unserer Zeit kaum mehr gemein hat als die von de
Bruyn mißbilligten, schablonenhaft-optimistischen Darstellungen
der DDR-Welt. Wird ein Konflikt angedeutet, so bemüht sich der
Autor der »Preisverleihung«, ihn rasch wieder zu eliminieren, oder
er läßt ihn irgendwann einfach unter den Tisch fallen.

Natürlich haben die Menschen, von denen er erzählt, allerlei
(freilich eher liebenswürdige) Schwächen, und sie sind auch nicht
frei von kleineren und größeren Sorgen. Doch abgesehen davon,
daß die Arbeit der Schriftsteller leider von Instanzen gestört wird,
die es zwar gut meinen, die aber dennoch Unheil anrichten, ist
diese Welt eigentlich vollkommen: Man freut sich des Lebens, man
ist nett zueinander. Über Frau Overbeck: »In ihr ist Ruhe und
Fröhlichkeit genug, um anderen davon abzugeben.« Und: »Sie ist
hinreißend, wenn ihr stets brennendes Interesse an anderen Leuten
ihre Phantasie schweifen läßt.« Über die Ehe der Overbecks: »Sie
haben nur ein Bett; nicht aus Sparsamkeit oder Platzmangel, sondern weil sie nur eins brauchen.« Sicher, man ärgert sich über dies
und jenes, aber man hilft sich gegenseitig: »So war das immer in
ihrer Ehe: Was der eine nicht kann, kann der andere.«

Auch was das Erotische betrifft, hat alles seine Ordnung. Einen
Polen gibt es hier, und wie ein Pole ist, das weiß der Leser gewisser
deutscher Romane längst: charmant, etwas unseriös, leidenschaft-
lich und sehr verführerisch. Dieser hier möchte die Dienste der
Frau Overbeck nicht nur als Dolmetscherin in Anspruch nehmen.
Indes hat der leichtsinnige Pole die Tugend einer DDR-Bürgerin
unterschätzt: »›Enttäuschen Sie mich nicht!‹ – ›Inwiefern?‹ will er
wissen. – ›Sie wissen es genau!‹« Etwas weiter kommt der hartnäk-
kige Pole erneut auf das bewußte Thema zu sprechen: »›Mir ist es

ernst!‹ – ›Das eben werfe ich Ihnen vor.‹ – ›Sie sind grausam, Irene!‹ – ›Ich bin erwachsen. Deshalb weiß ich, daß das, was Sie Ernst nennen, auf die lange Trennung von Ihrer Frau zurückzuführen ist.‹ – ›Wollen Sie mich beleidigen?‹«

Erstaunlich immerhin, mit welcher Unbefangenheit ein in der DDR so geschätzter Erzähler sich auch noch der plumpesten Ausdrucksmittel bedient. Das fängt schon mit den Namen seiner Figuren an: Wie der schlechte Schriftsteller hier »Schuster« heißt, so ein liebenswert-skurriler Mann »Krautwurst« und ein kühner Motorsportler »Ungewitter«. Die meisten Gestalten haben ihre Erkennungszeichen: Die eine beginnt ihre Sätze gern mit der Wendung »Auf deutsch gesagt«, einer erzählt bei jeder Gelegenheit Witze (und zwar schlechte), und Overbeck selber, der Wissenschaftler und Beinahe-Professor, ist natürlich, was ein Wissenschaftler und Professor in solchen Romanen ein für allemal zu sein hat: weltfremd und zerstreut.

Holzhammer-Symbolik liebt de Bruyn ebenfalls. »Die letzten Strahlen der untergehenden Sonne fallen durch offene Fenster auf Mutter und Tochter...« Und jedermann ist also darauf vorbereitet, daß mit dem jetzt zwischen den beiden folgenden Gespräch etwas untergeht und abgeschlossen wird – nämlich die Kindheit der Tochter.

Ein symbolisches Motiv, das auch komisch sein soll, zielt auf die zentrale Frage des Buches ab: Der zerstreute Doktor Overbeck hat zur Feier, auf der er seine heikle Laudatio halten muß, zwei verschiedene Schuhe angezogen. So möchte er einerseits seiner Partei dienen und ihre Weisungen ausführen, während er andererseits doch (jedenfalls wird dies vom Autor behauptet) literarischen Geschmack und ein künstlerisches Gewissen hat. Aber sein Versuch, in der Rede das eine mit dem anderen in Einklang zu bringen, scheitert kläglich. Vielleicht auch deshalb, weil er während dieser Feier unentwegt daran denken muß, daß er zwei verschiedene Schuhe trägt? Wollte gar de Bruyn mit diesen Schuhen nicht nur die beiden Standpunkte symbolisieren, sondern zugleich sagen, daß man der Lächerlichkeit nur entgehen kann, wenn man sich von dem einen oder von dem anderen trennt?

Wie auch immer: So sympathisch und wichtig der Protest gegen die Bevormundung der Schriftsteller, so fragwürdig wird er, weil der Roman, der ihn artikuliert, an eine Tradition anknüpft, auf die stolz zu sein kein besonderer Anlaß besteht. In der Nachfolge von Jean Paul und Fontane? Was sollen die großen Namen, wenn schon ein Vergleich mit zeitgenössischen DDR-Erzählern – mit Günter Kunert etwa oder Jurek Becker oder gar mit Christa Wolf – gänzlich abwegig wäre, weil Günter de Bruyn streckenweise nichts anderes zu bieten hat als simple Trivialliteratur.

Daß »Die Preisverleihung« dennoch – zumindest als »Nachricht aus Ostberlin« – zu den immerhin bemerkenswerten Dokumenten der DDR-Prosa des vergangenen Jahres gehört, macht allerdings erneut deutlich, wie karg die Ernte dort ist. Nur daß es hier in der Bundesrepublik in dieser Hinsicht nun auch nicht viel besser aussieht. Aber das ist schon eine ganz andere Geschichte.

(1973)

Oskar Schlemihl aus Helsingör

Ein deutscher Jüngling knöpft seine Hose auf – in durchaus prosaischer Absicht zwar, aber an einem nicht ganz alltäglichen Ort: Er steht unter einem mächtigen Portikus mit der noch entzifferbaren Inschrift »Dem deutschen Volke«. Zu sehen sei dieses Volk – lesen wir – »unten vor den Säulen, wo es zum ersten Male in seiner Geschichte selbständig handelt, wenn auch nur mit amerikanischen Zigaretten und Kartoffelsprit«.

Obwohl jener Jüngling glaubt, er befinde sich in einer »überdimensionalen Bedürfnisanstalt, die auf solche Art die Bedürfnisse des an ihrer Stirnseite namhaft gemachten Volkes befriedigt«, wird er doch »von der Ausübung dringlicher Notwendigkeit abgehalten«: Plötzlich erblickt er die vor ihm auf der Erde liegende Leiche eines erschlagenen Mannes. Und da der Jüngling mit überirdischen Fähigkeiten gesegnet ist, erkennt er sofort, was ihm sonst verborgen geblieben wäre: Der hier wenige Tage oder Wochen nach Kriegsschluß von einem Nazi ermordet wurde, ist kein anderer als sein eigener Vater, ein Jude, der in einem Versteck überleben konnte und den der Sohn, ein uneheliches Kind, nie gekannt hat.

So ungewöhnlich beginnt ein neuer deutscher Roman, ein ebenso merkwürdiges wie fragwürdiges, ebenso wunderliches wie leider auch ärgerliches Buch: Günter Kunerts »Im Namen der Hüte«.[1] Dem makabren Prolog in der angeblich nur noch als Abort nützlichen Reichstagsruine entspricht der nicht weniger, wenn auch auf ganz andere Weise makabre Epilog des Romans: eine unheimliche und skurrile Kundgebung vor der Ruine des überflüssig gewordenen Potsdamer Bahnhofs. Dazwischen liegen sechs oder sieben Jahre und viele Szenen, die alle in Berlin spielen und häufig, wie die erste und die letzte, in unmittelbarer Nähe der Sektorengrenze.

Haben wir es also mit einem politischen Roman zu tun, mit einem Ost-West-Buch etwa? Jedenfalls kümmert sich Henry, der junge Mann, von dem Kunert erzählt, um Politik und Weltgeschichte herzlich wenig; nur daß sich Politik und Weltgeschichte oft um ihn kümmern.

Zunächst ist es Großdeutschland, das freilich nur noch »von der Kleinen Frankfurter bis an das Pissoir Greifswalder Ecke Elbinger« reicht, das die Dienste des »unehelichen Volkssturmgardisten« beansprucht. Mitten im Endkampf merkt er zu seiner Verblüffung, daß er über die Gabe verfügt, »aufbewahrte Denkvorgänge aufzunehmen und nachvollziehen zu können«: Wessen Hut oder Mütze oder Helm er sich aufsetzt, dessen gedachte Gedanken kann er lesen. Dies ermöglicht ihm, sich im rechten Augenblick vom Volkssturm abzusetzen und in den Armen einer üppigen Kriegerswitwe zu landen. Sie lehrt den Halbwüchsigen die Liebe und kommt dabei selber auf ihre Rechnung.

Es folgt die Nachkriegszeit, von der es heißt: »Gas ist rationiert. Strom ist rationiert. Leben ist rationiert. Man muß sich sein Teil stehlen.« Das versucht denn auch Henry mit Humor und mit Temperament. Er betätigt sich auf dem Schwarzmarkt, den Besatzungsbehörden spielt er manchen Streich, er wird berühmt als Hellseher und als »Gedankenprüfer«. Ja, manche halten ihn sogar, vorübergehend wenigstens, für einen Propheten.

Günter Kunert, geboren in jenem Jahre 1929, in dem auch Enzensberger, Lettau und Rühmkorf das Licht der Welt erblickten – und er hat mit ihnen mehr gemein, als man auf den ersten Blick sehen kann –, ist ein Ostberliner Autor ohne Scheuklappen, ein deutscher Lyriker mit Verstand, ein Artist mit Phantasie und Verantwortungsgefühl. Im Osten wird er geachtet und beargwöhnt, im Westen geschätzt und wenig gelesen.

Vor allem aber: ein ernster Mann mit Talent, der arbeiten kann und der weiß, was er will. Natürlich wußte er auch sehr genau, was er in und mit diesem Roman zeigen, erreichen und bewirken und was er aus Gründen, die wir respektieren müssen, verschweigen, aussparen und vermeiden wollte. Nichts ist hier unüberlegt oder zufällig, alles exakt kalkuliert. Nur daß die Rechnung nicht aufgeht, die Gleichung nicht stimmt. Der Roman »Im Namen der

Hüte« trägt den Wurm in sich, und es lohnt, nach den mutmaßlichen Ursachen zu fragen.

Zunächst scheint mir, daß Kunert verhältnismäßig lange an diesem Buch geschrieben hat. Um es überspitzt zu sagen: Es wurde offenbar in einer anderen Zeit entworfen, in einer ganz anderen ausgeführt und in einer wiederum anderen beendet. Und zwischendurch müssen sich Kunerts Pläne, Absichten und Vorstellungen – und vielleicht auch seine Einschätzung der realen Möglichkeiten – mehrfach geändert haben.

Das Ganze ist als Schelmenroman konzipiert, wobei man Henrys literarische Ahnen nicht unbedingt in fernen Jahrhunderten zu suchen braucht: Es genügt, an Strittmatters »Wundertäter« und, vor allem, an den Grass'schen Oskar Matzerath zu erinnern. Aber mit einem Schelmenroman wollte sich Kunert nicht begnügen. Da liegt ja gleich am Anfang die Leiche des ermordeten Vaters, die den heiteren und wendigen Helden in jene hochdramatische Rolle drängt, zu der er nicht recht taugt: Er soll dafür sorgen, daß die Untat, für die es weder Beweise noch Zeugen gibt, gesühnt wird. Hier kann von Danzig-Langfuhr nicht mehr die Rede sein, im Dunkel erscheinen vielmehr die vertrauten Umrisse der Terrasse von Helsingör.

Wie also? Picaro oder Hamlet? Ein fröhlicher Gauner und gerissener Schalk oder ein von des Gedankens Blässe angekränkelter Rächer, ein Mann, der sich der aus den Fugen geratenen Zeit annehmen soll? Oder hatte Kunert gar eine Synthese im Sinn, einen picaresken Hamlet im zerstörten Berlin?

Auf jeden Fall versieht er seinen Helden im Laufe des Romans nacheinander mit so zahlreichen und so unterschiedlichen Zügen – burlesken und schwankhaften, düsteren und tragischen –, daß die ohnehin fragwürdige Gestalt vollends zerfließen muß und schließlich nichts mehr bedeutet. Dies bestätigt uns, wie das in deutschen Romanen neuerdings üblich ist, der Autor selber. Denn Henry darf freimütig erklären, er habe nichts zu verbergen: »Nicht mal, daß ich eine ausgeschabte Haut bin, Pelle ohne Inhalt, Hanswurst ohne Füllung, vom kalten Luftzug durch die Gegend geblasen.«

Indes gibt es Schelmenromane, alte und moderne, denen eine einheitliche und überzeugende Zentralfigur fehlt und die dennoch beachtliche Werke sind. Gewiß, nur verdanken sie ihre Kraft einer Fülle von Motiven und Situationen, Schauplätzen und Episoden, einem alle Bedenken beseitigenden Fabuliertalent. Auch Kunert bemüht sich um einen großen und bunten Bilderbogen. Was wir jedoch zu sehen bekommen, bleibt meist undeutlich, blaß und leblos. Und das hängt wiederum mit Kunerts künstlerischer Eigenart zusammen, mit seinem wie mir scheint, klar erkennbaren Naturell. Er war und ist vor allem Lyriker.

Nun hören wir oft genug, daß heutzutage die Grenzen zwischen den traditionellen Gattungen immer mehr verschwimmen oder sogar ganz verschwinden. Daran ist in der Tat etwas Wahres. Trotzdem darf man dieser These – einem Klischee der Literaturkritik – ein wenig mißtrauen.

So kenne ich keine Verse von Anna Seghers, Wolfgang Koeppen und Max Frisch, von Heinrich Böll, Siegfried Lenz, Martin Walser und Uwe Johnson. Und andererseits haben, soviel ich weiß, Peter Huchel, Günter Eich, Karl Krolow, Paul Celan, Helmut Heissenbüttel, Hans Magnus Enzensberger, Peter Rühmkorf und Wolf Biermann keine Romane und – von vereinzelten und gänzlich unerheblichen Ausnahmen abgesehen – auch keine Geschichten veröffentlicht.

Gewiß ließen sich auch einige Gegenbeispiele aus der zeitgenössischen deutschen Literatur anführen, Doppelbegabungen also wie etwa Marie Luise Kaschnitz oder Günter Grass. Doch ändern sie, meine ich, nichts an der Tatsache, daß es nach wie vor eine tiefe Kluft ist, die den Epiker von der Lyrik und den Lyriker von der Epik trennt. Und daß die Versuche, diese Kluft zu überbrücken, nur selten erfolgreich sind.

Woran die Lyriker, die den Vorstoß ins Erzählerische wagen, meist scheitern, ist – und nur im ersten Augenblick mutet dies paradox an – nichts anderes als die Sprache: Sie verfügen über ein Instrument, das sich im Roman oder in der Geschichte kaum brauchen läßt; und gerade jenen, die es gut beherrschen, fällt die Umstellung auf ein anderes Instrument oft besonders schwer.

Das gilt auch für Günter Kunert. Wer die Klarheit und Deutlichkeit, die Knappheit und Natürlichkeit vieler seiner Gedichte kennt und schätzt, kann sich des Eindrucks nicht erwehren, daß er auf der Suche nach einer Diktion, die seinem epischen Vorhaben angemessen wäre, mit verstellter Stimme erzählt. Seiner unentwegten und nicht immer einfallsreichen Bemühung um die Pfiffigkeit des Helden entspricht eine künstliche Munterkeit des Duktus, eine überanstrengte und gewaltsam forcierte Ausdrucksweise.

Sehr bald landet Kunert dort, wo der Verfasser eines Schelmenromans, der ja die Welt immer aus einer mehr oder weniger plebejischen Perspektive zeigt, am allerwenigsten landen darf: im Preziösen und Affektierten. »Das Vibrato seiner häufig absetzenden Stimme erreicht nicht die bebrillte Seele hinter dem Schreibtisch.« Das ist ein harmloser, keineswegs etwa ein mißglückter Satz, aber ein Stich ins Gekünstelte scheint mir unüberhörbar. Oder Kunert bezeichnet weibliche Brüste als »bleiche Zitterbälle«, als »zapplige Zwillingsgewächse« oder als »halbierte, schulunterrichtsähnliche Globen«. Derartiges ist nicht schlimm, erst durch die Anhäufung wird es hier und da bedenklich.

Was in Kunerts Buch vor allem auffällt, ist das erstaunliche Mißverhältnis zwischen der großen stilistischen Anstrengung und dem geringen epischen Ergebnis: Je intensiver der sprachliche Aufwand, desto weniger kommt zum Vorschein. Der Kampf um die Anschaulichkeit bleibt vergeblich.

Daher muß diese häufig verkrampfte und gelegentlich auch aufgequollene Prosa rasch auf die Nerven gehen, zumal den mühevoll aufgepumpten Galgenhumor ironisch gemeinte Apostrophen (»Adieu, bleiches Bett, gnädiger Vergessensspender, nächtliche Ruhestätte des täglichen Irrtums, der für Leben gehalten wird«) unterstützen sollen und leider auch persiflierte Klassikerzitate, die indes auf fatale Weise in die Nähe von Kalauern geraten: »Ein Gedanke wohnt, ach, in zwei Brüsten.«

Der Mittelteil, in dem Kunert kaum noch mit neuen Einfällen aufwarten kann und in dem der dünne Handlungsfaden fast ganz verschwindet, stellt an die Geduld der Leser ungewöhnlich hohe Anforderungen. Aber Kunert selber scheint allmählich ebenfalls die Geduld zu verlieren, als hätte er keine Lust mehr, seine Geschichte fortzusetzen. Im letzten Viertel kommt neues Leben in den Roman: Plötzlich ändert sich der Tonfall, die Sprache wird einfacher und natürlicher, das Gedankenlesen aus Hüten, ein Motiv, dem Kunert ohnehin nicht viel Originelles abgewinnen konnte, läßt er endlich fallen, der Held lernt ein neues Mädchen kennen.

Ist es überhaupt noch derselbe Henry, der Picaro aus Helsingör? Jetzt wird nicht Shakespeares gedacht – denn mit Bildungsreminiszenzen spart Kunert in seinem ersten Roman nicht –, sondern Chamissos: »Das war der Erfinder von dem Schlemihl, der vielleicht ich bin. Der ich einen Schatten besonderer Art mit mir führe, den mir bestimmt keiner abnimmt.«

Gemeint ist damit nicht die Vergangenheit schlechthin, sondern ein Element in Henrys Figur, das gegen Ende des Romans überraschend betont wird: das Jüdische. Freilich springt Kunert, der es jetzt sehr eilig hat, mit der Fabel allzu unbekümmert um: Er schickt seinen Helden, nachdem dieser auf die Rolle des Rächers verzichtet hat, plötzlich nach Palästina, der Aufenthalt dort wird vollkommen ausgespart, ein Brief der Freundin ruft ihn nach Berlin zurück, er heiratet und entscheidet sich für die DDR, sein Sohn heißt »Christian David«.

Merkwürdig, dieses letzte Viertel, und doch finden sich gerade hier einige Episoden, die Kunert als Erzähler ausweisen. Aber er gehört nicht zu den Malern, sondern zu den Zeichnern. Und nicht der große und bunte Bilderbogen ist seine Sache, sondern die ironische Miniatur und die hintergründige Parabel, die Genreszene und die Kurzgeschichte.

(1967)

Groteskes, Ironisches, Poetisches

Nein, heute wird nicht genörgelt, sondern endlich einmal kräftig in die Harfe gegriffen: Es gilt, ein zwar keineswegs weltbewegendes, aber doch sehr erfreuliches Ereignis zu feiern. Ein Erzählungsband ist es, der, obwohl deutsch und neu, bereitet, was unsere Schriftsteller nur selten zu bereiten imstande sind – nämlich Vergnügen. Dies haben wir dem aus Berlin-O stammenden und in Ostberlin lebenden Günter Kunert zu verdanken.

Übrigens kommt sein Buch »Die Beerdigung findet in aller Stille statt«[2] gerade im rechten Augenblick. Denn wieder einmal lassen

sich in der Bundesrepublik jene mehr oder minder gescheiterten
Autoren vernehmen, denen offenbar nichts anderes übrigbleibt, als
ihre in der Tat bemitleidenswerte Impotenz als Ausdruck der Krise
einer ganzen Generation oder gar der Literatur schlechthin zu tar-
nen und an den Mann zu bringen. Mit Hilfe einer snobistisch
wohlklingenden Terminologie versuchen sie also, ihr künstlerisches Unvermögen zum ästhetischen Gesetz zu erheben.

Der Schriftsteller, wird uns immer wieder zu verstehen gegeben,
könne entweder die sichtbare und greifbare Welt registrieren und
beschreiben oder aber nur noch vor sich hin blödeln und die Sprache aus sich herausblubbern lassen. Dokument oder Kalauer, In-
ventur oder Blödelei – das sei, sollen wir glauben, die einzige Al-
ternative, vor der die Literatur steht. Während uns jedoch die einen
mit stumpfsinnigen Aufzählungen langweilen und andere imperti-
nent und schamlos genug sind, ihren Wortbrei als Kunst zu dekla-
rieren, während uns als Höhepunkte der Prosa allen Ernstes unbe-
druckte Seiten geboten werden (das, wahrlich, scheint mir die al-
lerbequemste Lösung zu sein), während Autoren ihre Bücher mit
Aktfotos (unter besonderer Berücksichtigung der Genitalien)
schmücken, büßt die fundamentale Frage, wie sich in unserer Zeit
und von unserer Zeit erzählen läßt, nichts von ihrer Dringlichkeit
und Aktualität ein.

Zu der Beantwortung dieser Frage trägt Kunert auf seine Weise
bei – nicht mit Erörterungen und Spekulationen, die uns hier am
wenigsten weiterhelfen würden, wohl aber mit zehn konkreten
Versuchen. Wer bei uns einen Erzählungsband loben will, betont
gern, es handle sich nicht etwa um eine Sammlung einzelner
Stücke, sondern um einen größeren Zusammenhang, um eine
angeblich sorgfältig komponierte Einheit, deren Bestandteile der
Autor im Hinblick auf das Ganze verfertigt haben soll. Meist
stimmt das überhaupt nicht. Was sich in der Regel dahinter
verbirgt, scheint mir nichts anderes zu sein als die bedauerliche
Tatsache, daß die kleineren epischen Formen – allen gegenteiligen
Beteuerungen zum Trotz – immer noch nicht für voll genommen
werden.

Um also Mißverständnissen vorzubeugen: Kunerts Buch vereint
Geschichten, die er in den letzten drei, vier Jahren geschrieben hat

und die sich voneinander in vielerlei Hinsicht unterscheiden. Sie bilden keinen Zyklus, keine wie auch immer verstandene Einheit. Vielmehr wollen und können sie lediglich als autonome literarische Arbeiten zur Kenntnis genommen werden: Das Ganze ist somit nicht mehr und nicht weniger als die Summe seiner Bestandteile. Dies allerdings hat mit Kunerts Möglichkeiten und Absichten zu tun. Was er erzählt, zielt natürlich auf unsere Zeit ab und ist, wie könnte es auch anders sein, kritisch gemeint. Aber er hütet sich, unsere Epoche zu interpretieren, er verzichtet auf große Auseinandersetzungen, es ist niemals sein Ehrgeiz, auf unsere Welt mit Elementen einer Gegenwelt oder Nebenwelt oder mit Rezepten und Lösungsvorschlägen zu reagieren.

Seine Prosastücke, diese Gleichnisse, short stories und Grotesken – und die besten sind es zugleich und auf einmal, nämlich parabolische Kurzgeschichten mit grotesken Akzenten – sollten eher als kommentierende Miniaturen aufgefaßt werden, als ebenso poetische wie diskrete Fußnoten, mit denen ein vernünftiger und verantwortlicher Artist unsere Gegenwart bedenkt, als phantasievolle und zurückhaltende Anmerkungen und Arabesken eines virtuosen Ironikers.

Da es hier um einen Autor aus der DDR geht, mag es zunächst verwundern, daß das Kunstmittel, dessen er sich am häufigsten und am sichersten bedient, eben die Ironie ist. Sie wirkt niemals höhnisch oder zynisch, sie verletzt nicht, vielmehr benennt und verdeutlicht sie die Phänomene. Diese betont menschenfreundliche und – im Unterschied zur früheren Prosa Kunerts – souveräne und gelöste Ironie richtet sich weniger gegen die im Mittelpunkt stehenden Gestalten als vor allem gegen bestimmte Zustände, Milieus und Konventionen, gegen den Hintergrund, der die Handlungsweise der Akteure begreiflich macht.

Das auffallendste Kennzeichen dieser Akteure ist ihre vollkommene Unauffälligkeit. Die Männer, die Kunerts Szene bevölkern – auch Frauen treten auf, haben aber nur eine einzige Funktion: sie sollen erotische Bedürfnisse wecken und befriedigen –, üben ordentliche und durchaus prosaische Berufe aus. Einer arbeitet bei der Post, ein anderer in einem Elektrizitätswerk, einen Lehrer gibt es und einen Technologen, einen Sektionsleiter in einem Amt und einen Lastwagenfahrer in einer Speditionsfirma. Doch diese braven oder scheinbar braven Bürger geraten, nicht immer unschuldig, in heikle Situationen. Am Himmel ballen sich drohende Wolken zusammen – und je mehr sie sich verfinstern, desto flotter und heiterer erzählt Kunert. Er nimmt das Leben sehr ernst, gewiß, aber die Schicksale seiner Figuren regen ihn nicht sonderlich auf: Schließlich sind es ja nur Demonstrationsobjekte. Er betrachtet sie gelassen und distanziert, auf jeden Fall erhebt er nie die Stimme: Was sich hier abspielt – nicht nur die Beerdigung in der Titelgeschichte –, »findet in aller Stille statt«.

Dem Helden dieser Geschichte stehen in dem Amt, in dem er arbeitet, große Unannehmlichkeiten bevor. Denn es mißfällt dort sehr, daß der verheiratete Herr, wie das im Leben so manchmal passiert, auch eine ständige Freundin hat. Da stirbt plötzlich die legale Gattin. War es wirklich nur ein Unfall? Den wahren Sachverhalt erfahren wir am Ende der Geschichte, doch der moralische Chef will ihn gar nicht kennen: Eben noch entschlossen, gegen die amouröse Beziehung des Untergebenen, deren »Auswirkung auf andere Mitarbeiter und Kollegen gewiß keine erstrebenswerte wäre«, energisch einzuschreiten, findet er sich mit einem mutmaßlichen Mord rasch ab.

Das Individuum und der Druck der Gesellschaft – ganz anders behandelt Kunert diese Frage in der Geschichte »Der Hai«. Ein Schiff geht unter, zwei Matrosen retten sich in einem Schlauchboot, nur einer kommt zu Hause an. Stimmt es, daß sein Kamerad im Wahnsinn über Bord ging? Oder hat ihn gar der Überlebende, worauf immerhin manches hindeutet, ins Wasser gestoßen? Nein, er ist unschuldig. Aber wie soll er das beweisen, wie den Verdacht widerlegen? Schließlich bleibt ihm, dem Opfer eines systematischen Rufmords, nur ein Ausweg übrig: die Flucht aus der Heimat.

Es sind amerikanische Matrosen, von denen hier die Rede ist, eine Kleinstadt in den USA bildet den Hintergrund. Indes kommen in dieser Geschichte Erfahrungen zum Vorschein, die Kunert in jener Welt machen mußte, in der er lebt. Was immer er erzählt, es bezieht sich auf die DDR. Doch was er in der DDR spielen läßt, trifft mitnichten nur auf die dort herrschenden Verhältnisse zu.

»Kein literarisches Produkt – schrieb Kunert mit Recht – kann eigentlich realistisch genannt werden, wenn es sich nicht auch von der Realität emanzipiert, von der es lebt, um gültig für andere Realitäten zu werden.«[3] In diesem Sinne sind die Geschichten Kunerts realistisch, zumal »Die Waage«, das beste Stück des Bandes.

Am Stammtisch wird gefeiert, denn einer hat den Orden für vorbildliche Planerfüllung erhalten. Nun trinken sie »unter einem fremden Blick«: Es ist der in vier Goldleisten eingezwängte Karl Marx, der sie skeptisch beobachtet, diese »seine Nachfahren, die inzwischen fast alle Probleme gelöst, fast alle Fragen geklärt haben«. Die von ihm aufgedeckten Antagonismen, hört er, seien abgeschafft, nur noch »Gesellschaftsnützliche und Nichtnützliche« gebe es jetzt: »Es ist eine Waage: In der einen Schale steigt die menschliche Spreu nach oben, zu leicht befunden, in der anderen sitzen wir; wir hier um unseren Stammtisch, goldrichtig, schwergewichtig, zukunftsträchtig.« Der den Orden bekommen und zuviel getrunken hat, rast in der Nacht – »auf zwei Rädern durch den selbstgefertigten Lichttunnel« – zum Dienst im Elektrizitätswerk. Auf der einsamen Landstraße überfährt er einen alten Mann und rast weiter. Fahrerflucht? Ja, aber doch besonderer Art, denn: »Der Abzulösende wartet. Es warten die Generatoren, die Turbinen, die Schornsteine, die Einwohner darauf, daß alles seinen Gang gehe. Da heißt es, sich entscheiden. Abwägen.« Und siehe da: Die eine Waagschale mit den Menschenmassen, den Turbinen und Schornsteinen senkte sich so tief, »daß die andere Schale völlig aus dem Blickfeld stieg«.

Die Atmosphäre der Geschichte ist unverkennbar: Sie lebt – einschließlich der Szene im Polizeirevier, wo alles endet – von der DDR-Realität. Aber werden jene Waagen, auf denen das Individuum rasch verschwindet, nur östlich der Elbe produziert? Die Geschichten, in denen Kunert großzügig mit überwirklichen Motiven umgeht, überzeugen mich weniger, doch auch unter ihnen findet sich ein Glanzstück. Er erzählt von einem Juden, der 1933 Berlin verläßt, sich indes von seiner Straße nicht trennen kann: »Er... rollt sie zusammen, als hätte er einen dünnen Läufer vor sich, knickt die Rolle in der Mitte zusammen und verbirgt sie unter dem Mantel.« So nimmt er sie mit auf die Wanderschaft, diese

Straße, die ihn überall beglückt und belastet. Und nach dem Krieg bringt er sie wieder nach Berlin, um sie abzuliefern, wo sie hingehört. Er rollt sie auf, er breitet sie aus, »sie will sich aber nicht einfügen, wie er sie auch zurechtrückt und hinpreßt. Sie paßt nicht mehr«, die Straße, »die er oder die ihn einstmals besessen. Genau ist das nicht mehr festzustellen«.

Deutlich verrät diese Prosa ihres Autors Unruhe, unmißverständlich läßt sie erkennen, daß er nicht zu jenen gehört, die sich Illusionen machen. Kunert weiß, was gespielt wird. Doch weiß er auch, daß das, was mit uns und um uns geschieht, den Schriftsteller nicht berechtigt, sein Handwerk zu vernachlässigen. Überdies wird dort, wo er lebt und arbeitet, auf Worte genau geachtet. Wir kennen die Folgen, sie sind oft bitter. Aber wir sollten nicht vergessen, daß da, wo es leichtsinnig wäre, die Sprache aus sich heraussprudeln zu lassen, der Schreibende zu einer Disziplin und Selbstkontrolle genötigt wird, die ja auch ihre Vorzüge hat.

Kunert ist in die Sprache verliebt, doch er, den Brecht schon 1952 »einen der begabtesten unserer jungen Lyriker« nannte,[4] degradiert sich nicht zu ihrem Werkzeug, läßt sich niemals von ihr beherrschen. Dabei war sein Weg vom Vers zur Prosa weder kurz noch einfach. In seinem 1967 erschienenen Roman »Im Namen der Hüte« hatte er auf der Suche nach einer eigenen Diktion mit mühevoll verstellter Stimme erzählt. Die in dem Roman störende, oft verkrampfte und preziöse Ausdrucksweise ist nun fast ganz überwunden – und damit zugleich das Mißverhältnis, das zwischen dem stilistischen Aufwand und dem epischen Ergebnis bestanden hatte.

Jetzt schreibt Kunert eine temperamentvolle und kräftige, anmutige und prägnante, dynamische und rhythmisch federnde, eine evozierende und zugleich kommentierende Prosa, die anschaulich, aber niemals beschaulich ist. Hier, als Beispiel, der Anfang einer der Geschichten: »Steif gefaltete Mienen: Ergebnis unnatürlicher Mühen, etwas Fehlendes sichtbar zu machen: das Mitleid. Zu jedem dieser künstlich betroffenen Gesichter gehört unabdingbar eine ausgestreckte, zu mitfühlendem Druck bereite Rechte und eine gedämpfte Stimme, Kondolationen haspelnd betreffs des unerwarteten Ablebens der Gattin, der Gemahlin, der Ehefrau, der

Else Schöngar, geborene Pilowski, deren Witwer das vorge-
täuschte, vielleicht sogar echte Bedauern abkürzt durch Entzug
seiner verlegenheitsfeuchten Hand und den Hinweis, die Beerdigung fände in aller Stille statt.«

Summa summarum: zehn Geschichten, von denen fünf vorzüglich und die übrigen jedenfalls bemerkenswert sind. In einer Zeit,
in der man uns weismachen will, das Erzählen sei nicht mehr möglich und die Literatur eigentlich ein überflüssiges Relikt, ist das,
wie gesagt, ein Ereignis. Günter Kunert in Ostberlin sei bedankt
und gegrüßt.

(1968)

Die Geschichte einer zunehmenden Verfinsterung

Es läßt sich nicht verschweigen: der Dichter Günter Kunert ist ein
Vielschreiber. Und enorm sind die Dimensionen seines Werks.
Keine literarische Form gibt es, in der sich der jetzt Fünfzigjährige
nicht versucht hätte. Er verfaßte Gedichte und Epigramme, Parabeln und Geschichten, Satiren und Grotesken, Reportagen, Tage-
bücher und Reiseberichte, Skizzen und Momentaufnahmen, Glossen und Monologe, Märchen und Kinderbücher, Aufsätze, Essays
und Kritiken. Er publizierte einen Roman und eine größere Erzählung, von ihm stammen ebenfalls zahlreiche dramatische Arbeiten:
Hörspiele und Drehbücher, Fernsehspiele und ein Opernlibretto.
Die Filmografie Kunerts verzeichnet nicht weniger als vierzehn
zwischen 1959 und 1976 entstandene Filme.

Doch so vielseitig und reichhaltig dieses Werk auch ist, so fällt
andererseits dessen erstaunliche Einheitlichkeit auf: Seit dreißig
Jahren – sein erstes Buch, der Gedichtband »Wegschilder und
Mauerinschriften« erschien 1950 – kehrt Kunert mit nicht nachlas-
sender Hartnäckigkeit zu denselben Motiven und Themen zurück.
Denn er ist, um es gleich zu sagen, ein Dichter mit einer Obsession. Diese aber hat, wie fast immer in solchen Fällen, unmittelbar
mit seiner Biographie zu tun.

Kunert, 1929 in Berlin geboren, ist der Sohn einer Jüdin: Er galt
also im »Dritten Reich« als »Halbjude«. Aber über seine »staatlich

verpfuschte Kindheit« äußert er sich nur selten und betont zurück-
haltend. Aufschlußreich ist die Skizze »Ohne Bilanz«: Er porträtiert hier seinen Vater, »der mit einer einzigen Unterschrift auf einer
Scheidungsurkunde seinen Status wesentlich hätte verbessern können und dadurch wahrscheinlich auch länger leben, und es trotzdem
nicht tat«, und beschreibt in wenigen Sätzen die Situation seiner
jüdischen Familie während des Krieges. Nur derartigen, in der Regel lapidaren Hinweisen kann man entnehmen, was er selber in den
Jahren der nationalsozialistischen Herrschaft zu ertragen hatte.

Sicher ist, daß diese Erlebnisse des Kindes und des Halbwüchsigen einen Schock bewirkt haben, dessen Folgen bis heute unverkennbar sind: Kunert leidet an einem Trauma. Und gerade dieses
Trauma, das er niemals zu verdrängen oder zu überwinden versucht hat, bildet den Urgrund seines dichterischen Werks: »Wir
jedenfalls bleiben in die Vergangenheit gebannt und in die Kunst –
doppelt gefesselt für alle Zeit« – lautet das Fazit eines Prosastücks
in seinem Band »Camera obscura« (1978).

Schon der Titel seines Gedichtbandes »Der ungebetene Gast«
(1965) ist symptomatisch und deutet ein düsteres Programm an:
Jener Gast, der »aus der Gegend um Warschau« kommt, lebt längst
nicht mehr, er gehört zu den Opfern. Man stellt ihm einen Stuhl
hin, man füllt ihm ein Glas. Aber der unheimliche Gast geht wieder weg, die am Tisch sitzen, zwingen sich zum Essen:

> Da schmeckten nach Asche die Bissen,
> Und die Esser senkten den Blick;
> Voreinander ihre Gewissen
> Verbargen sie ohne Geschick.

Die Schlußfolgerung ist hart und vielsagend: »So rückt doch den
Stuhl wieder fort.« Den generellen Befund artikuliert ein anderes
Gedicht dieser Sammlung:

> Über der Stadt ballt sich eine Wolke: die
> Vergangenheit. Immer wieder
> Verflossen, kehrt unaufhaltsam
> Aufs neu sie zurück.

In den »Notizen in Kreide«, die seinen Band »Verkündigung des Wetters« (1966) programmatisch eröffnen, empfindet Kunert seine Existenz als »ewiges Provisorium«: Er irrt umher zwischen allen, »die keiner begraben kann«.

Ein Gedicht seines nächsten Bandes »Warnung vor Spiegeln« (1970) beginnt mit den Worten: »Manchmal weht / aus den Deckeln der Kanalisation / Rauch« und endet:

Manchmal
stolpern und fallen wir
über die Gebeine der Schuldlosen:
Knüppeldämme
von Gestern nach Morgen
durch den Sumpf blühender Gegenwart.

Nach einem Besuch des Anne-Frank-Hauses in Amsterdam formuliert Kunert (in einem Gedicht seiner Sammlung »Im weiteren Fortgang«, 1974) ein Bekenntnis, das zugleich als Postulat zu verstehen ist:

wir sind da
für alle Toten, für die nirgendwo
ein Grab ist
außer in unserem Gedächtnis

Auch in seinem letzten Gedichtband »Unterwegs nach Utopia«, (1977), kehrt Kunert zu seinem Leid- und Leitmotiv zurück – mit melancholischem Trotz und ohne Illusionen: »Unter Fußballplätzen Leichenmassen / Knüppeldämme aus Knochen«.

Kunerts fundamentales Trauma hat auch sein Verhältnis zur DDR und zum Kommunismus geprägt. Gewiß, man brauchte nicht Jude oder Halbjude zu sein, um sich damals in der Welt zwischen der Elbe und der Oder für die kommunistische Heilslehre in hohem Maße empfänglich zu zeigen. Indes ist es verständlich, daß gerade diejenigen, die im »Dritten Reich« am tiefsten verletzt und gedemütigt wurden, auch am eifrigsten auf der Suche nach solchen radikalen und universalen politischen Lösungen waren, die am ehesten eine Wiederholung der Vergangenheit unmöglich zu machen schienen.

Überdies waren für derartige Lösungen und Versprechen junge Menschen besonders anfällig und sie wurden besonders schmerzhaft enttäuscht: Die Erfahrungen jener, die kurz nach 1945, kaum achtzehn oder zwanzig Jahre alt, in der sowjetisch besetzten Zone begeistert und emphatisch die Morgenröte einer neuen Zeit grüßten und die sich nicht viel später inmitten des grauen und trüben Alltags von Leipzig und Ostberlin sahen, hat Christa Wolf (auch sie 1929 geboren) in ihrem Roman »Nachdenken über Christa T.« (1968) überzeugend deutlich gemacht.

Für Kunerts Entwicklung ist dieses Generationserlebnis ebenfalls von entscheidender Bedeutung. Aber Emphase und Pathos waren seine Sache nie. In manchen seiner Arbeiten aus den fünfziger und auch noch aus den frühen sechziger Jahren plädiert er unmißverständlich für die DDR. Doch sein Engagement bleibt verhältnismäßig kühl und eher distanziert, sein Optimismus ist, sofern überhaupt wahrnehmbar, schwierig und gleichsam umschattet, enthusiastische Verse muß man in seinen Sammlungen lange suchen.

Ein Gedichttitel wie »Traum von der Erneuerung« ist typisch für die DDR-Lyrik um 1950. Nur daß die in diesem Gedicht skizzierte Zukunftsvision die Skepsis des jungen Kunert keineswegs verheimlicht: »Eines Tages müßte die Menschheit, / ihr Krankenbett verlassend, / geheilt umhergehen.« Wohlgemerkt: nicht etwa wird«, sondern bloß »müßte«. In dem Gedicht »Vom Vergehen«, das Kunert an die Spitze des Bandes »Der ungebetene Gast« gestellt hat, ist die Zukunft, deren Loblied die SED den DDR-Poeten unentwegt abverlangte, nur eine (offenbar sehr ungewisse) Möglichkeit: »Es ist möglich, / Die Erde bewohnbar zu machen für / Menschen.« Aufbruchstimmung läßt sich in diesen Versen nicht entdecken, Kunerts »Zauberwort« heißt lediglich »Dennoch!«.

Im Laufe der sechziger Jahre wird seine Auseinandersetzung mit der unmittelbaren Gegenwart immer härter und kühner:

Empfehlung
Sich nicht zu ducken:
Das Schiff liefe nicht vorwärts,
Stünde nicht aufrecht im Wind
Das Segel.

Er protestiert gegen »Lawinen aus Gleichgültigkeit« und gegen »wachsende Schichten von Fremdheit und Staub«, er sieht »abgeholzte Träume wälderweit«, er preist »den alleinseligmachenden / Den Widerspruch«, er verkündet knapp und klar,

daß die Kunst
rasch verfliegt, wo die Freiheit erstickt,
denn die eine ist nichts als der Atem
der anderen.

Ob Kunert ganz im Recht ist mit seiner Behauptung, in jedem Gedicht lebe »eine Ahnung von der Verkehrtheit der Welt«[5] – dessen bin ich nicht sicher. Aber dieses Diktum trifft in der Tat auf jedes seiner eigenen Gedichte zu – immer wieder zeigt er die Verkehrtheit der Welt, in der er lebt:

Wo man den Wald
Vor lauter Bäumen nicht sieht
Verdecken welke Wahrheiten
alle Wege

Die Gedichte aus den Jahren 1974 bis 1977, zusammengefaßt in Kunerts reifstem und radikalstem Band, »Unterwegs nach Utopia«, gehen die aktuellen Fragen frontal an, benennen sie ganz ohne Umschweife:

An den Wurzeln der Standpunkte
hat die Fäulnis gesiegt
Eine andauernde Vergiftung durch Worte
Eine fortwährende Angst vor der Angst
zieht alles nach sich

Kunert möchte sicher sein »vor den stetigen Irrtümern der Päpste«, er hört »lauter Lärm / erzeugt an den Akademien des Irrtums«, er stellt elegisch fest: »Den Ausgestoßenen allein / gehört der Mut zum nötigen / Verrat«, an Marx sind die Zeilen gerichtet: »Wir stolpern / von deinem Wort geleitet / von einer in die andere Finsternis«.

Gegen Ende der Sammlung werden die Verse Kunerts noch persönlicher und direkter: »Nacht heißt die letzte Zuflucht / Fin-

sternis und freiwillige Abwesenheit«. Im letzten Gedicht bekennt
er: »Etwas blutet aus / Etwas bricht zusammen«. Diese Gedichte
stammen aus dem Jahr 1977. Bleibt hinzuzufügen, daß Kunert im
Januar 1977 aus der Mitgliederliste der SED gestrichen wurde, und
dies mit gutem Grund: Er hatte nicht nur gegen die Ausbürgerung
Wolf Biermanns im Herbst 1976 protestiert, sondern sich später
auch geweigert, diesen Schritt und die damit zusammenhängenden
Umstände als Fehler einzugestehen.

Von Dieter E. Zimmer in einem Interview befragt, ob man seine
Bücher auch »als die Geschichte einer zunehmenden Verfinste-
rung« lesen könne, antwortete Kunert zustimmend, allerdings sei
er »bloß ein Seismograph, der fürs Erdbeben nicht verantwortlich
zu machen ist«.[6] In der Tat sieht sich Kunert gern als Versuchsper-
son, für ihn sei »alles Biografische nur als gesellschaftliches Para-
digma denkbar«. Mit anderen Worten: »Günter Kunert als Günter
Jedermann«.

Derartige Selbstcharakteristiken treffen zwar zu, reichen jedoch
nicht aus, weil sie einen wesentlichen Aspekt in seinem Werk baga-
tellisieren: den unübersehbaren und sehr konsequenten Zug zum
Didaktischen. Was Kunert laut eigener Aussage erreichen will,
klingt freilich bescheiden: Er strebe eine »Entgröberung des Lesers« an, das Gedicht könne und solle »nichts anderes sein als der
verbale Anlaß zur Selbsterkenntnis«.

Aber der Dichter Kunert ist ein ungewöhnlicher Erzieher: Er
möchte den Leser weder überreden noch beschwören. Er will nicht
mobilisieren, sondern informieren, nicht hinreißen, sondern aufstören, nicht alarmieren, sondern irritieren. Die robuste Rhetorik
eines Biermann und dessen oft auftrumpfenden Ton kennt Kunerts
Lyrik nicht. Denn er ist weder ein Agitator noch ein Prediger,
wohl aber ein Aufklärer. Die Sprache seiner Poesie hat mit diesen
Intentionen zu tun.

Kunert vermeidet große Worte und monumentale Gesten, er
verpönt das Festliche und das Erhabene: Seine Verse wollen lieber
als dürr denn als feierlich oder pathetisch gelten. Nicht auf Orna-
mente ist er aus, sondern auf Argumente. In der Nüchternheit
seiner Lyrik verbirgt sich ein fortwährender Protest gegen den
Mißbrauch der Sprache:

Diese
Von Erstellern entstellte die von Betreuern
Veruntreute von Durchführern früh schon
Verführte die
Mehr zur Lüge taugt denn zur Wahrheit

Da Kunert sich in vielen seiner neueren Gedichte keinerlei formale
Zwänge auferlegt und meist auf jeglichen Sprachschmuck verzichtet, treten die inhaltlichen Elemente in den Vordergrund: Nichts
lenkt von dem ab, was er dem Leser zu sagen hat. Der sachlich und
spröde formulierte Gedanke wird gleichsam nackt präsentiert, was
freilich nicht jedermanns Geschmack sein kann.

Natürlich weiß Kunert sehr wohl, daß die Sprache ein Instrument ist, dem der Dichter Töne abgewinnen kann, deren Existenz
ihm selber ursprünglich nicht bekannt war. Daß sie also ein Vehikel ist, das ihn in Bereiche zu bringen vermag, die sich außerhalb
seines Horizonts befanden. Doch Kunert vertraut der Sprache,
ohne sich ihr etwa auszuliefern: Er hütet sich, die intellektuelle
Kontrolle seiner Lyrik zu vernachlässigen. Die Synthese von Emotion und Reflexion gehört – auch wenn er nicht immer das Gleichgewicht wahren kann – zu den wichtigsten Kennzeichen dieser
Dichtung.

Oft gelingt es Kunert in einer auffallend kargen und auf den
ersten Blick auch unpoetischen Sprache eben poetische Gleichnisse
zu schaffen. Exemplarisch für seine Parabeln, die mit nur wenigen
Worten auskommen, ist Kunerts wohl berühmtestes Gedicht, das
übrigens zunächst gegen die DDR-Kulturpolitik in der Ulbricht-
Zeit gerichtet war:

Als unnötigen Luxus
Herzustellen verbot, was die Leute
Lampen nennen,
König Tharsos von Xantos, der
Von Geburt
Blinde.

Indes distanziert sich Kunert von der Parabel Brechtscher Machart. Ihr Erfolg resultiere aus dem Umstand, »daß sie Gewußtes bestätigt, aber nicht das bis dato Ungesagte, Unsagbare, Unsägliche durch sprachliche Einkleidung überhaupt erst sichtbar werden läßt, sondern vielmehr ›komplexe‹ Tatbestände in Vereinfachungen übersetzte, wodurch sie scheinbar verständlicher wurden«. Aber diese Vereinfachungen vermögen »die Irrationalität, in der wir und unsere Mitmenschen objektiv gefangen sind, nicht restlos zu erklären«. Literatur als »aufgehende Gleichung«[7] lehnt Kunert ab. Wäre also dieser Aufklärer zugleich auch ein Sachwalter der Irrationalität? Er ist zunächst einmal ein Skeptiker, dem alle chiliastischen Vorstellungen gänzlich fremd sind: Er kann weder an das Himmelreich glauben, das die christlichen Kirchen verheißen, noch an die gerechte Gesellschaft, die der Kommunismus in Aussicht stellt. Er ist ein Sachwalter der Aufklärung, der sich von allen Illusionen befreit hat.

Das soll heißen: Obwohl er die größten Zweifel hat, ob diejenigen, die sich als Aufklärer verstehen, irgend etwas zu erreichen und zu bewirken imstande sind, versucht er unentwegt, mit den Mitteln der Dichtung doch der Aufklärung zu dienen. Denn sie ist seine Arbeitshypothese. Als Grundlage seines Schreibens kann man, seinen eigenen Worten zufolge, »die dichterische Hervorkehrung von Erfahrung«[8] bezeichnen, diese aber verbunden »mit der Erkenntnis von der Nutzlosigkeit des Vorganges«. Daher vor allem rührt die dialektische Spannung in einem großen Teil der Lyrik und der Prosa Kunerts.

So ist in seiner Sicht das Individuum nicht belehrbar. In dem Gedicht »Sequenz« ist davon die Rede, daß Chaplin in die Drehtür eines Hotels gerät und, schiebend und zugleich geschoben, aus dem »rotierenden Zirkel« nicht hinausgelangen kann:

und das Publikum
schlägt sich die Schenkel, tränenden Auges
in ihm entsprechender Finsternis: Blinde,
vom schmerzlichsten Gleichnis ihres Lebens
gekitzelt.

In dem Prosastück »Ein Ausflug« verirrt sich ein Mann im Gebirge. Von Nebel umgeben, entdeckt er plötzlich, daß er auf einem Grat wandert, »rechts und links von Abstürzen begleitet«. Er sieht einen gelblackierten Kasten mit der Aufschrift: »Für Wünsche und Beschwerden – Einwurf hier«. Der Mann wirft einen Zettel mit einigen Aufzeichnungen in den Kasten, aber »leider: der Boden fehlte, und das Notizblatt wurde gleich weggewirbelt«. Dennoch bleibt der Mann stehen, »als könne das Papier einem Vogel gleich zurückgeflattert kommen...«

Der Gedichttitel »Pensionäre« meint »Überlebende großer Epochen«: »Für den Verschleiß gedacht, / dem Verschleiß entgangen, wissen sie / nichts anzufangen mit sich«. Und weil der Mensch unfähig ist, aus seinen Erfahrungen Lehren zu ziehen, kann er dem fatalen *circulus vitiosus* nicht entgehen: »Verfolgte / werden Verfolger und werden wieder / verfolgt.«

Die Frage nach dem Sinn der Geschichte wird von Kunert keineswegs ignoriert: Er beantwortet sie eindeutig und zwar negativ. Das Gedicht »Alexanderschlacht«, in dem er das bekannte Bild von Albrecht Altdorfer beschreibt, endet mit den Versen:

Pfeile über Pfeile in Leibern und Leichen:
krapprot und karmesin und im Hintergrund
sinkt die Sonne und man weiß:
Das Abendland ist gerettet für alle
künftigen Kriege.

In dem Gedicht »Alexander Cumming der Große« wird konstatiert: »Die Geschichte selber ist ein Beispiel / für den mangelhaften Nutzen aller Beispiele.« Das Gedicht »Klassiker II« – es ist gegen die Klassiker des Marxismus gerichtet – enthält den lapidaren Befund: »Aus dem Steinbruch der Geschichte / stammen stets die Quadern / für neue Kerker«.

Von ideologischen Lösungen will Kunert nichts wissen: Sie haben ihn alle enttäuscht und verbittert. Das Gedicht mit dem doppeldeutigen Titel »Im weiteren Fortgang« besagt, daß hinter keiner Tür »das erbangte Daheim« und »dauerhaftes Ausruhen« zu finden sei, sondern »nichts / dahinter als die alten Versprechen: / neue Türen«.

Und wie ist es um das »Prinzip Hoffnung« bestellt und um die »utopische Perspektive«, also um jene ebenso beliebten wie mißbrauchten Begriffe, die längst zu billigen Schlagworten geworden

sind, weil manche sie immer dann verwenden, wenn ihnen die
Argumente ausgehen?

Einst hatte Kunert in dem Gedicht »Ikarus 64« geschrieben:
»Dennoch breite die Arme aus und nimm / Einen Anlauf für das
Unmögliche.« Aber schon in seinem Band »Im weiteren Fortgang«
war von der Zukunftsgläubigkeit nichts mehr geblieben: »Verblaßt
und verdunkelt / der Glanz der Utopie«. In dem Band »Unterwegs
nach Utopia« tritt an die Stelle der kühnen und leichtfertigen Vision ein makabres Bild: Vögel »mit zerfetztem Gefieder« und »ge-
brochenen Schwingen« und überdies »augenlos« sind

unterwegs nach Utopia
wo keiner lebend hingelangt
wo nur Sehnsucht
überwintert

Für einen Augenblick standen wir, lesen wir in einem anderen
Gedicht dieser Sammlung, »gedankenlos und darum / hoffnungsvoll«. In dem Gedicht »Aufgabe« vergleicht Kunert die Hoffnung
mit dem Marmorblock,

der mir immer aufs neue entglitt
bis ich einsah es sei
kein Sinn in der Mühe
ihn wieder und wieder
auf mein besseres Wissen zu wälzen

Das Fazit: »Die schwerste Aufgabe ist: / aufgeben können«. Jenen,
die uns stets mit der »utopischen Perspektive« vertrösten wollen,
hat Kunert mit seiner geistreichen Neufassung der Geschichte vom
Dornröschen geantwortet. Alle, die von der Königstochter träumen, bleiben auf der Strecke: Die gewaltigen Hecken sind un-
durchdringlich. Manche der Gescheiterten zweifeln, ob es die Be-
gehrenswerte überhaupt gäbe. Bis dann endlich der Sieger kommt,
der die Kammer betritt, »wo die Schlafende ruht, den zahnlosen
Mund halb geöffnet, sabbernd, eingesunkene Lider, den haararmen
Schädel an den Schläfen von blauen wurmigen Adern bekräuselt,
fleckig, schmutzig, eine schnarchende Vettel«. Kunerts logische
Schlußfolgerung lautet: »Oh, selig alle, die, vom Dornröschen

träumend, in der Hecke starben und im Glauben, daß hinter dieser eine Zeit herrsche, in der die Zeit endlich einmal fest und sicher stände.«

Noch einmal: Kunert ist ein Dichter mit einer Obsession, einer, der nicht aufgehört hat, an einem Trauma zu leiden. Indes gilt für ihn, was er 1976 im Zusammenhang mit Kleist geschrieben hat, daß nämlich »einer erkranken muß an der Welt, um sie diagnostizieren zu können als das Heillose schlechthin«.[9]

Aber Günter Kunert, der Poet des Zweifels und des Widerspruchs, der schmerzhaften Enttäuschung und der großen Vergeblichkeit – er ist auch ein Sänger der Liebe. Genauer: des schwierigen, des immer gefährdeten, des vergänglichen Glücks der Liebe. Eines seiner schönsten erotischen Gedichte, fast volksliedhaft in seiner Schlichtheit, trägt den schwermütigen Titel »Frist«:

Und Sonne war und fiel heiß auf sie nieder
Und fiel auf mich der ich doch bei ihr war.
Die Wellen gingen fort und kamen immer wieder
Zurück voll Neugier zu dem nackten Paar.

Ein wenig Fleisch auf soviel Sandgehäufe
Ein wenig Frist in ziemlich viel Unendlichkeit
Ein wenig Leben und zwei Lebensläufe
Darüber Sonne und darunter Dunkelheit.

(1979)

Der Dichter des Zwecklosen und Sinnvollen

Partir, c'est mourir un peu; abreisen, das bedeutet immer auch ein wenig sterben.[10] An diesen französischen Befund mag Günter Kunert gedacht haben, als er im Oktober 1979, von der Mark Brandenburg nach Schleswig-Holstein ziehend, die Grenze zwischen der Deutschen Demokratischen Republik und der Bundesrepublik Deutschland überquerte. Was sich hier abspielte, war ungleich mehr als ein Umzug, mehr als ein Abschied. Wie sollte man es nennen? Vielleicht: ein Abtötungsverfahren. So jedenfalls hat Kunert seinen ersten nach jener Grenzüberschreitung veröffentlichten

Gedichtband betitelt, einen Band, der eine Anzahl noch in der
DDR geschriebener Gedichte mit den schon im Westen entstandenen verbindet.[11]

Aber was ist denn mit der Vokabel »Abtötungsverfahren« gemeint? Da alles, was entsteht, abstirbt und zugrunde geht, kann
man dieses beinahe bürokratisch anmutende Wort als ein düsteres
und makabres Bild für die Vergänglichkeit des Daseins begreifen:
Leben wäre also ein einziges Abtötungsverfahren, dem wir alle
fortwährend ausgeliefert sind. Doch kann man den Titel auch anders deuten, ihm einen weniger passiven Sinn geben. Das Abtötungsverfahren wäre dann nicht ein Prozess, dem wir unausweich-
lich unterworfen sind, sondern einer, den wir selber in Gang setz-
ten: Abtötung somit als Beseitigung von Vergiftetem, von Krank-
heitserregern, als Heilung und Regeneration.

Wie immer Kunert den Titel dieser Gedichtsammlung verstanden wissen wollte, seine Verse erfüllen beide Funktionen: Sie machen uns die unentwegte und unvermeidbare Abtötung bewußt
und sie beabsichtigen und bezwecken zugleich jene Abtötung, die
um des Lebens willen notwendig ist. Dies gilt wohl auch für Kunerts Schritt im Oktober 1979, für seinen Abschied von der DDR.
Da war für ihn etwas abgestorben, und da hat er etwas abgetötet.
In dem Gedicht »Platzwechsel«, der den Band »Abtötungsverfahren« eröffnet, ist von den Kisten die Rede, in denen dem umgesie-
delten Dichter »die Vergangenheit folgte / bruchsicher verpackt«.
Nicht eine Erinnerung, räumt er ein, sei beschädigt, »aber keine
will mir mehr gehören«.

Wie war es dazu gekommen? Warum hielt er es für richtig und
nötig, den Staat zu verlassen, den er fast dreißig Jahre lang als
Schriftsteller und auch als Mitglied der regierenden Partei befür-
wortet und unterstützt hatte? Was immer in der DDR geschehen
war und wogegen er bei manch einer Gelegenheit unmißverständlich protestiert hatte – nie dachte er daran, dem Land, in dem er
aufgewachsen war, den Rücken zu kehren, nie wollte er sich von
der SED trennen, aus der er schließlich, im Januar 1977, verstoßen
wurde, freilich, wie wir hinzufügen dürfen, mit gutem Grund.

Stand also hinter seiner Entscheidung, den Wohnsitz in die Bundesrepublik zu verlegen, eine plötzliche Einsicht, gar eine Erleuch-

tung? Nein, das trifft nicht zu. Es sind nicht politische Enttäuschungen, sondern konkrete praktische Erfahrungen, die Kunert
so und nicht anders handeln ließen. Er wurde in seiner Heimat
öffentlich attackiert und denunziert, und natürlich hatte er keine
Möglichkeit, sich zu wehren.

Nun ist dies für einen Autor in der DDR, den der Staat im Laufe
der Jahre mit einigen Preisen ausgezeichnet hatte und dessen Gedichte längst in den Schullesebüchern zu finden waren, nicht unbedingt eine ausweglose Situation. Schließlich hätte auch Kunert machen können, wozu manche seiner nicht weniger berühmten Kollegen im Arbeiter- und Bauernstaat durchaus bereit waren – auch
seinen frühen Jahren ließen sich allerlei Kindheitsmuster abgewinnen, zur Not hätte auch er seine Erinnerungen an die Jugendzeit in
schönes Abendlicht tauchen können. Und schon wäre dem Dichter
Kunert der für ihn reservierte Platz auf einem volkseigenen Sockel
erhalten geblieben.

Nein, er konnte diesen Weg nicht gehen. »Ich war nicht mehr
fähig« – erklärte er später in einem Interview –, »überhaupt noch
eine Zeile aufs Papier zu bringen. Ich hätte zwar schreien, aber
nicht mehr schreiben können«. Daraus zog er die einzige für ihn
mögliche Konsequenz: »Mir blieb nichts anderes übrig, als zu versuchen, außerhalb der DDR meine Schreibfähigkeit wiederherzu-
stellen.«[12] Dies aber bedeutet, daß der jahrzehntelang um Loyalität
bemühte DDR-Bürger Kunert sich zur Kapitulation entschloß, um
dem Schriftsteller Kunert die Kapitulation zu ersparen. In einem
Gedicht mit dem ebenso selbstbewußten wie berechtigten Titel
»Standhaftigkeit« sagt er, er habe sein Leben geändert und »den
drohenden Sockel verlassen«, um seinen Standpunkt wahren zu
können. Mit anderen Worten: Nicht als Protest oder Rebellion ist
seine Entscheidung vom Jahre 1979 zu verstehen. Es war nicht ein
Akt des Widerstands, sondern der Selbstverteidigung, der Selbstbehauptung.

Kunert ist also weder emigriert noch geflüchtet. Vielmehr
wurde er, indem man ihn hinderte, seinen Beruf auszuüben, aus
dem Land, das er für seine Heimat hielt, verdrängt und vertrieben.
So ist denn hier und jetzt der Augenblick, um, ein vielzitiertes
Wort von Bertolt Brecht abwandelnd, mit Nachdruck zu erklären:

Unglücklich das Land, das seine Dichter fürchtet. Bedauerlich das Land, das seine Dichter vertreibt. Schändlich der Staat, der seine Dichter verhaftet.

Bittere Erfahrungen mit einem deutschen Staat, der seine besten Dichter ebenfalls nicht ertragen konnte, hatte Kunert, der Sohn einer Jüdin, schon in früher Jugend gemacht – und damit mag es zusammenhängen, daß vieles, was er geschrieben hat und schreibt, befremdet und wohl auch befremden muß. Denn wer überstanden hat, was die Deutschen »Endlösung« und die Amerikaner »Holocaust« zu nennen pflegen, der kann nicht in Frieden mit sich selber leben. Wer zufällig verschont wurde, während man die Seinen gemordet hat, der bleibt ein Gezeichneter und beinahe immer auch ein Heimatloser. In Kunerts Gedicht »Kennzeichen« heißt es knapp: »Nirgendheim: da kommen wir her / da fahren wir hin.« Und schließlich: Wer einst das innere Gleichgewicht verloren hat und wer es, allen Illusionen zum Trotz, nie wiederzufinden vermochte, der neigt oft den Extremen zu.

In der Tat, Kunerts Gedichte sind extrem, aber aggressiv sind sie nicht. Nie versucht er uns zu überreden. Er hütet sich, uns etwa aufzuwiegeln oder gar zu überrumpeln. Nicht die Offensive war und ist seine Sache, sondern die Defensive. Er gehört zu jenen Dichtern, die nicht agieren, wohl aber reagieren. Daher haben seine Gedichte niemals den Charakter von Aufrufen oder von Aufforderungen. Vielmehr sind es Reflexionen und Meditationen oder auch Bilder, die bestimmte Situationen oder Vorgänge festhalten und vergegenwärtigen. Sie formulieren die Fragen eines skeptischen Zeitgenossen, seine Unruhe, seine Angst. Sie wollen uns irritieren, sie zwingen uns zum Nachdenken: Nicht hinreißen sollen sie die Leser, sondern bewegen.

Vorwiegend defensiv sind auch jene seiner neuen Gedichte, in denen Kunert in lapidaren, auffallend nüchternen Versen seine DDR-Zeit resümierend betrachtet:

Eine kurze brutale Geschichte
voll langer lauter Versprechen
die deine Frage doch
nicht mehr übertönen.

Diese Frage, die sich früher offenbar doch übertönen ließ, lautet: »Worauf warten?« Man hat ihn gelehrt, daß jede Revolution um ihrer Reinheit willen im Blute baden müsse. Wie aber, wenn sie gesiegt hat? Dann – antwortet Kunert sachlich und vielleicht resigniert –, dann sind die Überlebenden so überflüssig »wie verdorrte Blumen / auf dem Schreibtisch / der Macht«.

In der DDR, in dieser »Provinz amtlich entzogener Seelen«, war er immer schon ein unbequemer und zuletzt auch ein bewachter Dichter. Sein Gedicht »Kein Sommer keine Schonzeit« beginnt mit den Worten: »Vorm Fenster mal Nebel mal Polizisten / die Gegend erblaßt«. In dem Gedicht »Belagerungszustand« ist von drei Autos die Rede, die Stunde um Stunde vor dem Haus des Dichters stehen: »im Fond Marx Engels Lenin Stalin«. Auch diese Bewacher, die – wie es höhnisch heißt – »direkt aus dem Hauptquartier der Utopie« kommen, haben Kunert den Weg bereitet »dorthin wo keiner einem / die Sprache verschlägt«.

Was immer er damit gemeint hat, hier, in der Bundesrepublik, wagt es keiner, ihm die Sprache zu verschlagen. Er ist hier geblieben – wie könnte es anders sein? –, was er von Anfang an war: ein Dichter des Zweifels und des Widerspruchs, und was er später wurde: ein Poet der großen Vergeblichkeit. Seine Verse meinen stets uns, unsere Zeit und unsere Welt. Sie umschreiben und artikulieren Symptome, sie wollen das Provisorische unserer Existenz bewußt machen.

Viele dieser im Westen geschriebenen Gedichte ergeben ein grausiges Pandämonium, ein apokalyptisches Szenarium, entworfen von einem, der nicht gewillt ist, uns zu schonen. Von Zerstörung und Untergang lesen wir, von Trümmern und Ruinen, von Blindheit, Taubheit und Stummheit, von Todesschreien und von der Leichengemeinschaft. Jeder Anblick ist hier trostlos, jede Liebe schon verblichen. Noch gibt es im Wald Bäume, aber es sind die letzten aus Holz. Das Welttheater ist grausam und sinnlos, ein Hamlet verblutet nach dem anderen: »Beschmutzt von Furcht und Mitleid aller Dramen« erfahren wir nichts, »als daß wir die Komparsen sind«. Gebirge zerfallen zu Sand, Gebeine bilden unseren Lebensgrund. Um die Augen hat die Welt eine Binde, alles wird vom »stillen Sterben« ergriffen. Die Zukunft ist »eine ferne Ruine am Horizont«. Uns steht nur noch bevor, daß wir »in Abwesenheit versinken«. »Vor der Sintflut« – so ist eines dieser Gedichte überschrieben, und so könnte auch der ganze Band betitelt sein.

Man hat Kunert einen pessimistischen Poeten genannt. Doch ist das keine Kategorie, mit der man der Dichtung beikommen kann. Waren denn – um nur das eine Beispiel anzuführen – die Propheten des Alten Testaments, diese unbarmherzigen Warner und Mahner, Pessimisten? Unlängst hat man ihn auch als einen Endzeit-Lyriker bezeichnet. Doch damit ist nur gesagt, daß er ein Lyriker unserer Epoche ist. Gewiß, seine Gedichte sind düster. Aber sie erhellen. So paradox dies auch klingen mag: Von dieser schrecklichen Finsternis geht Licht aus.

Wer wie Kunert hartnäckig und in immer neuen Bildern die Sinnlosigkeit unserer Welt beschwört, der verrät damit, daß er nicht aufhören kann, nach dem Sinn dieses Daseins zu fragen. Er malt den bevorstehenden Untergang der Menschheit an die Wand. Wozu? Glaubt er etwa, diese Katastrophe aufhalten zu können? Nein, gewiß nicht. Aber immerhin scheint er doch zu glauben, daß es möglich und auch nützlich ist, den Zeitgenossen die Augen zu öffnen. Kunerts Gedicht »Programm« läuft auf ein bitteres und verzweifeltes Fazit zu: »Da hoffe du. Du hoffst dich wund.« Ja, in der Tat, er hofft sich wund. Und selbst wenn er es verhindern möchte – letzlich läßt er auch uns hoffen.

»Die Selbstzerstörung findet im Geheimen / und trotzdem vor dem Leser statt.« Kunert hat dies über Gottfried Benn geschrieben, aber es gilt für ihn selber ebenfalls: Auch wenn seine Gedichte intime Selbstgespräche sind, so erinnern sie doch an Monologe auf der Bühne – der hier redet, weiß und will, daß man ihm zuhört. Es sind also Monologe mit einem Adressaten – und schon in diesem Umstand verbirgt sich, was für die Lyrik Kunerts von Anfang an charakteristisch war: das pädagogische Element, das insgeheim jeglicher Literatur innewohnt und das man, ob er es wollte oder nicht, in seinen Versen, in seinen Parabeln immer zumindest spürt.

»Geräusch«, eines der wenigen appellierenden Gedichte im Band »Abtötungsverfahren«, fällt auch insofern etwas aus dem

Rahmen, als es ausnahmsweise beides erkennen läßt – den pädagogischen Eros dieses Poeten und zugleich seine finstere Hoffnung.
Da heißt es am Ende:

> Solange der Atem vorhält
> laß nicht nach
> solange verkünde die Tonfolge
> ... jedem erreichbaren Ohr

Was er zu sagen für richtig hielt, hat Kunert in der DDR viele Jahre
hindurch jedem erreichbaren Ohr verkündet. Oft mußte er sich
mit Chiffren und Metaphern behelfen, mit der Allegorie und mit
der Verschlüsselung. Die Unfreiheit, wir wissen es längst, kann
eine außergewöhnliche Stilschule sein, wenn auch eine schmerz-
hafte.

Die Freiheit ist keine Stilschule. Denn die Freiheit ist – wie
Ludwig Börne sagte – überhaupt nichts Positives, sondern nur »die
Abwesenheit der Unfreiheit«. Die Freiheit, meinte er, sei keine
Idee, »sondern nur die Möglichkeit, jede beliebige Idee zu fassen,
zu verfolgen und festzuhalten«.[13] Die Last der Unfreiheit wußte
Günter Kunert mit Würde und Ausdauer zu tragen und auch mit
Humor. Er ließ nicht nach, niemand konnte ihm die Sprache ver-
schlagen. Nun muß er eine andere Last tragen – die Last der Frei-
heit, die nicht mehr und nicht weniger ist als die Abwesenheit der
Unfreiheit. So entstehen seine neuen Gedichte und Prosastücke,
unbequeme, widerborstige sprachliche Gebilde, wie eh und je – um
seine eigenen Worte zu zitieren –

> zur Unterdrückung nicht brauchbar
> von Unterdrückung nicht widerlegbar
> zwecklos also
> sinnvoll also

(1980)

Eine unruhige Elegie

Christa Wolfs »Nachdenken über Christa T.«[1] strotzt von Widersprüchen; und dennoch ist das Buch überraschend einheitlich. Traditionsbewußt und vielen Vorbildern verpflichtet, erweist es sich trotzdem als durchaus eigenwillig und modern zugleich. Es ist ein leicht angreifbares und schwer greifbares Stück Literatur, ein Roman, der Interpretationen geradezu herausfordert, und der sich schließlich, nicht ohne Grazie und Koketterie, jeglicher Interpretation entziehen möchte. Kurz: ein höchst erfreulicher Fall.

Die 1929 geborene DDR-Autorin Christa Wolf – und dieser Ausdruck zielt nicht nur auf ihren Wohnort ab, sondern auch auf die Tatsache, daß sie sich ostentativ zur DDR bekennt – verdankt ihren nicht unbeträchtlichen Ruhm dem Roman »Der geteilte Himmel«. In dieser Geschichte einer Liebe, die im Sommer 1961 an der Teilung Deutschlands scheitert, war zweierlei aufgefallen. Weder wurde der junge Chemiker, der sein Mädchen verließ, um in die Bundesrepublik zu gehen, als Agent oder Schweinehund beschimpft, noch das in der DDR zurückbleibende Mädchen als jugendliche Heroine gefeiert; derartiges schien damals, 1963, schon rühmenswert. Und zweitens hatte sich die Erzählerin, linkisch zwar, doch ziemlich entschieden einiger Darstellungsmittel des modernen westlichen Romans bedient.

Ein biederes und aufrichtiges Buch, naiv und betulich und recht sentimental, bemerkenswert vor dem Hintergrund der DDR-Literatur und bestimmt keine bedeutende künstlerische Leistung – so etwa präsentierte sich »Der geteilte Himmel«. Wer jedoch glaubte, die Grenzen der epischen Begabung der Christa Wolf bereits erkannt zu haben, der wird jetzt eines Besseren belehrt: »Nachdenken über Christa T.«, weder bieder noch betulich, übertrifft den Erstling in jeder Hinsicht. Sentimental freilich ist auch dieser Roman, nur in einem ganz anderen Sinne.

Ein Mensch ist gestorben, eine noch junge Frau, knapp 35 Jahre alt. Nein, weder Mord noch Selbstmord, auch kein Unfall. Anders als im Fall jenes Eisenbahners Jakob Abs, der quer über die Gleise ging, unterliegt die Todesursache keinem Zweifel: Leukämie. Das Leben dieser Frau, der Christa T., wird hier erzählt. Also kein sonderlich origineller Ausgangspunkt? Aber auch die Umrisse ihrer Geschichte sind so einfach und alltäglich, so banal wie nur möglich. Der Schulzeit während des Krieges folgen die üblichen Stationen: Flucht, Umsiedlung, Neubeginn im Nachkriegschaos. Dann studiert jene Christa Germanistik in Leipzig, sie lernt die Liebe kennen, wird Lehrerin, wendet sich enttäuscht von ihrem Beruf ab, heiratet einen Tierarzt, bringt Kinder zur Welt und lebt ruhig, meditierend und schreibend, irgendwo im Mecklenburgischen. Und um der Banalität die Krone aufzusetzen, ist ihr Ehepartner ein braver und langweiliger Kerl, jener aber, der die Ehe gefährdet, ein junger und fescher Jägersmann.

Doch sind diese Männer kaum mehr als Statisten. Neben der Christa T. gibt es in dem Roman nur noch eine wichtige Figur: die Ich-Erzählerin. Sehr merkwürdig: Sie informiert uns über ihre Person äußerst karg, das wenige indes, das sie uns beiläufig mitteilt, ähnelt auf auffallende Weise der Biographie der Christa T. Die Ich-Erzählerin ist ihre Generationsgenossin, sie stammt aus derselben Gegend, sie waren in derselben Schule, sie haben zusammen Germanistik studiert, auch die Ich-Erzählerin wird Lehrerin, Ehefrau und Mutter. Natürlich haben wir es mit zwei verschiedenen Gestalten zu tun. Aber mit der Zeit zeigt sich – und weder gegen den Willen der Autorin noch zum Nachteil des Buches –, daß sie, allen direkten Benennungen zum Trotz, nicht immer und nicht so sicher als zwei autonome epische Figuren erkennbar sind. Dies wiederum hängt mit der Substanz und der Konzeption des ganzen Romans zusammen.

Die Ich-Erzählerin, die die Geschichte der 1963 gestorbenen Freundin erst zwei oder drei Jahre nach deren Tod aufschreibt – nein: aufzuschreiben versucht –, weiß sehr wohl, daß ihre Erinnerung schon zu verblassen beginnt und daß ihre Kenntnisse so ungenau wie lückenhaft sind. Was der Ehemann und die Bekannten hinterher zu berichten haben, ist nur selten brauchbar. Immerhin bleiben noch allerlei Dokumente: die persönlichen Aufzeichnungen der Toten, ihre literarischen und germanistischen Arbeiten. Sie liefern zwar einige zentrale Stellen des Buches, doch letztlich ist die Ich-Erzählerin auf ihre Intuition und Intelligenz angewiesen – und, versteht sich, auf ihre Phantasie. Hier setzt das reizvolle Spiel dieses Romans an – und es ist glücklicherweise kein Puzzle-Spiel. Man kennt das ja hinreichend: Eine Biographie soll rekonstruiert und somit ein mehr oder weniger dunkler Sachverhalt aufgedeckt werden. Der Beauftragte des Autors sammelt fleißig Material und findet auch allerlei, doch nie genug. Am Ende bekennt er sich zur Niederlage, denn, so hören wir mit schöner Regelmäßigkeit, eines Menschen Weg und Wesen lassen sich niemals gänzlich erfassen und darstellen. Christa Wolf erspart uns die Reprise dieses Spiels, das ihrige findet auf einer anderen Ebene statt.

Gewiß will die Ich-Erzählerin das Leben der Freundin möglichst genau erkunden und erkennen. Aber sie kann nicht anders, als – bewußt und unbewußt, offen und insgeheim – ihre eigenen Erfahrungen in die Geschichte der Toten zu projizieren. Andererseits zieht sie verschiedene Reaktionen und Äußerungen der Christa T. heran, um das zu begreifen und zu deuten, was sie selber erlebt hat. Diese Wechselbeziehung bildet gewissermaßen das Rückgrat des Romans: Vor allem der Subjekt-Objekt-Relation (und natürlich auch ihrer Umkehrung) verdankt er seine eigentümliche, bisweilen geradezu kontrapunktische Spannung.

Die insistierende Bemühung um das Porträt eines anderen Menschen erweist sich also bei näherer Betrachtung als Versuch der Selbstverständigung und Selbstdarstellung, ja, als Introspektion. Und wie die beiden Frauen Komplementärfiguren sind, die mitunter zu einer einzigen verschmelzen, so präsentiert sich hier häufig als Dialog, was im Grunde ein einziger Monolog ist. Nicht »Christa T.« lautet ja der Titel des Buches, sondern »Nachdenken über Christa T.«.

Doch warum gerade über diese und keine andere Person, über eine, die »nicht beispielhaft« und »als Gestalt kein Vor-Bild« sei, über eine DDR-Bürgerin, »auf die doch keines der rühmenden Worte paßt, die unsere Zeit, die wir mit gutem Recht hervorgebracht haben«? Wenige Zeilen weiter findet sich die überraschende

Antwort: »Einmal nur, dieses eine Mal, möchte ich erfahren und sagen dürfen, wie es wirklich gewesen ist, unbeispielhaft und ohne Anspruch auf Verwendbarkeit.« Und lange will es scheinen, als sei dies die Ansicht auch der Christa Wolf.

Denn jene Christa T., in der sich die Ich-Erzählerin so oft wiedererkennt, wird uns von vornherein – und immer wieder – als ein besonders empfindliches und recht mysteriöses Wesen geschildert, das »überall zu Hause und überall fremd zu sein« schien, und beides »in der gleichen Sekunde«. Sie möchte »der dunkleren Hälfte der Welt entrinnen«, von ihrer bedenklichen »Versunkenheit« ist die Rede, manche werfen ihr vor, sie sei nicht nur »anders als andere«, sondern auch »wirklichkeitsfremd« und »unzeitgemäß«, sie sei – bekennt sie selber – »ein bißchen anfällig für Überirdisches«.

Eine solche Romanheldin hat die DDR-Literatur bisher nicht gekannt. Aber sollte diese Figur tatsächlich »unbeispielhaft und ohne Anspruch auf Verwendbarkeit« sein? In der zweiten Hälfte des Buches läßt die Ich-Erzählerin die Katze aus dem Sack: »Wer die Achseln zuckt, wer von ihr, Christa T., weg und auf größere, nützlichere Lebensläufe zeigt, hat nichts verstanden. Mir liegt daran, gerade auf sie zu zeigen.« Wozu? Es ist die Geschichte ihrer Generation, die Christa Wolf hier erzählt, die Geschichte jener, die kurz nach 1945, damals kaum achtzehn oder zwanzig Jahre alt, begeistert und emphatisch die Morgenröte einer neuen Zeit grüßten und die sich wenig später inmitten des grauen und trüben Alltags von Leipzig und Ostberlin sahen. Sie glaubten, den Sturm der Revolution entfesselt zu haben, doch was kam, war nur der Mief der DDR.

So betrachtet sind beide – ebenso Christa T. wie ihre berichtende und analysierende Freundin – in hohem Maße typische und exemplarische Gestalten, sensibler freilich und intelligenter als die meisten Generationsgenossen. »Sie muß frühzeitig Kenntnis bekommen haben – heißt es von Christa T. – von unserer Unfähigkeit, die Dinge so zu sagen, wie sie sind. Ich fragte mich sogar, ob man zu früh klarsichtig, zu früh der Selbsttäuschung beraubt sein kann.« Und während andere sich vom »Rausch der Neubenennungen« hinreißen lassen, tut Christa T., was viele in ihrer Umwelt für

unverzeihlich halten: Sie zweifelt – »an der Wirklichkeit von Namen, mit denen sie doch umging«.

Die Folgen heißen: Lustlosigkeit, Depression, Resignation. Ja,
die von des Gedankens Blässe angekränkelte DDR-Germanistin
meditiert schon fast wie jener zweifelnde Prinz, den alle Intellektuellen so lieben: »Einen Weg kenn' ich, den ganzen Jammer auf
einmal und von Grund auf loszuwerden.« Für den Arzt ist der Fall
klar: »Todeswunsch als Krankheit. Neurose als mangelnde Anpassungsfähigkeit an gegebene Umstände.« Das wahrlich ist ein voll-
endeter Euphemismus: »gegebene Umstände«. Sagen wir klar:
Christa T. stirbt an der Leukämie, aber sie leidet an der DDR. Was
bleibt, ist Kapitulation: Rückzug in einen windstillen Winkel des
Arbeiter- und Bauernstaates, Flucht in den Alltag der Ehefrau und
Mutter.

In einer 1954 geschriebenen Examensarbeit der Christa T. findet
die Ich-Erzählerin die Sätze: »Die Rettung der Poesie vor der drohenden Zerstörung der menschlichen Persönlichkeit an den Rand
des Geschehens.« Und: »Ihn hat der Konflikt zwischen Wollen
und Nicht-Können in den Lebenswinkel gedrängt...« Das bezog
sich auf Theodor Storm, das gilt natürlich auch für Christa T.: Ihr
Husum liegt in Mecklenburg. Ist also die einzige Rettung vor dieser »drohenden Zerstörung der menschlichen Persönlichkeit« der
Rückzug ins Innere? Werden wieder, wie so oft in der deutschen
Literatur, die alten Antithesen – Geist und Materie, Idee und
Wirklichkeit, Kunst und Leben – zur Gegenüberstellung von Innenwelt und Außenwelt verdichtet? Wird noch einmal – mehr oder
weniger romantisch – das Primat der Innenwelt verkündet?

Diesem Roman, der die dialektische Wechselbeziehung zwischen dem Einzelnen und der Gesellschaftsordnung andeutet und
umspielt, der so behutsam wie unmißverständlich die Frage nach
der Selbstverwirklichung der Persönlichkeit in jener Welt stellt, die
sich sozialistisch nennt, der sich nicht scheut, auch und vor allem
die Selbstentfremdung des Individuums zu zeigen – und drüben ist
der Begriff noch nicht zum Modewort degradiert und entwertet –,
diesem Roman also fehlt auch die Spur von der fröhlich-optimisti-
schen Perspektive, die die Kulturfunktionäre ihren Schriftstellern
abzuverlangen versuchen.

Indes hieße es, glaube ich, Christa Wolf gründlich verkennen, wollte man sie für die Sachwalterin einer neuen Innerlichkeit halten. Daß sich Christa T. genötigt sah, für ihr Haus einen von den Zentren des Lebens offenbar weit entfernten Winkel auszusuchen und also an die Peripherie abgedrängt wurde, haben wir wohl symbolisch zu verstehen. Das gilt aber auch für den Umstand, daß sie dieses Haus eben doch in der DDR baut. Gewiß verweist Christa Wolfs Buch auf die Flucht in die Idylle als die einzige Möglichkeit, die der enttäuschten, der desillusionierten und ernüchterten Generation geblieben war. Aber nicht gegen die Außenwelt schlechthin wird hier die Innenwelt – eher leise drohend als resignierend – ausgespielt, sondern gegen jene, die den Weg dieser Generation zu verantworten haben – gegen die »eisern Gläubigen«. Die Ich-Erzählerin stellt knapp fest: »Mir graut vor der neuen Welt der Phantasielosen. Der Tatsachenmenschen.«

So wie es hier kein einziges Wort gegen die DDR oder gar gegen den Kommunismus gibt, so richtet sich jedes der zwanzig Kapitel dieses melancholischen Plädoyers gegen die »Phantasielosen« und die »Tatsachenmenschen«. Ihnen muß das Buch, trotz der eindeutigen Entscheidung der Erzählerin, schon deshalb auf die Nerven gehen, weil es poetisch ist und sich daher allen »eisernen Definitionen« entzieht. Und es knüpft überdies – auch das eine Überraschung – an eine sehr entlegene literarische Tradition an.

Paraphrasierend nähert sich Christa Wolf ihrem Thema, sie geht es von verschiedenen Seiten an, weicht wieder zurück und umspielt es aufs neue. Allerlei malerische und düster klingende Lyrismen versagt sie sich nicht: »Gestern noch wäre man in die Küche gelaufen, wo die Schwester mit der Mutter die Abendsuppe kocht, allein, wie sie sich ausgebeten hat. Heute muß man statt dessen ans Tor gehen, die Hände an die Latten klammern, muß mit ansehen, wie die Zigeuner das Dorf verlassen...« Und: »Da sind auch die Kirschen wieder, da der Teich. Abends die Frösche. Kilometerweit fahren mit dem Rad über Land. An den Zäunen stehn und mit den Leuten reden.« Oder: »...Und die Feuer sind Fackeln, und in ihrem flackernden Licht treten die festlich gekleideten Gutsbewohner mit ihren Gästen aus dem Portal, der frischgebackene Ritterkreuzträger mitten unter ihnen.«

Sind das gar Cornet-Reminiszenzen? Demian-Töne? Dekoratives jedenfalls ist der Erzählerin Christa Wolf nicht unlieb. Wehmütiges durchaus nicht fremd, vom Geheimnisvollen läßt sie sich gern faszinieren, häufig, allzu häufig beschwört sie den Himmel, die Nacht und die Dämmerung, den Mond und die Sterne. Bisweillen mutet sie uns etwas viel zu: »Manchmal, selten, schrieb sie einen Brief, oft las sie oder hörte Musik. Der Mond kam über dem See hoch, sie konnte lange am Fenster stehen und zusehen, wie er sich im Wasser spiegelte.«

Aber anders als in ihrer »Moskauer Novelle« und im »Geteilten Himmel« tauchen derartige Akzente oft – nicht immer – in ironischer Brechung auf und werden mit leicht relativierender Distanz geboten: »Jetzt ist die Sonne in die Hecken gefallen. Fehlt bloß noch, daß sie quer über eine Wiese laufen und das ausgebreitete Heu duftet. Also gut, sie laufen, und das Heu duftet, das haben wir ja alles in der Hand. Jetzt soll sie ihn nach den Pappeln fragen . . .«

Trotzig fast und ostentativ betont Christa Wolf das Bruchstückhafte und das Ungewisse: »So kann es gewesen sein, aber ich bestehe nicht darauf.« »Es spielt ja gar keine Rolle, ob sie (die Geschichte) sich genauso zugetragen hat oder nicht.« Auch Christa Wolf gefällt es – mit Frisch zu sprechen –, Geschichten wie Kleider anzuprobieren[2], eine Begegnung beispielsweise der Christa T. mit ihrem künftigen Mann wird uns in verschiedenen Fassungen geboten: »Wir können noch einen Versuch machen. Nicht jenes Kostümfest soll es gewesen sein, das sowieso erfunden ist, sondern eine einfache Ankunft, noch dazu in einem Landstädtchen.«

Dieser Roman könnte also auch heißen: »Mutmaßungen über Christa T.« oder »Ansichten über eine Germanistin« oder »Mein Name sei Christa T.«. Ja, Christa Wolf hat sich tüchtig umgesehen in der neueren deutschen Prosa, und sie hat von ihnen allen, von Johnson, Böll und Frisch und vielleicht auch noch von Grass und Hildesheimer manches gelernt. Doch ist nichts mehr von der rührenden Unbeholfenheit aus dem »Geteilten Himmel« zu spüren – über die Techniken und Ausdrucksmittel, die Christa Wolf offenbar von westlichen Autoren übernommen hat, verfügt sie jetzt sehr sicher und ganz natürlich.

Vor allem aber: Nicht hier, sondern in einer anderen Welt und

Epoche ist ihr Vorbild zu suchen. Freundschaftskult, Naturschwärmerei und Gefühlsüberschwang, weiche Lyrismen und sub-
tile Stimmungen, das Belauschen seelischer Regungen und Reaktionen, die vielen Konfessionen und Selbstanalysen in Briefen und
Tagebüchern, die Verbindung des Elegischen und Idyllischen mit
dem Diskursiven und Reflexiven – woher kennen wir eigentlich
das literarische Modell, in dem sich dies alles zusammenfindet?

Es ist – und Christa Wolf selber spielt darauf innerhalb ihres
Buches an – der deutsche Roman der Empfindsamkeit, der sentimentale Roman jener im »Werther« gipfelnden Epoche, der hier
nicht fröhlich zwar, doch schwermütige Urständ feiert. Die Empfindsamkeit aber war, wie man weiß, nichts anderes als die Reaktion auf einen allzu engstirnigen Rationalismus. Auf diese längst
vergessene Tradition greift Christa Wolf zurück, die sie – im He-
gelschen, im dreifachen Sinne – aufhebt. Sie, die einst unfreiwillig
sentimental geschrieben hatte, macht nun die Sentimentalität bewußt und kunstvoll zum Hauptelement ihrer unruhigen Elegie –
der poetischen Verteidigung des Individuums gegen den Anspruch
der »eisernen Definitionen«.

(1969)

Ein trauriger Zettelkasten

Wie war das eigentlich damals, als der Führer siegte und der Doktor Goebbels seine Reden hielt, als die Hakenkreuzfahnen wehten
und die SA marschierte in ruhig festem Schritt? Genauer gefragt:
Wie hat sich das alles abgespielt und widergespiegelt im Leben der
kleinen Leute? Man kann der deutschen Literatur der letzten
zwanzig Jahre nicht vorwerfen, sie sei dem schwierigen Thema
ausgewichen. Die Antworten, die sie auf ihre Weise und mit ihren
Mitteln gegeben hat, mögen oft ungenügend sein. Aber verschwiegen wurde diese Frage nicht. Zwar ist das Thema heute kaum
weniger wichtig als gestern oder vorgestern, doch von seiner unmittelbaren Brisanz hat es inzwischen einiges eingebüßt. Indes gilt
das nicht für die DDR. Der Grund ist ebenso einfach wie betrüb-
lich: Drüben wurde die nationalsozialistische Vergangenheit im-

mer wieder, auch und vor allem von der Literatur, verdrängt und
verfälscht oder zumindest kräftig retuschiert.

Christa Wolf hat diesen Sachverhalt in einem »Werkstattge-
spräch«, das jetzt der Klappentext der Ostberliner Ausgabe ihres
Buches »Kindheitsmuster«[3] zitiert, unmißverständlich angedeutet:
Man sei, heißt es da, in der DDR gewöhnt, den Faschismus als
etwas zu beschreiben, »das außerhalb von uns existiert hat«, und
man bemühe sich, »ihn als Vergangenheit an ›die anderen‹ zu dele-
gieren, um uns selbst allein auf die Tradition der Antifaschisten
und Widerstandskämpfer zu berufen«. Es gibt noch einen anderen,
gleichfalls einfachen, doch nicht weniger triftigen Grund für die
systematische Aussparung oder doch Vernachlässigung der unfer-
nen nationalen Vergangenheit: So sehr sich Ursprung und Hintergrund, die ideologischen Grundlagen und die programmatischen
Ziele der nationalsozialistischen Diktatur und der DDR voneinander unterscheiden, so groß sind doch die Ähnlichkeiten dieser beiden totalitären Staaten auf deutschem Boden. Daher enthält jede
literarische Darstellung des Alltags im »Dritten Reich«, ob der
Autor das insgeheim angestrebt hat oder vielleicht eher zu vermeiden bemüht war, eine Auseinandersetzung mit dem Leben auch im
SED-Staat. Nur wer diese Umstände berücksichtigt, kann begreifen, daß und warum Leser und Kritiker in der DDR Christa Wolfs
»Kindheitsmuster« hohe Bedeutung beimessen und sogar als Ereignis feiern. Das Buch verdankt seinen Erfolg vor allem dem
Stoff: Der weitaus größte Teil dieser Familienchronik spielt zwischen 1933 und 1945. Schauplatz der Handlung, falls von einer
solchen überhaupt die Rede sein kann, ist die Kleinstadt Landsberg
an der Warthe, aus der die Autorin stammt. Sie selber kann man
unschwer in dem hier im Mittelpunkt stehenden Mädchen Nelly
erkennen, der Tochter eines Ladenbesitzers. Und damit wäre auch
das Milieu angedeutet, das Christa Wolf liebevoll beschreibt: Es ist
betont kleinbürgerlich.

Militante Gegner des Naziregimes gab es in Landsberg kaum,
jedenfalls nicht im Umkreis der jungen Christa Wolf; es ist ihr
immerhin anzurechnen, daß sie mit dem Klischee der DDR-Literatur Schluß gemacht und auf die sonst obligaten Gestalten einsamer,
alles durchschauender und vergeblich warnender Widerstands-

kämpfer verzichtet hat. Und die begeisterten Nazis? Die sind, wie könnte es anders sein, natürlich vorhanden, doch meist nur am Rande oder im Hintergrund. Die Personen hingegen, von denen wir am häufigsten hören, lassen sich weder der einen noch der anderen Gruppe zuzählen: Es sind ruhige Bürger mit bescheidenen Ambitionen und geringem Interesse für Politik; in der Weimarer Republik ging es ihnen schlecht und unter Hitler recht gut – also haben sie gern mitgemacht. Es sind nicht jene, die mit den Fahnen voranschritten, sondern jene, die ihnen folgten.

Christa Wolf wollte weder verurteilen noch verherrlichen. Sie wollte vielmehr zeigen, wie es wirklich war. Eine ehrenwerte Absicht: Kein Zweifel, dieses Buch ist sehr gut gemeint. Aber so schlecht geschrieben, daß man es kaum fassen kann. Und man kann es kaum fassen, weil wir es mit einer Schriftstellerin zu tun haben, deren Ruf zwar im wesentlichen auf einem einzigen Buch basiert, doch alles in allem berechtigt ist. Christa Wolf hat in ihrem Roman »Nachdenken über Christa T.« (1968) die Geschichte ihrer Generationsgenossen erzählt, die kurz nach 1945 in der Sowjetzone enthusiastisch die Morgenröte einer neuen Zeit grüßten und glaubten, den Sturm der Revolution entfesseln zu können – und die sich sehr bald mit dem grauen Alltag, mit dem Mief der DDR abfinden mußten.

Unruhig und bohrend wurde in diesem Roman, wie in keinem anderen aus der Welt zwischen der Elbe und der Oder, die Frage nach der Selbstverwirklichung des Individuums gestellt, das Christa Wolf kunstvoll und trotzig gegen den Anspruch der »eisernen Definitionen« der Partei verteidigt hat. Eben weil »Nachdenken über Christa T.« ein literarischer Höhepunkt der sechziger Jahre war, muß um so deutlicher gesagt werden, daß »Kindheitsmuster« leider ein entwaffnend dilettantisches Buch ist.

Streckenweise erinnert es an jene Romanmanuskripte, die allen Verlagslektoren ein Greuel sind: So pflegen pensionierte Studienräte, ältere Pfarrer und brave Hausfrauen uns mit der Geschichte ihrer Familie zu belästigen. So erzählen diejenigen, die wenig zu sagen haben und daher alles sagen müssen, die unfähig sind, Charakteristisches von Belanglosem zu unterscheiden, und daher auf jeden Fall alles beschreiben – von den Hüten der Tante bis zu den

Scherzen des Onkels, von den Sorgen der lieben Mutter bis zu den Grillen des strengen Vaters, von den Redewendungen der (teils freundlichen und teils bösen) Lehrer bis zu den Gewohnheiten der (teils hilfsbereiten und teils mißgünstigen) Nachbarn.

Da gibt es also in Christa Wolfs autobiographischer Chronik Tante Trudchen und Tante Liesbeth, Tante Lucie und Tante Olga, Onkel Emil und Onkel Alfons, Schnäuzchen-Oma und Heinersdorf-Oma. Aber es gibt sie nicht wirklich. Auch Nellys Freundinnen und Lehrerinnen und BDM-Führerinnen sind in diesem Buch im Grunde alle immer nur als Namen vorhanden: Wir hören von ihnen unzählige Male, aber sie alle – vielleicht mit Ausnahme der Eltern Nellys – gewinnen keine Konturen, bleiben Schatten ohne Leben, eben Namen, die austauschbar sind. Wahrscheinlich ist dieses Buch für die Kinder von Christa Wolf außerordentlich interessant. Ich habe auch einen Journalisten getroffen, der es geradezu fesselnd fand. Doch stammt er aus Landsberg an der Warthe. Für uns dagegen, die wir nicht zur Familie der erfolgreichen DDR-Autorin gehören und nicht aus Landsberg an der Warthe kommen? Erfahren wir hier nichts über jene finsteren Zeiten, die für die meisten Deutschen keine finsteren Zeiten waren?

Natürlich ist hierüber in dem Buch viel enthalten, allerdings immer nur das, was man von einem solchen Buch erwartet. Zeitgeschichte wird fleißig rekapituliert: Christa Wolf zitiert Hitler und Goebbels, Himmler und Höß und die Lieder, die man damals gesungen hat; unermüdlich schreibt sie Zeitungsmeldungen ab und zählt die Filme auf, die im »Dritten Reich« gespielt wurden. Sie vergißt weder die antisemitische Boykottaktion vom 1. April 1933 noch die Kristallnacht, weder den Gleiwitzer Überfall noch das Euthanasieprogramm, weder Auschwitz noch die Endlösung. Das liest sich etwa so: »Die später so genannte ›Kristallnacht‹ wurde vom 8. zum 9. November durchgeführt. 177 Synagogen, 7500 jüdische Geschäfte wurden im Reichsgebiet zerstört. Im Verfolg staatlicher Maßnahmen wurden die Juden nach diesem spontanen Ausbruch des Volkszorns enteignet, ihre Söhne und Töchter der Schulen und Universitäten verwiesen.« Hierauf folgt der Satz, mit dem Christa Wolf auf geradezu rührende Weise die Verbindung zwischen diesem zeitgeschichtlichen Nachhilfeunterricht und dem Le-

ben ihrer kleinen Heldin herzustellen sich bemüht: »In Nellys
Klasse geht kein jüdisches Mädchen.« Und auf der nächsten Seite:
»Doktor Joseph Goebbels hat im Jahre 1937 in einer Rede, die
auch Nelly am Radio gehört haben kann, folgende Sätze gesagt...«

Den Rahmen für diese so unbeholfene wie bemühte Chronik
liefert der Bericht von einer Reise: Christa Wolf begibt sich 1971
samt Gatten, Bruder und Tochter nach dem jetzt polnischen
Landsberg an der Warthe, um vor Ort die Erinnerung an ihre
Jugend zu reaktivieren. Auf einer dritten Ebene informiert sie uns
auch noch über die Entstehung des Buches »Kindheitsmuster« und
findet etwa folgenden Sachverhalt mitteilenswert: »Einige Seiten
entstanden in jener unkonzentrierten Manier, die natürlich nicht
befriedigt, aber Verwerfung und Rückzug noch offenläßt.« In diesen Abschnitten ergänzt Christa Wolf ihre Erinnerungen an die
Zeit des Nationalsozialismus mit Bemerkungen, die unsere Gegenwart betreffen. Woran mag wohl die DDR-Autorin denken, wenn
sie vom Terrorstaat von gestern spricht? Sie denkt immer nur an
die USA, an Vietnam, an Chile. Keine anderen Assoziationen?
Nein, keine anderen Assoziationen. Einmal wird das Warschauer
Getto erwähnt, worauf ein Hinweis auf »die Schwarzen in ihren
Gettos« in der USA folgt. Mit solchen Vergleichen hat Christa
Wolf die Verbrechen des Nationalsozialismus verniedlicht.

Auf die sonst übliche Gattungsbezeichnung (»Roman«) hat sie
verzichtet, was manche Rezensenten mit Genugtuung vermerken
und als Zeichen souveräner Bescheidenheit verstanden wissen wol-
len. Aber Christa Wolf hat diese Rezensenten auf etwas peinliche
Weise desavouiert: Die gängige Bezeichnung fehlt nur in der DDR-
Ausgabe, in der Bundesrepublik hingegen, wo man dem Wort
»Roman« nach wie vor eine verkaufsfördernde Wirkung nachsagt,
läßt die Autorin des »Kindheitsmusters«, die sich offenbar den
Marktgesetzen fügt, ihr Werk nun doch als »Roman« feilhalten.
Aber es ist ganz gleichgültig, ob das angebliche Zauberwort auf der
Titelseite steht oder nicht. Denn über weite Strecken hin kann man
sich des Eindrucks nicht erwehren, daß dies ein Buch von des
Buchbinders Gnaden ist: Christa Wolf hat Hunderte von Seiten
mit Notizen und Zitaten, Stichworten und Entwürfen, mit Skizzen, Reminiszenzen und Tagebuch-Eintragungen gefüllt. Sie hat

ihren Zettelkasten geleert und das Material chronologisch geordnet. Was uns als Roman angeboten wird, ist nur Rohstoff für einen Roman.

Und ist nichts von der moralischen Unruhe geblieben, die uns einst im »Nachdenken über Christa T.« tief berührt hat? In einem Traum sieht Christa Wolf, wie ein Mensch gefoltert wird, während sie selber »gelähmt« daneben steht und nicht vortreten kann, »um dem Gepeinigten beizuspringen«. Sie spricht (an einer anderen Stelle) vom »großen und vielschichtigen Problem der Selbstzensur«, von der »Selbstbewachung und Selbstbespitzelung«, von der »banalen Angst vor den Folgen von Tabuberührungen«, von der »Grundangst davor, zuviel zu erfahren und in eine Zone von Nichtübereinstimmung gedrängt zu werden«. An dieser Grundangst ist das Buch »Kindheitsmuster« gescheitert.

Bleibt noch zu fragen, warum es in der DDR offenbar mit Interesse gelesen und sogar als »Psychogramm der Epoche«[4] gepriesen wird. »In einem Lande, wo der Kaffee noch nicht bekannt geworden wäre, würde vielleicht ein Kaufmann Glück machen, der mit Zichorien handelte und sie für den echten Mokka ausgäbe.« So schrieb im Jahre 1828 August Wilhelm Schlegel in der Vorrede zu seinen kritischen Schriften.[5]

(1977)

Macht Verfolgung kreativ?

Daß die in Ost-Berlin lebende Autorin Christa Wolf in der DDR ein hohes Ansehen genießt und auch viel Zulauf hat, ist nicht verwunderlich: Wo es an Wolle und Seide fehlt, da lassen sich auch mit Baumwolle und Kunstseide gute Geschäfte machen. Daß aber diese Schriftstellerin, deren künstlerische und intellektuelle Möglichkeiten eher bescheiden sind, im Westen ebenfalls nicht ohne Andacht behandelt wird, ja, mittlerweile sogar als gesamtdeutsche Mahnerin vom Dienst gilt, ist schon weniger verständlich. Doch hat es Gründe – und sie sind keineswegs mysteriös.

Als die SED es 1976 für erforderlich hielt, den Sänger und Poeten Wolf Biermann auszubürgern, hat Christa Wolf einen unter den damaligen Verhältnissen in der DDR ganz ungewöhnlichen Protest zahlreicher Schriftsteller und Künstler sehr wohl unterzeichnet – und ihre Unterschrift rasch und in aller Form wieder zurückgezogen.[6] Wir haben nicht das Recht, ihr dies vorzuwerfen, aber wir dürfen sagen, daß es eine für sie bezeichnende Handlungsweise war: Mit der einen Hand beanstandet sie (eher vorsichtig) gewisse Maßnahmen der SED-Kulturpolitik, mit der anderen beteuert sie (und zwar mit Nachdruck) ihre Treue und Zuverlässigkeit. Immer wieder bewährt sie sich als DDR-Staatsdichterin, die man schon zweimal mit dem Nationalpreis ausgezeichnet hat. Zugleich läßt sie gern durchblicken, sie sei gar nicht so linientreu, wie sie sich gibt, sie müsse nur – wie in Deutschland oft üblich – manches, was ihr mißfällt, hinnehmen, um Schlimmeres verhüten zu können. Mut und Charakterfestigkeit gehören nicht zu den hervorstechenden Tugenden der geschätzten Autorin Christa Wolf.

Indes sollten wir nicht vergessen, daß wir ihr eines der markantesten Bücher der sechziger Jahre verdanken – den Roman »Nachdenken über Christa T.«. Was sie später verfaßt hat (»Kindheitsmuster«, »Kassandra«, »Störfall«), wurde, so gut gemeint es auch war, zusehends blasser und geschwätziger: Es kam zu gewichtig daher, um wichtig zu sein. Nach Witz und Ironie werde man in ihrer Prosa (schrieb Uwe Wittstock[7]) vergeblich Ausschau halten. In der Tat, von Esprit spürt man hier kaum einen Hauch, vom Urbanen kann beim besten Willen keine Rede sein, unverkennbar bleibt vielmehr eine Mentalität, die sich noch am ehesten mit der (allerdings ungenauen) Vokabel »provinziell« andeuten läßt. Den Ruf, Deutschlands humorloseste Schriftstellerin zu sein, kann ihr niemand streitig machen.

Freilich hat das der erfolgreichen Erzählerin und Essayistin überhaupt nicht geschadet. Denn immer noch ist man in Deutschland bereit, den Mangel an Charme und Scharfsinn zu verzeihen, wenn man genießen (um nicht zu sagen: konsumieren) darf, wonach sich viele sehnen, heute wie eh und je: das Getragene und das Weihevolle, elegisches Pathos und priesterlicher Ernst, erhabene Klischees und erbauliche Banalitäten. So hat Christa Wolf auch in der Bundesrepublik eine ansehnliche Gemeinde gefunden, sie ist

längst eine Kultfigur, verehrt von Feministinnen und DDR-Anhän-
gern, von Linken ohne Heimat und Kritikern ohne Geschmack.

Die Darmstädter Akademie für Sprache und Dichtung hat früh
die Zeichen der Zeit erkannt: Schon in den siebziger Jahren fragte
man Christa Wolf (vertraulich, versteht sich), ob ihr der Georg-
Büchner-Preis genehm wäre; sie jedoch ließ die Akademiker wissen, dies sei für sie angesichts der Spannungen zwischen Bonn und
Pankow nicht opportun. 1980 war sie bereit, die Ehrung zu akzeptieren. Seitdem werden ihr westliche Preise in regelmäßigen Ab-
ständen verliehen, eben erst hat sie den Geschwister-Scholl-Preis
erhalten. Es finden dann, wie es des Landes Brauch ist, würdevolle
Feierstunden statt mit einer würdevollen Dankansprache der Preisträgerin: Sie wird nicht müde, uns zu belehren, daß es im Westen
eher scheußlich und schrecklich sei, in der DDR hingegen, allen
Makeln und Schwächen zum Trotz, eher hold und hoffnungsvoll.
Die alte Weise »Kein schöner Land« klingt, von Christa Wolf
angestimmt, nicht nur traurig, sondern auch nachdenklich. Die
Gemeinde jubelt allemal.

So war es auch unlängst in Frankfurt, als der Kleist-Preis verge-
ben wurde. Diesmal jedoch trat Christa Wolf in einer anderen
Rolle auf – nicht als Preisträgerin, vielmehr als die von einer Jury
ausgewählte Richterin, deren Aufgabe es war, den Träger der hohen Auszeichnung zu bestimmen und ihre Entscheidung in einer
Lobrede zu begründen. Sie hat es sich nicht leichtgemacht. Denn
ihre Wahl fiel auf einen Autor, der 1976 der DDR den Rücken
gekehrt hat – auf Thomas Brasch. Wie das? Die Antwort lautet
schlicht und einfach: Gorbatschow und die Folgen.

Eine Situation nicht ohne Pikanterie. Denn jedermann verstand,
daß die Lobrede weniger an die in Frankfurt Versammelten gerichtet war als an die Genossen in Ost-Berlin.[8] Um so bemerkenswer-
ter die bedächtig zelebrierte Introduktion dieser Rede. Sie könne
sich, berichtete Christa Wolf, sehr wohl an den Besuch Braschs in
ihrer Wohnung erinnern. Damals, vor elf Jahren, habe er gesagt,
»er wolle weggehen«. Und: »Er war nicht der erste, der da saß,
aber er war der erste, dem ich nicht mehr abraten konnte.« Insofern sei Thomas Braschs Schritt auch für sie, Christa Wolf, »ein
Einschnitt« gewesen: »Plötzlich gab es eine neue Frage, die hieß:

Warum bleiben?« Ja, in der Tat, warum? Sie begnügt sich mit dem
Hinweis, daß eine solche Frage »hauptsächlich arbeitend beantwortet werden« mußte, »denn nur die Produktion kann jene innere
Freiheit hervorbringen, die den Zweifel über die Wahl des Lebens-
und Arbeitsortes aufhebt«.

Das ist zwar umständlich, doch unmißverständlich. Sicher ist
also, daß es bei Christa Wolf einen »Zweifel über die Wahl des
Lebens- und Arbeitsortes« gab und offenbar noch immer gibt und
daß nicht der real existierende Sozialismus zwischen der Elbe und
der Oder diesen Zweifel aufzuheben vermag, sondern nur (auf
dieses »nur« kommt es hier an) die eigene, die schriftstellerische
Produktion. Dies ist aber keine neue Einsicht unserer Autorin, das
wußte sie schon vor zehn, vor zwanzig Jahren, neu ist bloß, daß sie
sich dazu jetzt öffentlich bekennt. Wie gesagt: Gorbatschow und
die Folgen.

Doch kaum hat sie ihren Zweifel vor dem westlichen Audito-
rium zu erkennen gegeben, da nimmt die Lobrednerin schon,
gleichsam im selben Atemzug, den von ihr gewählten Preisträger
für die DDR in Anspruch. Wie das? – fragen wir wieder. Nun, sie
schlägt einen Haken, den man sich simpler kaum vorstellen kann:
Brasch sei einer von denjenigen, »die nicht aufhören können, sich
mit ihren Erfahrungen auseinanderzusetzen, nachdem sie das Land
verlassen haben«.

Aber ja doch: Brasch hat seine ganze Kindheit und Jugend in der
DDR verbracht, dort wurde er Kommunist, dort hat er gedichtet,
gekämpft und im Gefängnis gesessen. Er war immerhin schon
31 Jahre alt, als er sich gezwungen sah, zu kapitulieren und in
den Westen zu gehen. Natürlich kann er nicht aufhören, sich mit
seinen Erfahrungen auseinanderzusetzen, und natürlich wird er an
ihnen bis zum Ende seiner Tage leiden. Doch daraus abzuleiten, er
sei im Grunde ein DDR-Bürger im Exil, ist so billig wie lächerlich.

Es kommt noch schlimmer: Brasch habe den Boden verlassen,
»der ihn – sei es durch Engagement, Übereinstimmung, Mitarbeit,
Anstrengung, Reibung, Widerspruch, Widerstand – kreativ gemacht« habe. Das, wahrlich, könnte einem die Stimme verschlagen. Was verbirgt sich denn hinter solchen hier undeutlich-vielsa-
genden Worten wie »Reibung« oder »Widerstand«? Christa Wolf

weiß es genau, und sie erwähnt auch einmal, daß Brasch in der DDR inhaftiert war. Dennoch ist ihre Wortkargheit erstaunlich. Daher müssen wir jetzt nachtragen, was die Rednerin ausgespart hat. 1961 wird dem (damals sechzehnjährigen) Brasch mit der Verweisung vom Gymnasium gedroht, weil er sich geweigert hat zu unterschreiben, er werde freiwillig in der Nationalen Volksarmee dienen. Nach dem Abitur arbeitet er als Setzer und Schlosser, hat aber »Schwierigkeiten in den Betrieben wegen Nichtteilnahme an paramilitärischen Übungen«. Dann studiert er in Leipzig Journalistik, wird jedoch 1965 zwangsexmatrikuliert. Begründung: »existentialistische Anschauungen«. Er schlägt sich als Packer und Kellner durch und auch beim Straßenbau. Ein von ihm 1966 im Jugendtheater der Volksbühne Ost-Berlin inszeniertes Vietnamprogramm wird gleich nach der Generalprobe untersagt. Begründung: »linksradikale Tendenzen«. Braschs Studium der Dramaturgie an der Filmhochschule Potsdam-Babelsberg endet mit abermaliger Zwangsexmatrikulation. Kurz darauf verurteilt man ihn zu 27 Monaten Gefängnis. Begründung: »staatsfeindliche Hetze«. Auf Bewährung aus der Haft entlassen, muß Brasch in einem Transformatorenwerk als Fräser arbeiten.

Sein 1970 uraufgeführtes Stück »Sie geht, sie geht nicht« wird nach der zweiten Vorstellung verboten. Verboten werden auch (unmittelbar nach den Premieren) Braschs Stücke »Das beispielhafte Leben und der Tod des Peter Göring« und »Galileo Galilei – Papst Urban VIII.«. Für seine nächsten Stücke gibt es keinen Bühnenverlag, sein Jazz-Oratorium hat der DDR-Rundfunk aufgezeichnet, aber nicht gesendet. Das Stück »Lovely Rita« wird vom Berliner Ensemble geprobt, doch müssen die Proben abgebrochen werden. Braschs Erzählungsband »Vor den Vätern sterben die Söhne« kann in der DDR nicht erscheinen (Begründung: »grobe Verzerrung der DDR-Arbeitswelt«), die Veröffentlichung des Buches außerhalb der DDR wird von den zuständigen Behörden verweigert. Im Dezember 1976 erhält Brasch die Genehmigung für eine »einmalige Ausreise zwecks Übersiedlung aus der DDR«. Reicht das?

Aber Christa Wolf erklärt uns, die DDR habe Thomas Brasch kreativ gemacht. Wie soll man das nennen: Zynismus, Heuchelei oder ganz einfach Unverfrorenheit? Auf komplizierten ästhetischen Wegen sei Brasch zu »höchst fragwürdigen Figuren« gekommen, mit denen »eine immer gefährdete Identifikation, Teilidentifikation« möglich geworden sei. Er habe keine Berührungsfurcht vor »kaputten Typen« gezeigt. Schon richtig, gerade sie ziehen ihn an, das hat jedoch nichts mit ästhetischen Wegen zu tun, sondern mit seinen Leiden in dem Land, in dem man seine Arbeiten weder drucken noch spielen wollte, wo er schikaniert und tyrannisiert wurde und aus dem man ihn schließlich vertrieben hat.

Und was geschah mit ihm hierzulande? Frau Wolf teilt es uns mit: »Brasch trifft im Westen auf die Macht des Geldes, auf Konsumzwang, und er trifft auf den Markt.« Er habe vor der Frage gestanden, »ob er künstlerische Erkenntnis produzieren oder den Markt bedienen will«. Das trifft zu – und das eben ist einer der Unterschiede zwischen dem Leben in der Bundesrepublik und in der DDR: Hier kann er zwischen diesen beiden Möglichkeiten wählen, während beide ihm dort versperrt blieben.

Niemand hat ihm hier gesagt, was und wie er schreiben soll, wohl aber hat man dafür gesorgt, daß er sich frei entscheiden kann. Die Freiheit des Schriftstellers, des Künstlers beruht vor allem auf seiner Unabhängigkeit, nämlich von den Auftraggebern. Dazu benötigt er Geld. Um Brasch vom Markt, vom Konsumzwang unabhängig zu machen, hat man den Neuankömmling reichlich – und das war gut so – mit Preisen bedacht: In den ersten Jahren seines Aufenthalts im Westen erhielt er den Förderpreis zum Gerhart-Hauptmann-Preis, das Stipendium zum Lessing-Preis, den Ernst-Reuter-Preis, das Villa-Massimo-Stipendium, den F.A.Z.-Literaturpreis, die Fördergabe zum Schiller-Gedächtnispreis und den Bayerischen Filmpreis.

Es stimmt schon – so Frau Wolf –, daß sich Brasch mit seinen hier entstandenen Arbeiten »dem Bedürfnis des bürgerlichen Kunstkonsumenten nach Genuß« widersetzt habe. Aber wer hat ihm dies ermöglicht? Die westliche, die bürgerliche, die kapitalistische Gesellschaft. Thomas Brasch weiß es, auch wenn er es nicht öffentlich zugeben möchte. Und Christa Wolf? Sie sollte einmal darüber nachdenken.

(1987)

Es gibt keinen Ausweg

Wir haben einen jungen deutschen Erzähler mehr: Es ist Rolf Schneider aus Ostberlin, ein Mann des Jahrgangs 1932.

Er lebt also in der DDR. Damit meine ich jedoch nicht nur seinen gegenwärtigen Wohnort, sondern auch und vor allem: die Welt, in der er geschult und erzogen wurde, in der er Erfahrungen sammeln und sein Handwerk lernen konnte. Denn er hat an einer DDR-Universität studiert (und zwar Germanistik), er war Redakteur einer repräsentativen DDR-Zeitschrift (nämlich des 1958 liquidierten »Aufbau«), er hat viel für den DDR-Rundfunk geschrieben (vornehmlich Hörspiele und Fernsehfilme). Und er wurde 1962 mit dem DDR-Lessing-Preis ausgezeichnet. Kurz: ein DDR-Autor.

Aber eben weil Schneider in der Welt von drüben tatsächlich verwurzelt ist, scheint es mir nicht überflüssig, vor gewissen Mißverständnissen zu warnen, denen vielleicht auch sein Buch in der Bundesrepublik ausgesetzt sein wird. Wie es in der DDR viele Rezensenten gibt, die in den Arbeiten westdeutscher Schriftsteller lediglich Anzeichen ihres kritischen Verhältnisses zur Bundesrepublik und zur bürgerlichen Gesellschaftsordnung suchen, gibt es wiederum hier Kritiker, die in der Literatur, die in der DDR entsteht, nur nach Symptomen fahnden, denen das Verhältnis der Autoren zur SED und zum Kommunismus zu entnehmen wäre. So werden aus den jeweiligen Gegenständen der Betrachtung gewisse inhaltliche Elemente herausgelöst und dann mehr oder weniger treffend interpretiert. Solche Interpretationen können mitunter ergiebig und aufschlußreich sein, nur daß sie immer das literarische Werk zum Vehikel unmittelbarer politischer und zeitkritischer Gedanken degradieren, also die Eigenart und Eigengesetzlichkeit der Kunst ignorieren.

Natürlich gilt dies für den Osten wie für den Westen. So ähnlich indes die Methoden sind, sowenig sollte man einen prinzipiellen Unterschied übersehen. Gewiß wird nicht selten hier wie da mit Zitaten manipuliert. Während sich jedoch der DDR-Rezensent, der die kritische Haltung westdeutscher Autoren angesichts der westdeutschen Realität nachzuweisen wünscht, meist auf konkrete und unmißverständliche Motive und Äußerungen berufen kann, sieht sich der bundesrepublikanische Rezensent, der dasselbe Verfahren in umgekehrter Richtung anwendet, auf Mutmaßungen und Spekulationen, auf Entschlüsselungen und Deutungen angewiesen. Und während sich ein solcher Interpret von drüben zwar häufig Vereinfachungen und Übertreibungen zuschulden kommen läßt, droht seinem hiesigen Kollegen eine größere Gefahr – er kann unversehens in die Nähe von Unterstellungen und Fälschungen geraten.

Diese Spekulationen und detektivistischen Nachforschungen westlicher Publizisten, das geheimnisvolle Augenzwinkern und die unentwegten Entdeckungen angeblicher politischer Akzente oder gar getarnter Widerstandsleistungen tragen nicht nur zur Verwirrung des Publikums bei. Bisweilen wird damit noch schlimmeres Unheil angerichtet. Jedenfalls ist der Literatur mit solchen im Grunde fahrlässigen Bemühungen am wenigsten gedient.

Davor also sollte die Prosa des jungen Rolf Schneider bewahrt werden. Nichts wäre indes abwegiger als die Vermutung, zwischen den Erzählungen in dem Band »Brücken und Gitter«[1], der auch drüben erscheinen soll, und der Welt, in der der Autor aufgewachsen ist, bestünde kein deutlich erkennbarer Zusammenhang. Im Gegenteil: Obwohl alle sieben Erzählungen außerhalb der DDR und mindestens zwei vor 1945 spielen, sind ausnahmslos alle als Reaktionen auf Schneiders Erlebnisse und Erfahrungen in den letzten Jahren und in der DDR zu verstehen. Nur sollte man sich hüten, seine Geschichten für unmittelbare ideologische oder politische Bekenntnisse zu halten. Wer hier vor allem eine direkte und aktuelle Stellungnahme zu finden hofft, mag zwar bei der einen oder anderen Erzählung auf seine Rechnung kommen, wird jedoch das, was dieser Autor gewollt und geleistet hat, gründlich verkennen. Anders ausgedrückt: Diese Prosa aus der DDR ist nicht darauf angewiesen, als Zeitdokument aus der DDR gelesen zu werden.

Schon in seinen frühen literarkritischen Arbeiten (beispielsweise im »Aufbau«) und auch in seinen Parodien (»Aus zweiter Hand«, 1958) fielen Schneiders Scharfblick und Gescheitheit auf. Aber so schätzenswert analytische Intelligenz, die hochentwickelte Fähigkeit zum diskursiven Denken und umfassende literarische Bildung eines Schriftstellers auch sind – dies alles trifft auf Schneider zu –, so können sie doch seine epischen Bemühungen, falls er nicht gerade über ein elementares erzählerisches Talent verfügt, eher gefährden. Man kennt die Romane und Geschichten vieler Philologen, Kritiker und Lektoren, die auf ihrem eigentlichen Gebiet Beachtliches oder Hervorragendes leisten und deren künstlerische Versuche zwar nicht gegen den guten Geschmack verstoßen, doch blaß und steril, ausgeklügelt und leblos sind.

Ein urwüchsiges erzählerisches Temperament läßt sich Schneider nicht nachrühmen. Wenn es ihm dennoch in den besten Stükken des Bandes gelingt, jener Gefahr, die freilich auch seine Prosa bedroht, zu entgehen, so verdankt er es vornehmlich einer heimlichen und höchst sympathischen Neigung zum ebenso artistischen wie intellektuellen Spiel mit Motiven und Situationen, mit Fabeln und Konflikten.

Ein Spiel, doch keine Spielerei. Schneiders mannigfaltige Motive kreisen – mehr oder weniger deutlich – um ein Zentralthema. In der Erzählung »Die Brücken« verliert ein Mann in dem von Deutschen besetzten Holland auf einem einsamen Vorortsgelände alle seine Papiere. Während er sie dort sucht, verändert sich plötzlich seine Umgebung: »Die Brücke, über die er erst vor ein paar Minuten gegangen war, erhob sich, um sich langsam und schräg in die Luft zu stellen, mit einem schnarrenden, kreischenden Geräusch, und dieses Geräusch schien auch anderswoher zu kommen, und er drehte den Kopf und sah, auf der anderen Seite, sehr viel entfernter, eine andere Brücke aufstehen...« So gerät der Mann in eine Razzia: Juden werden deportiert. Seine der Wahrheit entsprechenden Beteuerungen, er sei kein Jude, sind vergebens.

Das ist die schwächste und vermutlich die früheste Geschichte des Bandes: konventionell erzählt, mit einer weitschweifigen Exposition und mit vielen überflüssigen und adjektivreichen Beschreibungen. Doch bietet diese Geschichte die Modellsituation der Erzählungen Schneiders. Hinter seinen Helden werden die Brücken hochgezogen. Sie sehen sich plötzlich in einer Lage, der sie nicht gewachsen sind und mit der sie nicht gerechnet haben. Sie sind isoliert. Und auch wenn sie keine Dokumente verloren haben, fühlen sie, daß ihnen der Boden entzogen ist. Was sie beteuern, kann nichts mehr ändern. Es gibt keinen Ausweg. Die Hilflosigkeit des Individuums inmitten von tatsächlichen oder auch imaginären Situationen, die unsere Welt kennzeichnen, die Ohnmacht des einzelnen angesichts von Umständen, realen oder absurden, die er nicht verschuldet hat – das ist das Thema, das Schneider fasziniert.

In »Plädoyer« erfährt der Angestellte einer Milchpulver- und Konservenfabrik, daß der lachende Säugling, der die fragwürdigen Produkte dieser Firma ziert und ihnen zum Erfolg verholfen hat – er selber ist. Überall, in Zeitungen, Läden und Kinos, auf Plakaten und Briefbögen sieht er jetzt sein Bild, von seinen Kollegen und Bekannten glaubt er sich als »ewiger Säugling« verspottet: »Quälend war die ständige Begegnung mit mir selbst, wäre es ohne die Lüge gewesen, die aus meinem Bilde sprach, und war es mit der Lüge noch mehr.«

Wie einst Kafkas Gregor Samsa »in seinem Bett zu einem ungeheuren Ungeziefer verwandelt« wurde, so erwacht ein Tierarzt in der Erzählung »Metamorphosen« – Schneider spielt übrigens auf das Kafka-Vorbild zweimal an – mit einem über Nacht gewachsenen Schweif. Der unerwartete Zuwachs macht den Tierarzt unglücklich: Er wird von seinem Arbeitgeber sofort entlassen und aus der Gesellschaft ausgestoßen: »Ich weiß nur noch, daß ich durch menschengefüllte Straßen hetzte, Geschrei und Gaffen hinter mir herzog wie einen zweiten Schweif zu meinem ersten.« Aber demselben Umstand, der eben erst seine gesamte Existenz bedroht hat, verdankt er eine nochmalige Veränderung seiner Rolle und Situation, denn: »Die Welt, in der ich lebte, wurde allmählich von einem wahren Schwanztaumel ergriffen.« Der Paria kann unversehens zum Liebling der Gesellschaft avancieren, der ehemalige Arbeitnehmer wird – als Produzent der jetzt modernen künstlichen Schwänze – selbst Arbeitgeber.

Alle Geschichten dieses Bandes steuern auf die letzte und längste hin: »Gitter«. Sie exemplifiziert das Grundmotiv auf moralpolitischer Ebene. Die Erzählung geht übrigens auf Schneiders Hörspiel »Widerstand« (1958) zurück. Der Vergleich der beiden Arbeiten ist aufschlußreich. Im Hörspiel waren die Vorgänge in Zeit und Ort fixiert: Ein verhafteter Kommunist, der seine Genossen nicht verraten will, wird von der Gestapo sofort freigelassen, weil sie annimmt, daß gerade dies den Mann bei den Seinen den schlimmsten Verdächtigungen aussetzen und zu seiner Isolation und schließlich zu seiner Kapitulation führen muß.

In der Erzählung »Gitter« hingegen steht im Mittelpunkt ein nicht näher bezeichneter Widerstandskämpfer; und statt des nationalsozialistischen Deutschland bildet den Hintergrund jetzt der totalitäre Staat schlechthin. Was immer der Held der Erzählung tut, ob er seine Kampfgefährten denunziert oder nicht – in ihren Augen wird er doch zum Verräter. Seine Freundin sagt: »Er hat nichts getan, er kann das nicht.« Man antwortet ihr: »Sie haben ihn bloß drei Tage behalten.« So wurde – heißt es dann – »ein Gitter herabgelassen: ... Gitter Vorsicht, Gitter Mißtrauen, Gitter mit den hundert Augen des Argwohns, teilend die ohnehin winzig gewordene Welt nochmals«.

Schneider hat für diesen Stoff die adäquate Form gefunden: Er läßt den Protagonisten und seine Freundin in Ich-Erzählungen berichten, die miteinander verbunden sind und auch ineinander übergehen. Wie er in geschickter Steigerung dramatische Effekte zu servieren und retardierende Elemente einzuschieben weiß, das zeugt von einer beachtlichen Kunstfertigkeit. Allerdings zeigt sich in einigen Stücken des Bandes, daß Schneider der Versuchung, die dargestellten Vorgänge zu kommentieren, nicht immer widerstehen kann. Die unmittelbare psychologische Motivation ist selten originell und häufig entbehrlich. Das gilt auch für die pädagogischen Schlußakkorde, etwa in der Geschichte »Unterbrechung«, der Vision eines Atomkrieges. Wer seine Leser unterschätzt und ihnen daher allzu behilflich sein möchte, läuft Gefahr, sie zu verscheuchen.

Indes sind diese Schwächen in den satirischen Erzählungen so gut wie überhaupt nicht spürbar: In »Metamorphosen«, in »Plädoyer« und auch in der amüsanten Geschichte »Literatur« zeichnet sich das wohlklingende und elegante Gefälle seiner Prosa durch jene »virtuose Solidität« aus, auf die der Klappentext mit Recht hinweist. Die hier und da etwas beunruhigende Geläufigkeit Schneiders wird dann durch den diskret-ironischen Unterton vorzüglich relativiert. Der satirische Roman, die ironische und groteske Parabel, die gesellschaftskritische Parodie – das ist es wohl, was wir vor allem von Rolf Schneider erwarten dürfen. Er wird noch viel experimentieren, aber sein Thema hat er, wenn ich mich nicht ganz täusche, bereits gefunden: Es ist der Mann, der sieht, daß die Brücken hinter ihm hochgezogen und die Gitter vor ihm herabgelassen sind.

(1965)

Alles aus zweiter Hand

Wenn es auch, um es gleich zu sagen, pure Zeitverschwendung ist, Rolf Schneiders Roman »Der Tod des Nibelungen«[2] zu lesen, mag es doch nicht ganz überflüssig sein, zu fragen, wie es zu einem derartigen literarischen Produkt kommen konnte. Denn seinem Verfasser, dem 1932 geborenen Rolf Schneider, fehlt es nicht an Intelligenz und Begabung, Witz und Beredsamkeit; und wir verdanken ihm den vor dem Hintergrund der DDR-Literatur höchst beachtlichen Erzählungsband »Brücken und Gitter« (1965) sowie das preisgekrönte Hörspiel »Zwielicht« (1966). Womit hängt also der augenscheinliche und geradezu exemplarische Fehlschlag zusammen?

Schneider ist zunächst und vor allem ein Satiriker, Ironiker und Parodist, ein Mann der grotesken Parabel und der sarkastischen Gesellschaftskritik. Dies alles in der DDR? Nun, man braucht ihn nicht zu bemitleiden. Gewiß, wo es schwer ist, keine Satiren zu schreiben, da ist es in der Regel noch schwerer, Satiren zu veröffentlichen. Und wo man die Satiriker fürchtet, da haben die Schriftsteller, die etwas taugen, nichts zu lachen, da kann die Literatur nur vegetieren. Aber Rolf Schneider gehört nicht zu den Unberechenbaren und den schwer Lenksamen, zu den Unbequemen und den Hartnäckigen, die der SED Sorgen bereiten. Mit ihm läßt sich reden und verhandeln – vielleicht deshalb, weil er den

Kommunismus nicht so ernst nimmt wie manche seiner schreiben-
den Generationsgenossen.

Nein, ein Fanatiker ist er bestimmt nicht, vielmehr ein gewand-
ter und aufgeschlossener Pragmatiker des literarischen Gewerbes,
ein cleverer und emsiger Routinier, dem man weder Weltfremdheit
noch Borniertheit vorwerfen kann. Im Gegenteil, seine zahlreichen
Arbeiten für Funk und Fernsehen, Theater und Film zeugen von
Umsicht und vorzüglicher Marktkenntnis, von rascher und konsequenter Anpassungsfähigkeit und von handwerklicher Geschick-
lichkeit. Solche elastischen und zuverlässigen, wendigen und zugleich doch sattelfesten Autoren, die sich nicht zieren und sich
auch unter Preis verkaufen, sind nirgends beliebt und werden
nirgends sonderlich geschätzt. Aber man benötigt sie überall.
Denn sie halten – im Osten ebenso wie im Westen – den Betrieb
aufrecht.

Übrigens wollen sie uns meist augenzwinkernd zu verstehen
geben, daß sie sich mit der laufenden Herstellung literarischer
Konfektionsgegenstände nur befassen, um Zeit und Ruhe für jene
Werke zu gewinnen, an denen ihnen wirklich gelegen sei. Freilich
will diese Rechnung nie so recht aufgehen: Die angestrebte Dop-
pelgleisigkeit mit der säuberlichen Trennung von Kunst und
Kunstgewerbe ist stets illusorisch. Der Roman »Der Tod des Nibelungen« zeigt das erneut.

Schneider hat in dieses Buch viel Fleiß und Ehrgeiz investiert, es
ist ernst gemeint und sorgfältig geplant. Indes hat er sich schon in
der Wahl seines Themas arg verkalkuliert. Natürlich kennt er allerlei Pannen seiner weniger vorsichtigen DDR-Kollegen, deren Manuskripte ungedruckt liegen blieben, es ist nicht seine Art, sich auf
riskante Abenteuer einzulassen. So hat er in seinen bisherigen Her-
vorbringungen mit schöner und verständlicher Regelmäßigkeit jenen Schauplatz der Handlung ausgespart, der den Autoren in der
DDR von ihren amtlichen Betreuern immer wieder empfohlen wird
– nämlich die DDR selber.

Auch die im »Tod des Nibelungen« erzählte Geschichte eines
Bildhauers namens Wruck spielt sich ganz in der Vergangenheit
ab: zuerst noch in der wilhelminischen Epoche, dann in den zwanziger Jahren und schließlich und vor allem im nationalsozialisti-

schen Deutschland. Mit der Verhaftung des Helden durch die Amerikaner – im Jahre 1945 – bricht das Ganze ab. In der Tat scheint die Zeit des »Dritten Reiches« für den satirischen Roman eines in der DDR lebenden, doch auf die Resonanz in beiden deutschen Staaten bedachten Autors gerade das rechte Thema zu sein, und zwar sowohl aus literarischen als auch aus praktischen und taktischen Gründen. Einerseits bietet das Zeitgeschehen extreme Situationen, in denen sich vielfach in unmittelbarer Nähe des Makabren auch das Komische verbirgt, und zugleich darf der Romancier bei den Lesern in beiden Teilen Deutschlands jene Kenntnis des Hintergrunds voraussetzen, die es ihm ermöglicht, oft mit Chiffren und Anspielungen zu operieren. Andererseits ist dieses Thema in der DDR für die satirische Darstellung freigegeben.

Aber Schneider hat zunächst den Fehler gemacht, seinem Helden und Ich-Erzähler überhaupt kein Talent und nur wenig Verstand zu gönnen und ihn auch noch mit einer kleinbürgerlich-muffigen, betont provinziellen Mentalität zu versehen: ein unbegabter, doch sehr ehrgeiziger Bildhauer, der im Berlin der Weimarer Republik erfolglos bleibt und sich natürlich den Nazis prompt in die Arme wirft und von ihnen gern akzeptiert und sogar gefeiert wird – das ist nun doch ein zu banales Motiv, als daß sich ihm viel abgewinnen ließe.

Es sei denn, die Geschichte wäre so erzählt, daß man sie als Gleichnis lesen könnte. Das eben ist bei diesem Buch der springende Punkt.

Während der Arbeit an dem Roman mag Schneider gemerkt haben, daß sein Thema gar nicht so ungefährlich, ja, daß es immer noch brisant ist, zumindest in der DDR. Denn die parodistische Kritik an dem Kulturbetrieb zwischen 1933 und 1945 muß sofort aktuelle und höchst unliebsame Assoziationen hervorrufen. Der Grund ist sehr einfach: Mag auch die Bundesrepublik die Hölle auf Erden und die Heimat aller Nazis und Verbrecher sein, die DDR dagegen ein wahres Paradies und die Heimat der Werktätigen und der Antifaschisten, so kann doch kein einigermaßen einsichtiger Mensch bestreiten, daß das Kulturleben hier im wesentlichen den Gesetzen der kapitalistischen Marktwirtschaft, dort hingegen den Erfordernissen einer politischen Bewegung unterworfen ist.

Schon deshalb aber wäre ein Gleichnis vom opportunistischen Künstler, der dem »Dritten Reich« dient, nicht auf westdeutsche Verhältnisse übertragbar, sondern peinlicherweise gerade auf jene, die der Autor des Romans »Der Tod des Nibelungen« am genauesten kennt und am wenigsten attackieren wollte. Um nun nicht in des Teufels Küche zu kommen, mußte Schneider pedantisch darauf achten, daß sich seine Geschichte vom Bildhauer, der für die Nazis arbeitet, niemals einer Parabel vom Künstler in der Diktatur nähert. Tatsächlich hat er alle derartigen Elemente streng eliminiert, was ihm gewiß nicht leichtgefallen ist.

Durch diese permanente Rücksichtnahme, diese innere Zensur, wurde Schneiders schriftstellerische Kraft vollkommen gelähmt: Statt eine satirische Parabelgeschichte zu bieten, reiht er lediglich Episoden und Anekdoten, Details und Reflexionen, Genreszenen und Situationsbilder aneinander, die allesamt nichts ergeben und im Grunde niemanden treffen, nicht einmal die alten Nazis.

So leblos die erfundenen Figuren, so klischeehaft sind die historischen Gestalten (Hitler, Göring, Goebbels), und so zahlreich die erwähnten Maler, Schriftsteller, Schauspieler oder Regisseure, sowenig ist es gelungen, die Atmosphäre des Kulturbetriebs auch nur anzudeuten, geschweige denn zu karikieren. Die muntere und betont forsche Tonart und der verkrampfte und mühevoll aufgepumpte Humor können nicht verbergen, daß hier, kurz gesagt, unentwegt leeres Stroh gedroschen wird.

»Aus zweiter Hand« – so war einst Schneiders amüsanter Parodienband betitelt – stammt alles, was er diesmal erzählt. Es sind immer nur Lesefrüchte, die er uns offeriert. Das gilt auch für die Form des Ganzen: Sie ist vom Salomonschen »Fragebogen« übernommen. Wiederum dient also als Grundriß der Geschichte der bekannte Fragebogen der Alliierten Militärregierung mit seinen 131 Fragen. Aber Schneider, der offenbar glaubt, Salomons Buch zu persiflieren – dazu wäre es übrigens auch schon zu spät –, kann es in Wirklichkeit nur imitieren. Das Schema, das – freilich vor bald zwanzig Jahren – immerhin eine Selbstauseinandersetzung und ein Zeitdokument ermöglicht hat, mißbraucht er für einen läppischen und entwaffnend harmlosen Roman.

Die anderen Vorbilder, denen Schneider hier mit heißem Bemühen nacheifert, sind ebenfalls, wenn man von früheren Autoren (Sternheim, Heinrich Mann, Klaus Manns »Mephisto«) absieht, durchwegs westlicher Provenienz. Man trifft in diesem Buch lauter alte Bekannte wieder, einer wenigstens sollte genannt werden: Günter Grass. »Die Blechtrommel«, »Katz und Maus« sowie die »Hundejahre« hat Schneider, das muß man ihm lassen, sehr aufmerksam studiert, bisweilen auch mit Gewinn.

Wird »Der Tod des Nibelungen« in der DDR – dort soll das Buch in einigen Monaten erscheinen – ein Publikum finden? Das ist nicht ausgeschlossen, denn: »In einem Lande, wo der Kaffee noch nicht bekannt geworden wäre, würde vielleicht ein Kaufmann Glück machen, der mit Zichorien handelte und sie für den echten Mokka ausgäbe.«[3] Also schrieb August Wilhelm Schlegel im Jahre 1828.

(1970)

Der Fänger im DDR-Roggen

Über diese »Neuen Leiden des jungen W.«[1] ist schon allerlei geschrieben worden. Und nicht nur in der DDR, wo das Werkchen verständlicherweise Furore macht, stehen sich sehr unterschiedliche Urteile schroff gegenüber. So meinte Fritz J. Raddatz, Plenzdorfs Prosa scheine »die Geburt einer eminenten neuen Begabung zu annoncieren, vielleicht sogar den lang erwarteten Anfang einer neuen Literatur«.[2] Dies, dachte ich mir still, ist zumindest stark übertrieben. Als jedoch Dieter E. Zimmer das Plenzdorf-Opus mit einem beiläufigen und gleichwohl kräftigen Fußtritt in die unmittelbare Nachbarschaft der »Love Story« beförderte[3], da hatte ich Lust, abermals zu widersprechen und dem so schnöde in Segalsche Niederungen verbannten DDR-Produkt einen Platz auf etwas höherer Ebene und jedenfalls in weniger anrüchiger Umgebung zuzuweisen.

Dabei haben meine beiden verehrten Kollegen gar nicht unrecht, und wer immer diese Erzählung rühmt oder mißbilligt, kann mit ernsten und triftigen Argumenten aufwarten. Nur daß die extremen Urteile, zu denen Plenzdorf in der Tat verleitet, stets bloß *einen* Aspekt dieses Gegenstands akzentuieren. Indes haben wir es hier, glaube ich, mit einem Buch zu tun, dem man auf die Gefahr hin, als lauwarmer Kompromißler verschrien zu werden, lediglich mit einem vorsichtigen Einerseits, Andererseits und einem abwägenden Zwar, Aber beikommen kann. Denn so unverkennbar der süßliche Geruch einer proletarischen »Love Story«, so ist dieser Autor doch zugleich eine »eminente neue Begabung«. Fragt sich nur: Begabung wozu und wofür?

Ulrich Plenzdorf, geboren 1934, arbeitet seit Jahren für die DEFA als Szenarist. Er ist also ein leidgeprüfter Mensch. Nein, das soll keineswegs eine Anti-DDR-Äußerung sein. Denn das Schreiben von Filmdrehbüchern mag zwar seinen Mann ernähren, ist aber überall, im Osten wie im Westen, ein besonders mühseliges Geschäft: Wer an ihm teilnimmt, muß sich nach der Decke strecken und ist, ungleich mehr als ein Buchautor, von Auftraggebern abhängig, die mit Hilfe von Filmen entweder ihr Scherflein zum Klassenkampf beisteuern oder ein Vermögen verdienen wollen und bisweilen beide Fliegen – die edle Idee und den schnöden Mammon – mit einer Klappe schlagen möchten.

Aber wenn auch die Zusammenarbeit mit dem Film in der Regel keinen übermäßig günstigen Einfluß auf den Charakter der Schriftsteller ausübt und meist ihre Gefügigkeit und Resignation rasch steigert, so kann sie doch dazu beitragen, daß sie lernen, listig vorzugehen und das ihre unter den auferlegten Bedingungen an den Mann zu bringen.

Dem Autor Plenzdorf läßt sich die harte und langjährige Schule in der Filmbranche sehr wohl anmerken: Er ist ein wendiger und gewitzter Schreiber, gewohnt, seine Arbeitgeber zufriedenzustellen, das Publikum zu unterhalten und auf jeden Fall die Kirche im Dorf zu lassen. Er hat ein gutes Ohr für die Sprache des Alltags und eine feine Nase für das Aktuelle, er hat vor allem ein erstaunliches Gespür für das Mögliche, für das jeweils Realisierbare. Er weiß auch sehr genau, wie und was die Konkurrenz (die friedlich-sozialistische und erst recht die wölfisch-kapitalistische) produziert. Kurz: ein richtiger Fachmann. Und was gute und richtige Fachleute im Bereich der Literatur zu liefern pflegen, zeichnet sich oft durch eine auf den ersten Blick paradoxe Eigentümlichkeit aus: es ist epigonal und dennoch nicht unselbständig, es wirkt höchst routiniert und scheint trotzdem durchaus originell.

Man sollte aber nicht vermuten, Plenzdorfs Erzählung habe etwas Epigonales, weil er sie als moderne Werther-Paraphrase ausgibt. Diese Geschichte des siebzehnjährigen Lehrlings und Arbeiters Edgar Wibeau hat mit dem *Werther*, bei Lichte besehen, gar nicht so viel zu tun. Gewiß, auch Plenzdorfs Held empfindet die Verhältnisse, in denen er lebt, als eng und unerträglich und zieht sich in Einsamkeit und Innerlichkeit zurück, auch er sucht Trost bei der Kunst: In dem verlassenen Ostberliner Schrebergarten, in dem er haust, malt Edgar Wibeau (abstrakte Bilder), dort hört er

Tonbänder (vornehmlich Beat-Musik), dort meditiert er auf seine Weise über Literatur (doch nicht über einen Roman etwa von Scholochow, sondern von Salinger).

Und dort findet er (auf dem Klo übrigens) ein Reclam-Heft, dessen Titelseite er zwar für dringende und eher prosaische Bedürfnisse verwendet, dessen Text ihn jedoch – es handelt sich eben um den *Werther* – zunächst nur belustigt, aber später irritiert und geradezu fasziniert. Mehr noch: Die bald einsetzende Liebesgeschichte, die er in jenem Schrebergarten erlebt, ist in ihren Umrissen dem Goetheschen Roman nachgebildet.

Auch Edgars Lotte (er nennt sie smarterweise Charlie) erscheint, wie es sich gehört, von Kindern umgeben (sie ist Kindergärtnerin), auch hier wird das Idyll vom heimkehrenden Verlobten gestört, der, dem Goetheschen Albert nicht unähnlich, ein korrekter, doch trockener und ziemlich langweiliger Kerl ist. Die Erzählung endet mit dem Tod des leidenden jungen W., der freilich diesmal – und mit gutem Grund – keinen Selbstmord verübt. An ernsten und munteren *Werther*-Analogien fehlt es also nicht, auch nicht an wörtlichen Zitaten. Denn in den Berichten, die Edgar seinem Kumpel schickt (aus Wilhelm ist Old Willi geworden, und der erhält statt der Briefe Tonbänder), führt er, zunächst bloß aus Jux, Goethe-Stellen an, vor allem solche, die seine eigene Situation verdeutlichen können.

Welch Einfall, aber auch, ein Einfall nur! Mit anderen Worten: Plenzdorfs Rückgriff auf den *Werther* erweist sich als ein amüsanter Trick, als ein frappierender Gag. Nicht mehr und nicht weniger. Der klassische Stoff, als Folie und Rahmen verwendet, ist letztlich doch nur, was die Journalisten einen Aufhänger nennen. Die Parallelen, die vielen Verweise und Anspielungen haben häufig etwas (im fragwürdigen Sinne) Kabarettistisches, etwas Operettenhaftes. Sie sind und bleiben vordergründig und bisweilen billig und auch, kurz gesagt, einfach läppisch.

Wie wenig Plenzdorf seinem fundamentalen Einfall abgewinnen konnte, zeigen die beiden neben dem Titelhelden wichtigsten Figuren: Sowohl die zwanzigjährige Kindergärtnerin Charlie als auch ihr Verlobter Dieter, der gerade seinen Dienst als Offizier bei der Volksarmee abgeleistet hat, sind kaum mehr als skizzenhafte Rollenentwürfe, denen vielleicht hervorragende Schauspieler – handelte es sich um einen Film – zu etwas Leben verhelfen könnten. Da aber Dieter und vor allem Charlie pure Schemen sind, bleibt auch die Liebesgeschichte blaß und schemenhaft. Das Erotische hat, mit Verlaub, sogar der Großkitschier Erich Segal in seiner vielgeschmähten »Love Story« denn doch etwas besser gemacht. Nur daß Edgars Romanze mit Charlie hier, möchte ich meinen, fast nebensächlich ist.

Nein, es ist eben nicht die Liebe, an der Edgar Wibeau leidet, wie es auch nicht Goethes Schatten ist, von dem dieses Büchlein lebt. Wenn es streckenweise epigonal anmutet, so der (oft aufdringlich durchscheinenden) zeitgenössischen Vorbilder wegen: von Böll, auf den Plenzdorf in einer Diskussion selber hingewiesen hat[4], bis zu Uwe Johnson und Christa Wolf. Zumal die Komposition der »Neuen Leiden« ist den Johnsonschen »Mutmaßungen« stark verpflichtet und scheint mir auch von dem »Nachdenken über Christa T.« nicht unabhängig.

Das Ganze besteht aus (meist knappen) Gesprächen mit Personen aus Edgars Umgebung, die, da er nun gestorben ist, seinen Weg in die Einsamkeit zu erklären versuchen. Es sind die schwächsten Passagen des Buches: Die eher dürftigen und auch in stilistischer Hinsicht farblosen Dialoge tragen zur Geschichte, die hier erzählt wird, überraschend wenig bei. Diese Gespräche ergänzen den Bericht des toten Edgar, der – also gewissermaßen aus dem Jenseits – über sein Leben plaudert, die kommentierenden Äußerungen der befragten Personen seinerseits kommentiert und auch noch jene Briefe zitiert, die er in der Gartenlaube auf Tonband gesprochen hat.

In diesem Bericht, der weit über die Hälfte des Buches ausmacht, wird mehrfach und enthusiastisch Salingers »Fänger im Roggen« (1951) erwähnt. Der berühmte Roman ist Edgars Lieblingslektüre und Plenzdorfs wichtigstes Vorbild. Nicht darauf kommt es an, daß er von Salinger vieles übernommen hat – bis hin zu den in Edgars Ich-Erzählung refrainartig wiederkehrenden stereotypen Wendungen –, sondern daß er sich von der Fragestellung in diesem Meisterwerk der amerikanischen Nachkriegsliteratur, von seiner Atmosphäre und seinem ganzen Ambiente eindeutig und nachhaltig inspirieren ließ. Nicht »Die neuen Leiden des jungen W.« sollte Plenzdorfs Buch betitelt sein, vielmehr: »Der Fänger im DDR-Roggen.« Aber so unverkennbar seine direkte Abhängigkeit von Salinger auch ist, so geschickt und häufig überzeugend wirkt die Adaption des Vorbilds, seine Paraphrasierung vor dem Hintergrund der Ostberliner Verhältnisse. Daher kann Plenzdorfs schriftstellerische Leistung als epigonal und originell zugleich gelten. Edgars Diktion zeigt dies ebenfalls. Sein kesser und schnoddriger, gelegentlich derber und oft bewußt unbeholfener Slang soll die Sprache der jungen Arbeiter in der DDR, wie dortige Kritiker versichern, glänzend wiedergeben. Ich bin da etwas skeptisch, weil mich Edgars Ausdrucksweise und Tonfall doch sehr an Salinger erinnern oder, richtiger gesagt, an Bölls Übersetzung des »Fänger im Roggen«. Wir haben es wohl eher mit einer (durchaus gelungenen und für Plenzdorf sehr typischen) Synthese aus Nachahmung und Authentizität zu tun.

Ähnlich wie der amerikanische Roman erzählt auch dieses Buch von einer eigentlich sehr simplen und fast rührenden Rebellion. Und wie es dort nicht um den Kapitalismus ging, geht es hier nicht um den Sozialismus. Sowohl Salingers Collegestudent Holden Caulfield als auch Plenzdorfs Lehrling Edgar Wibeau halten die Gesellschaftsordnung in den Ländern, in denen sie geboren wurden und aufgewachsen sind, für etwas Selbstverständliches. Eine andere Welt kennen sie überhaupt nicht.

Wogegen sie naiv und trotzig protestieren, sind die Formen des Zusammenlebens, die sie für unerträglich vor allem deshalb halten, weil sie ihre Selbstverwirklichung permanent verhindern. Holden und Edgar lassen sich in eine Außenseiterposition treiben, die gesellschaftsfeindlich ist, für die aber beide Autoren die Schuld bei der Gesellschaft suchen. Also eine apolitische Meuterei, eine pubertäre Auflehnung? Das schon, nur daß in einem Staat, wo die Politik in das private Leben eines jeden Individuums eindringt und es unentwegt regeln und überwachen möchte, jede Kritik an der Welt der Erwachsenen automatisch einen eminent politischen Charakter hat. Das eben unterscheidet Plenzdorfs Buch – von dem Qualitätsunterschied will ich hier überhaupt nicht reden, er ist gewaltig – von dem Roman Salingers.

Wie immer der DDR-Autor sich wenden und drehen mag, wie sehr er sich bemüht, die Flucht Edgars aus dem Betrieb, in dem er arbeitet, mit seiner jungenhaften Sehnsucht nach dem großen Abenteuer zu entschärfen und mit einem Hauch von Exotik zu verharmlosen – sein Leben in der Schreberkolonie soll bisweilen einer Robinsonade inmitten der Großstadt ähneln –, so gewiß ist jene Abkürzung, die kein einziges Mal in dem Buch verwendet wird, doch stets zwischen den Zeilen gegenwärtig – die Abkürzung SED.

Edgar flieht, weil er die staatliche Bevormundung und die ewige Gängelung junger Menschen in der DDR satt hat, weil er die als sozialistische Erziehung geltenden Demütigungsriten verabscheut. »Irgendwie entwürdigend«, nennt er die öffentliche Selbstkritik: »Ich finde, man muß dem Menschen seinen Stolz lassen.« Damit wird eine Institution, die im kommunistischen Ritual dieselbe Bedeutung hat wie im katholischen die Beichte, kurzerhand verurteilt.

Von Lehrern immer wieder mit der Frage nach seinen Vorbildern bedrängt, hätte er – aber er hat es nicht gewagt – am liebsten geantwortet: »Mein größtes Vorbild ist Edgar Wibeau. Ich möchte so werden, wie er mal wird. Mehr nicht.« Ja, es genügte, daß ihm ein Buch empfohlen wurde, damit er es »blöd fand, selbst wenn es gut war«. Sogar seine Abneigung gegen die Volksarmee darf Edgar, wenn auch sehr vorsichtig, andeuten. Den Schlüsselsatz, der die Art der Rebellion Edgars unmißverständlich erkennen läßt, sagt er über eine Filmfigur: »Alles das machte er mit, aber einreihen ließ er sich deswegen noch lange nicht.«

Für seinen Rückzug aus dem Kollektiv macht Edgar eindeutig das Kollektiv verantwortlich: »Und daran seid ihr alle schuld, die ihr mich in das Joch geschwatzt und mir so viel von Aktivität vorgesungen habt.« Mehr noch: Dieser jugendliche Einzelgänger, dieser Rowdy und Gammler, ist frech genug, seine passionierte Vorliebe für allerlei Westliches, zumal Amerikanisches, ostentativ zu bekennen. Hier findet sich der immerhin bemerkenswerte Satz: »Für Jeans konnte ich überhaupt auf alles verzichten...« Damit aber auch alle Leser Plenzdorfs verstehen, daß das, sollte man denken, harmlose Kleidungsstück zugleich symbolisch gemeint ist, heißt es etwas weiter: »Jeans sind eine Einstellung und keine Hosen.«

Das alles darf man also in der DDR schreiben und drucken? Nein, man darf es leider nicht oder jedenfalls noch nicht. Um sagen zu können, was er sagen wollte, hat Plenzdorf (doch wohl widerwillig) einen hohen Preis gezahlt. Er versieht seinen kessen Trotzkopf und Outsider mit allerlei Attributen, die ihn unter der Hand den traditionellen positiven Helden des Sozialistischen Realismus wieder annähern, und das auf ziemlich fatale Weise.

In seiner Laube hört Edgar eben nicht nur kapitalistisch-dekadente Musik, dort arbeitet er auch einsam und hartnäckig an einer technischen Erfindung – einer neuartigen Farbspritzpistole –, die dem Kollektiv und dem volkseigenen Betrieb zugute kommen soll. Überdies kritisiert er – vom Jenseits aus – nachdrücklich sein Verhalten, zumal seinen Rückzug: »Aber es soll keiner denken, ich hatte vor, ewig auf meiner Kolchose zu hocken und das ... Immer nur die eigene Visage sehen, das macht garantiert blöd auf die Dauer. Das poppt dann einfach nicht. Der Jux fehlt und das. Dazu braucht man Kumpels, und dazu braucht man Arbeit. Jedenfalls ich.« Und damit ist ja alles wieder in Butter.

Auch sein kleines Abenteuer mit der sauberen Kindergärtnerin verurteilt er *post festum*: »Zwar hatte *sie* mit der Küsserei angefangen. Aber langsam begriff ich, daß ich trotzdem zu weit gegangen war. Ich als Mann hätte die Übersicht behalten müssen.« Unser kleiner Ausreißer ist, wie man sieht, doch ein rechter DDR-Musterknabe.

Schließlich und vor allem hat Plenzdorf eine massive didaktische Schlußpointe in Reserve, die er den Lesern gleich am Anfang mitteilt: Während der Arbeit an seiner Erfindung wird Edgar in der verlassenen Laube vom elektrischen Schlag getroffen und stirbt. Doch tötet den Jungen mitnichten jener Zufall, den man gern als blind bezeichnet. Edgar wird vielmehr zum Opfer seines Leichtsinns, seiner Querköpfigkeit und Einzelgängerei, seiner Unfähigkeit sich einzureihen und unterzuordnen. Der tote Edgar weiß auch genau, was sein größter Fehler war: »Ich war zeitlebens schlecht im Nehmen. Ich Idiot wollte immer der Sieger sein.«

Was wollte nun Plenzdorf zeigen? Daß in der DDR für einen

jungen Menschen mit Charakter das Leben im Kollektiv eine Qual sei? Wollte er sagen, was Wolf Biermann schon 1962 ausgedrückt hat mit den Versen: »Er ist für den Sozialismus/Und für den neuen Staat/Aber den Staat in Buckow/Den hat er gründlich satt«? Oder wollte Plenzdorf mit Schiller predigen: Ans Kollektiv, ans teure, schließ dich an, das halte fest mit deinem ganzen Herzen, hier sind die starken Wurzeln deiner Kraft? – Ich meine: Beides ist unzweifelhaft in seiner Erzählung, und man sollte sich hüten, nur eine der beiden Seiten zu sehen.

Auch sollte man sich nicht wundern, daß diese »Neuen Leiden des jungen W.« in der DDR außerordentlich ernst genommen werden und größtes Aufsehen hervorrufen. Nichts in dieser letztlich so dürftigen Erzählung signalisiert zwar den »lang erwarteten Anfang einer neuen Literatur«. Doch ist sie ungleich mehr als die »Love Story«.

Plenzdorfs geschickt präpariertes Opus gehört zu jenen Büchern – auch für Remarques »Im Westen nichts Neues«, auch für Hochhuths »Stellvertreter« gilt dies –, deren künstlerische und intellektuelle Bedeutung geringfügig oder fragwürdig ist und die dennoch wichtige literarische Dokumente ihrer Zeit sind, weil sie zum ersten Mal etwas artikulieren oder erkennen lassen, was vorher überhaupt nicht oder nicht so deutlich sichtbar war.

(1973)

Der Droste jüngere Schwester

»Die ganze Welt ist Bühne« – heißt es bei Shakespeare. Für die Lyrikerin Sarah Kirsch ist die Welt eher eine Folie. Ihre Poesie bietet keine Lebensdeutung. Vielmehr vergegenwärtigt sie Seelenzustände: Sie macht Empfindungen und Stimmungen bewußt. Wem? Dem Leser? Nicht unbedingt.

Gewiß wäre es übertrieben, wollte man sagen, er werde von Sarah Kirsch ignoriert. Schließlich läßt sie ihre Verse drucken. Aber sie wendet sich nicht dem Leser zu, sie ist nicht einmal auf ihn angewiesen, will ihn nicht ermahnen oder gar überzeugen. Vom Pädagogischen will diese Lyrikerin nichts wissen, den Ehrgeiz des Aufklärers kennt sie nicht, der Gestus des Agitators ist ihr fremd. Ob sie singt oder scheinbar nur vor sich hin spricht, ob sie schreit oder flüstert – ihre Gedichte sind Selbstgespräche, ihre Poesie ist Selbstbekenntnis und Selbstdarstellung. Nur hierzu benötigt sie die Welt als Hintergrund.

Leitmotiv und Dominante dieser Verse ist eine große Sehnsucht. Nach Freude, nach Erfüllung und Glück? Oder nach Selbstverwirklichung? Man kann es kürzer sagen, mit einer einzigen Vokabel, die all das umfaßt: nach Liebe. Von ihr handelt Sarah Kirschs Lyrik auch dann, wenn Liebe mit keinem Wort erwähnt wird. Diese Dichterin ist eine Panerotikerin. Und das soll heißen: Erotisch ist nicht nur ihr Verhältnis zu den Menschen, sondern auch zur Heimat und zur Natur, zum Geist und zur Literatur, ja, sogar zur Politik.

Schon in einer ihrer frühesten lyrischen Veröffentlichungen, der »Dreistufigen Drohung«[1], fällt die für Sarah Kirschs Verse bezeichnende innere Spannung auf:

Du willst jetzt gehn?
Das sag ich dem Mond!
Da hat sich der Mond
im Großen Wagen verladen,
der fühlt mit mir, weißzahnig
rollt er hinter dir her!

Die Klinke drückst du?
Ich sag es dem Wind!
Er schminkt dich
mit Ruß und Regen
peitscht dich mit Hagelkörnern,
glasmurmelgroß.

Du mußt jetzt fort?
Gut, ich sag es keinem.
Ich werde ohne Tränen
und Träume schlafen;
nichts hindert dich.

Nicht ohne Feierlichkeit werden sie hier angerufen: der Mond und
die Sterne, die den großen Wagen bilden, der Wind, der Regen und
der Hagel. Aber hinter diesen pathetischen Apostrophen und den
großen Gebärden verbirgt sich eine spröde Beichte. Jemand, gewiß
eine Frau, wurde verlassen und will sich damit nicht abfinden. So
ist die Anklage in Wirklichkeit eine Klage: Die Liebende, die in
den ersten beiden Strophen heftig protestiert, ja, empört aufschreit,
erkennt ihre Ohnmacht. Mit der leisen Ankündigung in der letzten
Strophe – »Gut, ich sag es keinem« – wird sie sich bewußt, daß sie
die Rückkehr des Ungetreuen nicht erzwingen, sondern bestenfalls
erbitten kann. Nichts hindere ihn, sagte sie, fortzugehen – was
wohl bedeuten soll: Nichts hindert dich, es sei denn der Umstand,
daß du mich unglücklich machst und mich wieder glücklich machen könntest. Wie elegisch der Ton der letzten Strophe auch sein
mag – sie weigert sich zu kapitulieren, sie hört nicht auf zu hoffen.
    Die dreistufige Drohung ist also eine dreifache, dreistufige Bitte.
Und was zunächst wie Auflehnung anmuten mag, geht auf das
Bedürfnis nach Hingabe zurück. Anders ausgedrückt: Die Rebellion zielt auf Unterwerfung ab. So bilden Trotz und Demut hier

keinen Gegensatz. Es sind vielmehr die Pole dieses Gedichts, die
Pole der Liebeslyrik Sarah Kirschs.

Die Liebe wird von ihr niemals als etwas Selbstverständliches
aufgefaßt. Sie ist gleichsam ein Geschenk, eine Gnade oder ein
Fluch, auf jeden Fall aber eine Notwendigkeit, auf die sich unter
keinen Umständen verzichten läßt: »die Fische sind zwei / die
Vögel baun Nester wir / stehn auf demselben Blatt.« Und in einem
anderen Gedicht heißt es, keinen Zweifel duldend und jeden Widerspruch wegwischend: »Lieber zu Zweit verhungern als Einzeln
/ In goldenen Wagen spazieren fahren.« So kennt diese Poesie
keine Gelassenheit, und von Distanz will sie nichts wissen. Charakteristisch für die Gedichte Sarah Kirschs ist nicht etwa die Viel-
falt der Empfindungen, sondern deren Stärke, nicht der Reichtum
an Stimmungen, sondern deren Heftigkeit.

Es ist eine Lyrik der großen Gefühle und der mächtigen Leiden-
schaften, des hochgespannten Tons und des dramatischen, wenn
auch nicht melodramatischen Gestus. Daher schwanken diese
Verse zwischen den Extremen, zwischen strahlendem Sonnenlicht
und düsterer Nacht. Ihre Skala reicht von der Erfüllung bis zur
Verweigerung, von leiser Zärtlichkeit bis zu dröhnender Wut und
gewaltigem Zorn, von der Seligkeit des Triumphs bis zur Bitterkeit
der Niederlage. Frühling und Herbst, die in der deutschen erotischen Dichtung so beliebten Jahreszeiten, spielen bei Sarah Kirsch
kaum eine Rolle. Sie bevorzugt den heißen Sommer und den kalten
Winter.

Ob himmelhoch jauchzend oder zum Tode betrübt – sie schrei-
tet den ganzen Kreis der Schöpfung aus, vom Himmel durch die
Welt zur Hölle, und verwandelt alles, übermütig und treuherzig
zugleich, in die Szene ihrer Liebe. Die Frau, die im Mittelpunkt
dieses poetischen Universums steht, sehen wir meist, wie schon in
der »Dreistufigen Drohung«, als Abgewiesene, als Betrogene oder
Verschmähte: Jemand hat sie gekränkt und verletzt, sie gibt nicht
auf, sie wehrt sich, hofft und wartet. Häufiger als Triumphmeldun-
gen oder Liebesbeteuerungen finden sich in Sarah Kirschs Lyrik
Notsignale, Hilferufe und auch schreckensvolle Verdammungen.

Das Gedicht »Fluchtformel« wünscht dem »Zarthäutigen«, dessen Poren verstopft seien und der »die einfachsten Dinge« nicht

mehr vernehmen könne, Eis »zwischen die Zehen mit denen ich /
Einstmals die Finger verflocht«. Die »Rufformel« appelliert an
Phöbus, den Geist des Ungetreuen zu verwirren, daß er nicht
weiß,

... ob er Ovid
Gelesen oder gesehen hat ob ich
Sein Löffel seine Frau bin oder
Nur so ein Wolkentier
Quer übern Himmel

Doch hinter dieser Aggressivität verbirgt sich nichts anderes als die
Selbstverteidigung einer Unglücklichen, die sich tödlich getroffen
fühlt: Die Intensität der Verwünschung läßt die Intensität der Bin-
dung erkennen.

Aber man sollte Sarah Kirschs bisweilen geradezu raubtierhafte
Aggressivität nicht immer und nicht unbedingt für bare Münze
nehmen: Was sich in diesen Versen an Passion (nicht ohne gelegentliche Koketterie) und an Zorn (nicht ohne Anmut) findet, hat
mit ihrem Lebensgefühl zu tun, dem man magische Züge nachsagen kann, und mit ihrer Affinität zum Märchenhaften. Und das
Märchenhafte ist mehr als ein Ornament ihrer Lyrik – es bildet ihr
geheimes Fundament.

Nicht nur Menschen und Götter, auch Tiere, Bäume und Pflan-
zen, Flüsse und Gestirne, Naturphänomene jeglicher Art und
schließlich sogar tote Gegenstände – sie alle nehmen an den dramatischen Vorgängen teil, müssen den Liebenden beistehen oder sie
rächen, sie sollen ihre Gefühle und Stimmungen sichtbar und spürbar machen: Es sind Akteure auf einer Bühne, die riesig ist und
dennoch stets intim bleibt.

Geh unter schöne Sonne, stirb
weniger kunstvoll, Haus zerfall
zögert nicht: mein grauer Delphin
ist hin zu anderer Küste geschwommen

Im »Klagruf« ist »mein schneeweißer Traber« durchgegangen. Das
Gedicht »Unglück läßt grüßen« beginnt mit den Worten: »Seit er
fort ist fallen Palmen um ...« Und in dem Gedicht »Der Himmel
schuppt sich« wird der Schnee zu Hilfe gerufen: »Schnei ihn ein,

Schnee fall aus allen Wolken / bring Nacht, Mauern aus Eis, teil /
deine Flocken ohne Unterlaß, roll ihn in Hochlandlawinen.«

Der Schnee, heißt es hier, sei das »Reimwort auf Weh«. Was
immer Sarah Kirsch sieht und evoziert – es sind Reimworte auf ihr
Weh und Glück. Und wohin sie, getrieben von der Sehnsucht nach
fremden Orten und Welten, auch kommen mag – wenn sie etwas
entdeckt, dann die Kontinente der eigenen Seele. Sie findet stets
sich selbst: »In Pflaumenmuskesseln / spiegelt sich schön das eigne
Gesicht und / Feuerrot leuchten die Felder.«

Das Gedicht »Schwarze Bohnen« vergegenwärtigt mit äußerster
Knappheit die Niedergeschlagenheit oder Verzweiflung einer
Frau, die offenbar vergeblich auf ihren Freund gewartet hat:

Nachmittags mahle ich Kaffee
Nachmittags setze ich den zermahlenen Kaffee
Rückwärts zusammen schöne
Schwarze Bohnen
Nachmittags ziehe ich mich aus mich an
Erst schminke dann wasche ich mich
Singe bin stumm

Die emotionale Substanz und die sprachliche Einfachheit dieser
Verse (freilich mit dem erstaunlichen, gleichnishaften Motiv der
schwarzen Bohnen) beglaubigen sich gegenseitig. Die Diktion ihrer Lyrik verpönt das Preziöse und liebt das Kuriose. Gern läßt
Sarah Kirsch ihre Figuren in verfremdenden, zumal mittelalterlichen Kostümen auftreten. Ja, sie hat bisweilen eine Schwäche für
das Skurrile. Sie ist jedoch stark genug, um das, was sie darstellt,
nicht zu skurrilisieren. Mit anderen Worten: Ihre Poesie ist authentisch.

Es fehlt in Sarah Kirschs Versen keineswegs an Bildern anmuti-
ger Landschaften und moderner Großstädte, und es sind Bilder
von hoher Plastizität und Suggestivität. Aber ob es Berlin, Moskau
oder Venedig ist, die Mark Brandenburg oder die Toscana, die
Ostsee oder der Apennin – die Topographie liefert nur den Hintergrund, die Landschaften dienen bloß als Schauplätze. Es sind Pro-
jektionsflächen für psychische Erlebnisse, die mit diesen Orten
wenig oder nichts zu tun haben.

Das Gedicht »Moskauer Tag« zeichnet eine idyllische Szene auf einem Platz in der Innenstadt von Moskau. Die hier berichtet, sitzt in der Sonne und raucht. Sie registriert, was sie sieht: ein Puschkin-Denkmal, Fontänen, Spatzen und Tauben, einen Bauer im schwarzen Mantel, eine Großmutter mit einem gebündelten Säugling. Inmitten dieser Beschaulichkeit wird sich die Besucherin ihrer eigenen Person bewußt: »Saß da / Mit mir auf der Bank ich in der Mitte ich rechts von mir / Und links auch noch.« Etwas weiter folgt die trotzige und natürlich unwahre Behauptung: »Mir tat nichts weh ich wünschte dich nicht.«

In Venedig ergeht es ihr nicht anders: Der Markusplatz kann sie von ihrer eigenen Existenz, von ihrer Sehnsucht nicht ablenken. Was also fällt ihr dort ein? »Daß es hier Steine gibt, auf denen / Im Winter dein Fuß stand.«

In einem anderen Venedig-Gedicht sieht sie, im Café Florian am Markusplatz sitzend, »mein Kind, das als Geisel in Berlin-Mitte geblieben war«. Die Prosaminiatur »Die Toscana« widmet dem Marktplatz von Siena und dem Dom, dem »sechzehnbeinigen Zebra« mit dem zuckenden Fell, nur wenige Worte, stellt indes fest: »Tage später träum ich den Platz. Drauf stehn, die ich liebe, nun zwei...«

Wer sich nach jener tragischen Grundhaltung sehnt, der ein großer Teil der deutschen Lyrik auch unseres Jahrhunderts gerecht werden möchte, wird bei Sarah Kirsch nicht auf seine Rechnung kommen. Ihr Artistentum nährt sich aus einer trotzigen und elementaren Lebensbejahung, aus einem Daseinsgefühl, das man vitalistisch nennen könnte. Erotik und eine Naturverbundenheit, die frei von vager Naturschwärmerei ist, finden hier zu einer selbstverständlichen Einheit zusammen.

Die Landschaft sei »groß und voller Bewegung« heißt es im Gedicht »Das schöne Tal«: Berge, schwarze Wolken, Blitze, krachende Donner, eine wahre Sintflut und »alles in einer Glocke«. In der zweiten Strophe schrumpft der Raum: statt der mächtigen Landschaft nur noch das kleine Auto, das dieses Gebirgstal durchquert. Und während sich am Ende der ersten Strophe die »Blitze bespringen«, endet die zweite mit den Worten: »Er legt mir die Hand in den Schoß.«

Ähnlich beschwört die Prosaminiatur »Anziehung« in nur drei
Sätzen, lapidar und generös zugleich, den Nebel und den Mond,
die Wolken, das Eis und See. Indes lautet der vierte und letzte Satz
schlicht: »Komm über den See.« Für diese hocherotische Weltsicht
bietet das Gedicht »Rot« die poetische Formel:

> In Olevano
> Fangen die Berge
> Im Schlafzimmer an, die Akazien wachsen
> Ein ganzer Wald aus dem Spiegel ...

Und in dem Gedicht »Verloren« ist eine geplante Reise des Liebes-
paars mit der Fortbewegung seines Bettes identisch: »... in zwei
Wochen / Steht es auf der Piazza Navona oder / Wir segeln Mund
an Mund durch die Berge ...«

Diese betont emotionale Perspektive, die ebenso Hingabe wie
Trotz umfaßt, kennzeichnet zugleich Sarah Kirschs Beziehung zur
DDR und zum Kommunismus. Für sie, die 1935 geboren wurde
und in dem Land zwischen der Elbe und der Oder aufwuchs, war
die DDR das prägende, das entscheidende Jugenderlebnis.

Das methodische und diskursive Denken ist ihr fremd, sie reagiert auf die Umwelt vor allem intuitiv und impulsiv. Natürlich
konnte die Bürgerin der DDR die Politik schwerlich aussparen
oder gar ignorieren, gewiß wäre es falsch oder zumindest überspitzt, wollte man sagen, ihr Verhältnis zur SED, der sie viele Jahre
angehörte, sei unpolitisch gewesen. Aber eine politische Dichterin
war sie nie.

Was die Buchstaben DDR der Sarah Kirsch bedeuteten, hatte
nur bedingt mit ideologischen und politischen Kategorien zu tun.
Denn sie symbolisieren für sie eben nicht bloß den Staat, zu dem
sie sich bekannte, und nicht bloß die von ihm vertretene Doktrin,
sondern zugleich und in erster Linie die Heimat – und dies keineswegs nur im geographischen Sinne.

Sie suchte in der DDR und in der SED, was sie von Jugend an
dringend benötigte: Zuflucht und Obhut. Sie fand dort, um es mit
einer altmodisch klingenden Vokabel anzudeuten, »Geborgen-
heit«. So war es ein Verhältnis – und die Zweideutigkeit dieses
Wortes ist hier durchaus angebracht –, das in hohem Maße von

Gefühlen bestimmt wurde, vom elementaren Bedürfnis nach Vertrauen und Freundschaft.

Nicht der Klassenkampf zog die junge Sarah Kirsch an, wohl aber die gemeinsame Aktion, nicht marxistische Gedanken faszinierten sie, wohl aber die menschlichen Beziehungen zwischen den im Zeichen einer nationalen Aufgabe und einer übernationalen Idee vereinten Individuen. Es war ein gleichsam intimer, ja, fast schon erotischer Patriotismus, der sie mit der SED-Welt verband: In einem ihrer frühen Gedichte nannte sie die DDR »mein kleines wärmendes Land«.

Die Entwicklung in den späten sechziger Jahren – und erst recht in der folgenden Zeit – blieb nicht ohne Einfluß auf Sarah Kirsch: Sie reagierte auf die Zustände in der DDR unruhig und eigenwillig und mit wachsender, vornehmlich emotionaler Skepsis. In widerborstigen, sprunghaften und schwermütigen Versen hat sie Erfahrungen häufiger verallgemeinert als verschlüsselt, doch auf jeden Fall scharf artikuliert.

Viele dieser Gedichte lassen sich als Idyllen bezeichnen – nicht beschauliche freilich, sondern düstere: Sie sollen weder besänftigen noch trösten, hingegen sollen sie aufstören, mit poetischen Mitteln irritieren, wenn nicht provozieren. Eine solche Idylle ist das Gedicht »Trauriger Tag« aus der Sammlung »Landaufenthalt« (1967): »Ich bin ein Tiger im Regen / Wasser scheitelt mir das Fell / Tropfen tropfen in die Augen.« Die Friedrichstraße wird erwähnt, der Alexanderplatz, die Spree. Aus den Versen spricht Wut: »Ich brülle am Alex den Regen scharf.« Und: »Ich fauche mir die Straße leer / und setz mich unter ehrliche Möwen.« Muß man zu den Möwen gehen, um sich nicht einsam zu fühlen? Was verbirgt sich hinter dem dunklen, bösen Stimmungsbild? Etwa die List der Naivität? Jedenfalls geht es nicht um Persönliches, denn das Fazit lautet: »Ich meine es müßte hier / noch andere Tiger geben.«

Enttäuschung und Verbitterung bilden den Urgrund vieler dieser Gedichte, das Bewußtsein der Bedrohung bestimmt ihr Klima:

Die Nacht streckt ihre Finger aus
Sie findet mich in meinem Haus
Sie setzt sich unter meinen Tisch
Sie kriecht wird groß sie windet sich

Und weil jene, die hier spricht, bedroht ist, wenden sich die Menschen von ihr ab, Angst erfüllt ihr Zimmer wie Rauch:

> ... dann
> Zähl ich alle meinen lieben
> Freunde an den Fingern ab
> Es sind zu viele Finger, die ich hab
> Zu wenig Freunde sind geblieben

Das Gedicht »Nachricht aus Lesbos«, ebenfalls im Band »Zaubersprüche« (1973) enthalten, weist schon auf den Jahre später erfolgten Bruch zwischen Sarah Kirsch und ihrer Welt hin: Eine Frau weigert sich zu leben, »wie die Schwestern wollen«. Sie kann nicht mehr »die runden Wangen lieben«, sie will und muß sich für das andere Geschlecht entscheiden: »Nachts ruht ein Bärtiger auf meinem Bett.«

Diese Abwendung ist politisch gemeint, die ersten beiden Verse sagen es unmißverständlich: »Ich weiche ab und kann mich den Gesetzen / Die hierorts walten länger nicht ergeben.« So wird der sexuelle Wechsel mit der Abweichung von der Parteilinie assoziiert. Und es handelt sich nicht etwa um einen nur instinktiven Entschluß. Denn die Wandlung trat ein »in meinen grauen Zellen«, sie ist ein Protest gegen »das Nichts das bei uns herrscht«, gegen eine sterile Gesellschaft, in der Abweichler mit dem Tod bestraft werden.

Ähnlich wird – in dem Gedicht »Schneeröschen« – erotische Vereinsamung zum Bild politischer Gefährdung. Die hier berichtet, sieht sich von einer stündlich wachsenden Schneehecke umgeben: »Keiner kommt durch ich befinde mich abgeschnitten / Weg sind die Wege...« Doch jener, der sie retten könnte, schlägt aus dem Eis ein Abbild, kauft »gläserne Blumen« und verfaßt »den künstlichsten Nachruf«, der ihn berühmt macht »unter den Eisdichtern des Landes«.

Die Liebe ist in Sarah Kirschs Lyrik auch die Metapher für die Teilung Deutschlands. »Die dunkle, die weggleitende Sonne« weckt die Erinnerung an »dich, auf der anderen Seite der Welt«. In einem anderen Gedicht aus dem Band »Rückenwind« (1976) heißt es: »... mein Himmel / Dehnt sich will deinen erreichen / Bald

wird er zerspringen...« In dem Gedicht »Der Milan« hören wir
von einem wüsten Vogel, der

noch arglos
Segelt in Lüften. Hat er dich
Im südlichen Auge, im nördlichen mich?
Wie wir zerrissen sind, und ganz
Nur in des Vogels Kopf...

Ein uraltes Motiv wird hier aufgenommen und variiert: Es ist die
Geschichte von den beiden Königskindern, die einander so lieb
hatten und zusammen nicht kommen konnten. Und wie eh und je
lautet die Anklage: Schlecht ist die Welt, die das Glück der Liebenden verhindert.

»Herzschöner wollen wir Julia und Romeo sein?« – lautet die
scheinbar treuherzige Frage in dem Gedicht »Datum«. Es sei gün-
stig, man wohne »Wohl in der gleichen Stadt, aber die Staaten /
Unsere eingetragenen Staaten gebärden sich, meiner / Hält mich
und hält mich er hängt so an mir...« Wenige Seiten weiter findet
sich in diesem Band das Gedicht »Ende Mai«. Es ist nicht ein
lyrisches Ich, das hier seine Absichten verkündet, sondern Sarah
Kirsch selber: Sie will sich »aus den Stäben der Längen- und Brei-
tengrade endlich« befreien.

In der »Trennung«, einem der zentralen Bekenntnisgedichte aus
dem Band »Drachensteigen« (1979), erklärt eine Verzweifelte, was
sie zu tun gedenkt: »Wenn ich in einem Haus bin, das keine Türen
hat / Geh ich aus dem Fenster.« Nachdem sie sich für den ausge-
bürgerten Wolf Biermann engagiert hatte und aus der SED verstoßen wurde, verließ Sarah Kirsch im August 1977 die DDR und lebt
seitdem in West-Berlin.

Das Verbum »verlassen« klingt in diesem Zusammenhang allzu
harmlos, die Vokabel »Flucht« träfe nicht zu, da die Übersiedlung
von den Behörden der DDR genehmigt wurde. Gleichwohl haben
wir es mit einem hochdramatischen Vorgang mit deutlich erotischen Zügen zu tun: Diese Abwendung von der DDR erinnert an
den Abbruch einer langjährigen Liebesbeziehung. Unverkennbar
ist der Schmerz einer Liebenden, die begreift, daß sie von ihrem
Partner getäuscht und hintergangen wurde, und die dennoch die

Gefühle, die sie für ihn von Jugend an hatte, unter keinen Umständen missen möchte.

Mit ihrer Übersiedlung in den Westen trennte sie sich von ihrer Heimat, ohne damit ihr zentrales Erlebnis im nachhinein zu verurteilen. In dem Gedicht »Der Rest des Fadens«, dem ersten in West-Berlin geschriebenen, hat sie hierfür das poetische Bild gefunden. Vom Drachensteigen ist die Rede, von einem »Stern aus Papier«, der »unhaltbar ins Licht gerissen« wird und entschwindet. Das Fazit, gleichsam die Bilanz einer Generation, die sich in der DDR dem Kommunismus verschworen hat und die an ihre Zeit der großen Illusion mit Rührung zurückdenkt, lautet: »Uns gehört der Rest des Fadens und daß wir dich kannten.« Was wohl heißen soll: Unsere Hoffnung wurde enttäuscht, man hat uns betrogen. Doch haben wir das Glück gekannt, an Ideale zu glauben, an eine Utopie. Und dieses Glück kann uns keiner mehr nehmen.

Die Metapher vom Rest des Fadens, dem unnützen und doch kostbaren, beweist abermals, in wie hohem Maße Sarah Kirsch dem Visuellen verpflichtet ist: Ihre Gedichte gehen von Bildern aus oder laufen auf Bilder zu, ihre Verse sind voll Farbe, voll Licht und Schatten, Blitz und Donner. Sie erinnern uns daran, daß es auch in unserer modernen Welt Phänomene gibt (und zwar keineswegs periphere), die sich nur auf dem Weg über die Lyrik erschließen lassen.

Aber was immer Sarah Kirsch benennt, worauf sie auch verweist – sie befaßt sich unentwegt mit der eigenen Person. Doch fühlt sich der Leser, wie wenig sie ihn beachten mag, niemals abgewiesen oder ausgesperrt. Im Gegenteil: Der Spielraum, den ihm Sarah Kirsch zwischen den Worten und Zeilen gönnt, erschwert zwar oft die Deutung ihrer Motive, fordert indes zugleich seine Phantasie heraus. Gerade ihre natürliche, gänzlich selbstverständliche und nie um Rechtfertigung bemühte Egozentrik und zugleich jener weite Spielraum bieten dem Leser, wonach er sich, bewußt oder unbewußt, sehnt: Identifikationsmöglichkeiten.

Indem sie immer nur zeigen will, was, mit Goethe zu sprechen, »durch das Labyrinth der Brust / wandelt in der Nacht«, artikuliert sie ein weibliches Existenzmodell, das freilich unsere militanten Feministinnen befremden, wenn nicht entsetzen muß: Indem sie von sich selber spricht, spricht sie im Namen anderer. Darin liegt eine der Ursachen ihres starken Erfolgs.

Exemplarisch ist in dieser Hinsicht die glanzvolle Parabel vom König. Sie beginnt mit den Worten »Ich wollte meinen König töten / Und wieder frei sein«, erzählt von einer Rebellion gegen die Abhängigkeit und endet, auf den Judaskuß im Markus-Evangelium anspielend, mit der überraschenden Unterwerfung: »Küßte den andern, daß meinem / König nichts widerführe.« Ein Gleichnis also vom Individuum, das den Zwang freiwillig auf sich nimmt. Aber welchen Zwang? Wer ist der König? Der Staat? Das Kollektiv? Der Kommunismus? Die Kunst? Oder vielleicht eine Person? Der Geliebte? Der Ehemann? Man soll einer Dichtung nicht abpressen, was sie sich selber gibt. Die Antwort kann nur lauten: Jeder hat seinen König.

In einem ihrer Gedichte besingt Sarah Kirsch die große Annette von Droste-Hülshoff, die Wolfgang Koeppen einmal eine Besessene nannte, eine Poetin, die sich »immerfort bespiegelte und nicht begriff«[2]. Ehrerbietig setzt die Spätgeborene an: »Der Droste würde ich gern Wasser reichen.« Doch bald fallen auch in diesen Versen diskrete erotische Akzente auf: Die beiden Lyrikerinnen sitzen am Spinett und spielen »vierhändig Reiterlieder oder / Das Verbotne von Villon / Der Mond geht auf – wir sind allein«. Die Vertraulichkeit verblüfft, die Nachbarschaft mag kühn sein. Ein Sakrileg ist sie nicht.

(1980)

Auf hohem Seil und ohne Netz

Dieser Erzähler macht es uns schwer. Er stellt hohe Ansprüche an unsere Aufmerksamkeit, er verlangt von uns viel Geduld. Seine Prosa ist unbequem, seine Sätze sind widerborstig. Ihre Lektüre erinnert nicht an einen angenehmen Spaziergang in einem Park oder Wald. Vielmehr gleicht sie einer mühseligen Wanderung auf einem steilen und steinigen Pfad. Man ermüdet rasch – und steigt weiter. Man stöhnt und ächzt – und genießt. Man ärgert sich und ist entzückt. Man leidet und ist glücklich, daß es dieses Buch gibt.

So etwa stelle ich mir seinen Autor vor: ein trockener Archivar, ein leidenschaftlicher Bücherwurm, ein hartnäckiger Pedant, ein Haarspalter und Silbenstecher, ein zäher Umstandskrämer. Trotzdem ist er keineswegs ein abscheulicher Kerl. Denn er hat zugleich Witz, Geschmack und Phantasie, er ist ein bitterer Humorist und ein nachdenklicher Ironiker. Er verbindet Bildung und Welterfahrung mit Artistik. In seiner Diktion fällt ebenso Intelligenz auf wie Musikalität. Er ist ein verantwortungsbewußter Virtuose: So effektvoll seine Prosa, so wenig lebt sie über ihre Verhältnisse. Er ist ein Akrobat, der auf hohem Seil arbeitet und überdies ohne Netz. Wer ihm zusieht, ohne unruhig zu werden, der hat nicht begriffen, worum es hier geht. Der Mann heißt Hans Joachim Schädlich, er wurde 1935 geboren und wohnt in Ost-Berlin. Er ist ein gelernter und promovierter Germanist. Aber er hat sich von der Germanistik nicht verderben lassen. Vielmehr hat er als Erzähler seinem Fach allerlei zu verdanken. Unentwegt schaut der Wissenschaftler dem Künstler über die Schulter. Dennoch entstehen nicht jene sterilen Produkte, die man als Lektorenprosa zu bezeichnen pflegt. Schädlich ist ein *poeta doctus*, ohne deshalb impotent zu sein.

Das Buch »Versuchte Nähe«[1], mit dem seine literarische Laufbahn beginnt, enthält 25 in jeder Hinsicht sehr unterschiedliche

Geschichten – Parabeln, short stories, Skizzen, Genrebilder. Die meisten umfassen weniger als zehn Seiten. Die Reihenfolge dieser Geschichten scheint ganz willkürlich, ein Kompositionsprinzip läßt das Buch nicht erkennen. Offensichtlich handelt es sich hier nur um eine Zusammenfassung von kurzen Prosastücken, die der Autor im Laufe der letzten sieben Jahre geschrieben und nun zwischen zwei Buchdeckeln vereint hat. Indes haben wir es keineswegs mit einem Band bloß von des Buchbinders Gnaden zu tun: Die auf den ersten Blick disparate Sammlung zeichnet sich durch eine geradezu verblüffende Einheitlichkeit aus. Denn alle diese Geschichten gehen auf einen einzigen Impuls zurück: Schädlich ist ein Schriftsteller mit einer Obsession – und ihr Name lautet: DDR.

Was er erzählt, spielt sich in verschiedenen Epochen ab. Aber gemeint ist die unmittelbare Gegenwart. Der Schauplatz wechselt. Trotzdem gibt es in dieser Prosa, genau betrachtet, nur einen Schauplatz – die Welt nämlich, in der der Autor Schädlich lebt und an der er leidet. Wie groß die Zahl seiner Figuren auch ist – es sind stets Opfer gesellschaftlicher Verhältnisse; welche Motive er auch abhandelt – es geht immer um die Wechselbeziehung zwischen Individuum und Staat, um die Frage nach dem Verhältnis von Geist und Macht, von Literatur und Politik.

So berichtet Schädlich von dem im sechzehnten Jahrhundert lebenden Dichter Nikodemus Frischlin, der verhaftet wird, weil er den »Adel des Landes in all seinem Wesen und Tun abscheulich angetastet«, der es aber ablehnt, sich zu rechtfertigen: »Es hat sie verdrossen, daß ich ihnen gesagt hab, was sie für schöne Gesellen sind. Die Poeten haben Macht, den Leuteverächtern ihre Bubenstücke zu sagen, und sind nicht schuldig, einem jeden Großhans darum Rede und Antwort zu geben. Das sind Freiheiten eines Poeten, und wo das nicht ist, so hat man keine.«

In einer anderen Geschichte ist von einem Mann namens Tibaios die Rede. Er wünscht, seine Heimat, ein »mittleres Land«, zu verlassen, möchte es aber nicht illegal tun, weshalb man ihm rät, sich an einen »Kundigen« zu wenden. Dieser will die »Gründe« kennen: »Soll es als Recht gelten, daß man Gründe nenne, sagte Tibaios, so nenne ich, daß ich fremd geworden bin allem; und wie ein

Fremder werde ich gehalten.« Sein Gesuch, muß er vom »Rat« erfahren, sei ein »Ansinnen«, die Antwort, die man ihm gibt, lautet: »Es ist dem Menschen nur zu eigen, daß er die Vorteile der Gegenwart verkennt... Bleib Er!«

Das gleiche Motiv kehrt in dem kaum fünfzig Zeilen umfassenden Prosastück »Schwer leserlicher Brief« wieder, dessen Prägnanz an Kleistsche Anekdoten erinnert: Ein Ost-Berliner Arbeiter, dem man nicht erlaubt hat, seinen in West-Berlin lebenden, schwerkranken Vater zu besuchen, schreibt: »Da also ich, Einwohner meines Landes, trotz genanntem Grund aufgehalten werde, ersuche ich hiermit Sie, auf der Liste der Einwohner mich auszustreichen... Weil, wenn nicht gelten soll, was meine Sache ist, ich an falschem Ort wohne... Hoffe, daß ich gehen kann, wo ich zum Land nicht mehr gehöre.«

Diese drei Geschichten zeigen auch die außergewöhnlich große Skala der stilistischen Mittel Schädlichs. Er ist, ließe sich zusammenfassend sagen, ein Manierist, der mit einer kunstvollen und jeweils anderen Diktion den Abstand von seinen Gegenständen anstrebt. Der »Kurze Bericht vom Todfall des Nikodemus Frischlin« ahmt virtuos den Tonfall mittelalterlicher Chroniken nach. Die Geschichte »Tibaios« hat streckenweise den Duktus einer biblischen Parabel. Der »Schwer leserliche Brief« ist in der unbeholfenen Sprache eines Arbeiters geschrieben, der sich um den offiziellen Kanzleistil bemüht. In der Geschichte »Unter den achtzehn Türmen der Maria vor dem Teyn« schildert Schädlich mit spöttischer Sachlichkeit und ironischer Umständlichkeit eine erfolgreiche Aktion des Staatssicherheitsdienstes. Während eines Besuchs in Prag im August 1968 haben sich zwei Jugendliche aus der DDR in der westdeutschen Tagesschau geäußert, allerdings mit dem Rücken zur Kamera. Die »eingefangenen Stimmen« werden von dem »Institut für einheimische Sprache« einwandfrei identifiziert: »Die Beauftragten klären die Zusammenhänge. Das Machtinstrument ist gefährdet worden durch Hetze, die organisierte Macht des werktätigen Volkes verleumdet, das ist an der Stimme zu erkennen.« Während Schädlich diese Geschichte aus dreizehn kurzen Sequenzen komponiert hat, bietet er in dem Prosastück »Einseitige Ansehung« bloß die Beschreibung eines Ost-Berliner Bahnhofs:

Distanziert und minutiös schildert er das Gebäude, in dem die Grenzkontrollen innerhalb der Stadt Berlin durchgeführt werden. Auf kommentierende Bemerkungen kann der Autor verzichten: Allein die umständliche Genauigkeit der Darstellung verdeutlicht das Unheimliche des Ortes.

An Psychologie ist Schädlich nur selten interessiert. Denn wichtiger als die Charaktere sind für ihn charakteristische Situationen. Auf symptomatische und beispielhafte Konstellationen kommt es ihm an, sie möchte er möglichst deutlich erkennbar machen. Und um von dem Typischen eben dieser Konstellationen nicht abzulenken, hat er keine Bedenken, seine Gestalten zu typisieren. Daß sie dennoch mehr sind als nur Demonstrationsobjekte in gleichnishaften Zustandsbildern und Geschichten, hat mit dem emotionalen Untergrund des Buches »Versuchte Nähe« zu tun. Allem Anschein zum Trotz dominieren in Schädlichs Prosa nicht Aggressivität oder Haß, sondern Entsetzen und Trauer. Dieser Ironiker, Satiriker und Gesellschaftskritiker, dieser Parodist und Stilvirtuose ist, ungeachtet seiner grimmigen Sarkasmen, ein Dichter des Mitleids. »Es ist schade um die Menschen«, klagt Indras Tochter in Strindbergs »Traumspiel«. Auch Schädlich sagt dies immer wieder, allerdings und glücklicherweise nur zwischen den Zeilen seiner Geschichten.

So erzählt er nicht ohne Mitleid in der mit makabrem Humor geschriebenen Geschichte »Kleine Schule der Poesie« von einem jungen DDR-Dichter, der vom »Gleichklang gekrümmter Stimmen« nichts wissen will und gegen die »Heere hündischer Aufpasser und die großen Sachverständigen« rebelliert, jedoch verhaftet und so gründlich belehrt wird, daß er schließlich nur noch schreibt, was man von ihm erwartet. Freilich stört ihn bei einer öffentlichen Lesung eine Stimme, »die, unbedacht, fragt nach Gründen für Krümmung«. Nicht einmal dem Staats- und Parteiführer verweigert Schädlich sein Mitleid: Der einsame, dem Leben des Volkes längst entfremdete Diktator nimmt (in der Geschichte »Versuchte Nähe«) während einer mit leiser Ironie geschilderten Maiparade die obligaten Huldigungen der marschierenden Massen entgegen.

Dank einer außergewöhnlichen sprachlichen Reizbarkeit und Empfänglichkeit gelingt es Schädlich, nicht nur die Rituale der

Macht bloßzustellen, sondern auch den Stil der offiziellen Berichterstattung. Das Prosastück »Letzte Ehre großem Sohn« enthält
nichts anderes als amtliche Kommuniqués aus Anlaß des Todes
eines russischen Außenministers gegen Ende des vorigen Jahrhunderts. In der Geschichte »Besuch des Kaisers von Rußland bei dem
Kaiser von Deutschland«, die zu den Glanzstücken des Bandes
gehört, wird tatsächlich nur dieser Besuch beschrieben. Was parodiert Schädlich hier wie da? Die Hofberichte im zaristischen Rußland oder den Byzantinismus in der heutigen Sowjetunion? Auf
jeden Fall dürfte zugleich die Sprache des »Neuen Deutschland«
gemeint sein, nicht zuletzt die der Übersetzungen aus dem Russischen.

Virtuos auch einige düstere Genrebilder aus dem Alltag der
DDR, in denen Schädlich die Umgangssprache, zumal den Slang
der Jugendlichen, fixiert. Er zeigt Frustration und Brutalität, Op-
portunismus und Heuchelei, Verrohung und Entfremdung, den
Lebensstil der Halbwüchsigen, der Kleinbürger. Auch wenn das
alles auf die Bundesrepublik ebenfalls zutrifft, sind die Geschichten doch nicht übertragbar: Denn diese realistischen Milieustudien
verdanken ihre Anschaulichkeit und ihre Suggestivität konkreten
Details, Ausdrücken und Wendungen und auch gewissen Stimmungen, die für die DDR charakteristisch sind. Der Erzähler
Schädlich ist hier immer auch ein Chronist.

In der letzten Geschichte, »Satzsuchung«, heißt es von dem im
siebzehnten Jahrhundert lebenden französischen Schriftsteller Paul
Scarron, er befürchte, »seine Sätze könnten für gutes Einvernehmen mit dem Amt derart verdunkelt sein, daß nur das Amt selber
noch Gefallen an ihnen finde«. Auch in Schädlichs Buch ist vieles
dunkel, und manches schwer oder überhaupt nicht verständlich.
Wir wären weltfremd, wollten wir ihm dies verübeln. Man mag
auch beanstanden, daß Schädlich in der Verwendung von stilistischen Verfremdungsmitteln (forcierte Rhetorik, gestelzte Sprache,
Behördendeutsch, umständliche indirekte Rede) mitunter zu weit
geht und über das Ziel hinausschießt. Überdies gibt es in der
Sammlung einige Stücke, die nur Etüdencharakter haben und
das Buch eher beeinträchtigen als bereichern. Doch das alles fällt
kaum ins Gewicht angesichts der Intensität und Kühnheit dieser

Prosa, der Originalität und künstlerischen Selbständigkeit dieses Talents.

Daß der Band »Versuchte Nähe« in der DDR, wo er einigen Verlagen angeboten war, nicht erscheinen konnte, bedarf keiner Begründung. In der Bundesrepublik wird er, allen seinen Schwierigkeiten zum Trotz, hoffentlich bald auf der Bestsellerliste landen. Mehrere westliche Verlage haben sich schon die Übersetzungsrechte gesichert. Das Buch macht seinen Weg. Und Hans Joachim Schädlich, der noch vor wenigen Wochen ein Unbekannter war und heute zu den besten deutschen Erzählern seiner Generation gerechnet werden muß? Wir meinen: Auch er wird seinen Weg machen. Wer wollte so kurzsichtig sein, ihn daran zu hindern?

(1977)

Die Unfreiheit ist eine Stilschule

Was veranlaßt einen Schriftsteller, sich vor dem Publikum preiszugeben, warum schreibt er? Vor zwanzig Jahren, als er eine Rede zur Eröffnung der Frankfurter Buchmesse hielt, stellte Max Frisch diese Frage. Für manche, meinte er, gelte die Antwort: »Um die Welt zu verändern.« Andere hingegen, zu denen auch er gehöre, würden sagen: »Um die Welt zu ertragen, um standzuhalten sich selbst, um am Leben zu bleiben.«[2]

Wenn man es recht bedenkt, weichen diese beiden Antworten nicht gar so weit voneinander ab. Die Welt ist schlecht und nicht akzeptabel – das meinen die einen wie die anderen. Wer aber erklärt, er schreibe, um die Welt zu verändern, der hat die Kühnheit, die Welt als Objekt und sich selber als Subjekt zu behandeln. Wer hingegen sagt, er schreibe, um das Leben zu ertragen, um am Leben zu bleiben, der sieht sich selbst als Objekt. Die Zugehörigkeit eines Autors zur einen oder anderen Gruppe hat weniger mit intellektuellen oder moralischen Aspekten zu tun als vor allem mit seinem künstlerischen Temperament, mit seinem Naturell. Denn die erste Antwort ist offensiv, die andere defensiv.

Auch Hans Joachim Schädlich würde die Welt gern verändern. Niemand verzichtet von vornherein auf einen so großen Spaß.

Aber ihm fehlt die Naivität, die nötig ist, um glauben zu können, der Dichter sei imstande, einen nennenswerten Einfluß auf den Gang der Dinge auszuüben. Und ihm fehlt der Optimismus, der die offensive Haltung ermöglicht. Für die Geschichten Hans Joachim Schädlichs – und zwar für ausnahmslos alle – ist das Defensive bezeichnend. Es war ihm wohl nicht an der Wiege gesungen, daß er einst sein Brot als Geschichtenerzähler verdienen werde. Zwar hat er, wie viele Schriftsteller, Germanistik studiert, doch promoviert (und bestimmt nicht zufällig) mit einer Arbeit nicht etwa über ein literarisches, sondern über ein sprachwissenschaftliches Thema. Danach hat er siebzehn Jahre lang eine wissenschaftliche Tätigkeit ausgeübt, nämlich an der Akademie der Wissenschaften in Ostberlin. Erst verhältnismäßig spät begann Schädlich erzählende Prosa zu schreiben: Die Geschichten seines vor wenigen Monaten erschienenen Bandes »Versuchte Nähe« sind in unseren siebziger Jahren entstanden.

Doch kann man nicht sagen, er habe sich dem Erzählen freiwillig zugewandt. Und er konnte auch die Motive und Themen, die er zu behandeln gedachte, sich nicht auswählen, wie es ihm paßte. Max Frisch notierte in seinem »Tagebuch«: »Man hält die Feder hin, wie eine Nadel in der Erdbebenwarte, und eigentlich sind nicht wir es, die schreiben; sondern wir werden geschrieben.«[3] Das aber bedeutet: Letztlich hängt es eben nicht von dem Schriftsteller ab, mit welchen Motiven und Fragen er sich befaßt. Denn er wird von der Zeit, in der er lebt, von seiner Umwelt zu bestimmten Motiven und Fragen gezwungen. Er agiert nicht, er reagiert.

Dies gilt in vollem Umfang auch für Hans Joachim Schädlich. Er attackiert nicht; er will sich nur der Realität, die auf ihn einstürmt, erwehren. Er fordert die Welt nicht heraus – er fühlt sich von ihr herausgefordert. Er verteidigt sich. Sein Erzählungsband ist vor allem ein Versuch der Selbstverteidigung und der Selbstbehauptung. Gelegentlich ist es eine aggressive Verteidigung, eine bittere und auch schwermütige Selbstbehauptung.

Mit anderen Worten: Wenn Schädlichs Geschichten immer, obwohl sie sich in verschiedenen Epochen abspielen, auf die unmittelbare Gegenwart abzielen, wenn diese Geschichten trotz der wechselnden Schauplätze in Wirklichkeit doch nur einen einzigen

Schauplatz kennen – die Welt nämlich, in der er aufgewachsen ist, in der er lebte und an der er litt –, dann nicht deshalb, weil sich der Erzähler diese Epoche und diesen Schauplatz gewählt hat. Hier hat also nicht ein Schriftsteller ein Thema gesucht, sondern ein Thema hat seinen Autor gefunden.

Er war einer der zahlreichen Bürger der DDR, die an der Politik überhaupt nicht oder nur wenig interessiert sind. Nur hilft das diesen Bürgern nicht viel. Denn die Politik interessiert sich für sie, dringt in ihr Leben ein, in ihren Alltag. Und so gewiß die Politik kein Stoff für den Erzähler Schädlich ist, so sah er sich, wollte er der ihm umgebenden Welt gerecht werden, doch gezwungen, in seinen Geschichten auch Politisches zu berücksichtigen. Er tat es fast wider Willen, gewissermaßen als Opfer seines Themas.

So steht im Mittelpunkt nahezu aller seiner Prosatexte die Wechselbeziehung zwischen dem Individuum und dem Staat, die Frage nach dem Verhältnis von Geist und Macht, von Literatur und Politik. Dabei kommt es ihm nicht auf mehr oder weniger treue Abbilder der Realität an, sondern auf Modellsituationen, auf symptomatische und beispielhafte Konstellationen: Seine Short Stories, Skizzen, Genrebilder und Kurzgeschichten sind immer auch Parabeln. Sie beziehen sich auf konkrete Verhältnisse in der Welt zwischen der Elbe und der Oder und sind nicht übertragbar. Dennoch sind sie in einem tieferen Sinne gültig für alle Länder, in denen Konflikte zwischen dem Individuum und dem Staat, zwischen Geist und Macht unvermeidbar sind. Und wo gäbe es ein Land, das von diesen Konflikten frei wäre?

In einer seiner Geschichten erzählt Schädlich von dem im sechzehnten Jahrhundert lebenden schwäbischen Dichter Nikodemus Frischlin, der verhaftet wird, weil er den »Adel des Landes in all seinem Wesen und Tun abscheulich angetastet«. Ihm wird gesagt: »Ihr seid ein Poet, gut, so habt Ihr Euch nicht in fremde Dinge zu mischen, sondern Euch in den Grenzen eurer Vokation zu halten. Einen gewissen Stand zu rügen, ist nicht Sache der Poeten.« Der Verhaftete antwortete: »Das ist ja der Poeten Amt, daß sie das Üble mit Bitterkeit verfolgen.« Diese Worte dürfen wir auch auf Hans Joachim Schädlich beziehen: Um sich zu verteidigen, verfolgt er in seinen Geschichten das Üble mit Bitterkeit.

Aber nicht dies hat die Jury veranlaßt, ihn für den Rauriser Literaturpreis 1977 vorzuschlagen. Nicht von Schädlichs Ansichten haben wir uns leiten lassen, nicht von seiner mutigen Apologie des Individuums, nicht von seiner aus der Selbstverteidigung resultierenden Kritik der Verhältnisse in der DDR. Hätten wir uns davon bestimmen lassen, wir wären leichtsinnig und ungerecht gewesen. Denn es gibt heutzutage, zumal in der DDR, nicht wenige Schriftsteller, die das Amt des Poeten ebenso wie Schädlich auffassen, die in ihren Arbeiten ähnliche Motive behandeln und denen man die gleichen Auffassungen nachrühmen kann. Schädlich wurde der Preis verliehen nicht dafür, *daß* er das Üble mit Bitterkeit verfolgt, sondern *wie* er es tut – nicht für seine Gesinnung also, sondern für seine literarische, seine künstlerische Leistung.

Schädlich ist ein Sprachforscher und ein Sprachkünstler zugleich. Bei ihm schaut der Wissenschaftler unentwegt dem Artisten über die Schulter: Sie ergänzen sich, ohne sich etwa gegenseitig zu behindern. Die Skala seiner stilistischen Mittel ist verblüffend groß, in seiner Diktion fällt ebenso Intelligenz wie Musikalität auf. Er kann den Tonfall einer mittelalterlichen Chronik nachahmen, er vermag im Duktus einer biblischen Parabel zu erzählen, er parodiert den Kanzleistil, er entlarvt die Sprache der amtlichen Kommuniqués und der offiziellen Berichterstattung und vermag auf diese Weise, die Rituale der Macht, keineswegs nur in der östlichen Welt, bloßzustellen. Zugleich fixiert er die Ausdrucksweise, den Slang der Jugendlichen in seiner bisherigen Heimat, der DDR. Und er macht deutlich, was diese Sprache erkennen läßt – Frustration und Brutalität, Heuchelei und Verrohung.

Alle diese so unterschiedlichen Stilmittel dienen in der Prosa Schädlichs vor allem *einem* Zweck: Er strebt konsequent die Distanz zu den dargestellten Gegenständen an. Erst aus der Entfernung, meint er, kann man sie richtig wahrnehmen und einschätzen. Mit anderen Worten: Er verfremdet das Leben, um es zu vergegenwärtigen. Er ist ein Chronist und ein Virtuose – beides zugleich und auf einmal.

Kein Zweifel: Dieser Erzähler macht es sich sehr schwer. Allerdings läßt sich nicht verschweigen, daß er, der sich nie schont, nicht daran denkt, uns, seine Leser, zu schonen, daß er es auch uns

oft sehr schwer macht. Die österreichische Literatur ist reich an
Schriftstellern, die es für ihre Pflicht hielten und denen es auch ein
Vergnügen bereitete, dem Publikum menschenfreundlich und mit
einem augenzwinkernden Lächeln entgegenzukommen. Zu diesen
Schriftstellern gehört Schädlich keineswegs. Und doch habe ich,
seine Geschichten lesend, bisweilen gerade an einen österreichi-
schen Erzähler gedacht, an den eigenwilligsten und wohl zugleich
tiefsten, den das heutige Österreich zu bieten hat. Ich spreche von
Thomas Bernhard.

Wie das Werk Bernhards ergibt sich die Prosa Schädlichs ebenfalls aus einer Obsession, freilich einer ganz anderen. Die Sprache
Schädlichs läßt sich mit jener Bernhards überhaupt nicht vergleichen. Aber auch Schädlichs Geschichten sind auf extreme Weise
monologisch, auch sie scheinen aus der Feder eines Einsiedlers zu
stammen, der keinen Gedanken an jene verschwenden möchte, die
sie lesen werden. Nicht unähnlich der Prosa Bernhards ist auch
jene Schädlichs hermetisch und mutet mitunter schroff abweisend
an. Dies schränkt zwar ihr Publikum ein, mindert jedoch nicht ihre
Attraktivität.

In der DDR sah sich Schädlich gezwungen, dunkel zu schreiben
und immer wieder auf allerlei Chiffren zurückzugreifen. Wir wissen
es längst: Die Unfreiheit ist eine Stilschule, freilich eine besonders
bittere; die Helfer der Tyrannei, die Zensoren, können, sowenig sie
es wollen und so paradox es auch anmutet, auf die Literatur gelegentlich einen günstigen, einen geradezu segensreichen Einfluß ausüben. Aber so gewiß es dem Autor der »Versuchten Nähe« gelungen war, das, was er sagen wollte und sagen mußte, auf kunstvolle
Weise zu verschlüsseln – es hat ihm nicht geholfen: Man weigerte
sich hartnäckig, seine Arbeiten zu veröffentlichen, er war für die
DDR ein höchst unbequemer, ein nicht akzeptabler Erzähler.

Doch können wir dessen sicher sein, daß Hans Joachim Schädlich auch jetzt im Westen, da er nicht mehr die Last der Unfreiheit,
sondern jene der Freiheit zu tragen hat, bleiben wird, was er war:
ein keineswegs bequemer, ein eigenwilliger und schwieriger
Schriftsteller, der niemanden schont, am allerwenigsten sich selber
– und dem wir eben dafür dankbar sind.

(1978)

Der Dichter ist kein Zuckersack

Wessen Macht ist eigentlich größer: die des ersten Arbeiter- und Bauernstaats auf deutschem Boden, der vom antifaschistischen Schutzwall umgebenen Bastion des Friedens, der Deutschen Demokratischen Republik also – oder etwa die des Bänkelsängers Wolf Biermann? Eine absurde Frage. Nein, nicht die Frage ist absurd, vielmehr scheint es mir die Situation zu sein, auf die sie hinzielt.

Seit dem 1. Dezember 1965 ist gegen den neunundzwanzigjährigen, in Ostberlin lebenden Wolf Biermann in der Presse der DDR eine Kampagne im Gange, die alle Aktionen, die dort in den letzten Jahren gegen Schriftsteller unternommen wurden, sowohl an Schärfe als auch an Intensität übertrifft. Für das Organ des Zentralkomitees der Sozialistischen Einheitspartei Deutschlands, das *Neue Deutschland,* ist der Fall Biermann wichtig genug, um auf ihn seit zwei Wochen in fast jeder Nummer zu sprechen zu kommen – in Artikeln, Versammlungsberichten, Glossen, Erklärungen und Leserbriefen. Allein die Ausgabe vom 12. Dezember 1965 bringt im Kulturteil sechs Leserbriefe gegen den verfemten Poeten. Das Organ des Zentralrats der FDJ, *Forum,* eröffnet seine erste Dezembernummer mit einem gegen Biermann gerichteten, auf drei Zeitungsseiten sich erstreckenden Artikel des Chefredakteurs Klaus Helbig. Auch andere Blätter – wie etwa die auflagenstarke *BZ am Abend* – nehmen an der Kampagne teil.

Die gegen Biermann erhobenen Vorwürfe sind eindeutig. Er sei »Anhänger der Spontaneität«, des »Skeptizismus« und einer »anarchistischen Philosophie«, er sei »politisch pervers« und pervers ebenfalls »im Sexuellen«, »er zerhackt die Verbindungen mit dem Volk, die Verbindungen mit der Partei«, er versuche, »die Wehrbereitschaft unserer Jugend zu verunglimpfen« und »das patriotische

Bewußtsein... zu untergraben«, er wolle »den Sozialismus ohne politische Führung aufbauen«, er lasse »gehässige Strophen gegen unseren antifaschistischen Schutzwall und unsere Grenzsoldaten erklingen«, ihm fehle »das Ja zum sozialistischen deutschen Staat«, und er falle »den westdeutschen humanistischen Kräften in den Rücken«.

Indes ist der Mann, der so heftig und beharrlich attackiert wird, als Autor in der DDR kaum existent. In keinem einzigen Nachschlagewerk kann man seinen Namen finden. Es gab und gibt dort keine Ausgabe – nicht einmal eine bescheidene Auswahl – seiner Gedichte und Lieder. Auch in Zeitungen und Zeitschriften ist drüben nur sehr wenig von Biermann gedruckt worden. Sein Theaterstück *Berliner Brautgang* wurde nach der Generalprobe verboten. Schallplatten mit Biermann-Songs waren zwar vorbereitet, durften jedoch nicht hergestellt werden. Seine öffentlichen Auftritte hat die SED von Anfang an – vor drei Jahren hörte man seinen Namen zum ersten Mal – gedrosselt und häufig untersagt. Sie werden seit einigen Monaten konsequent verhindert.

Unter diesen Umständen ist ein Teil des Publikums in der DDR auf den Dichter Wolf Biermann erst durch die gegenwärtigen Attacken und durch die in ihnen enthaltenen Zitate aufmerksam gemacht worden. Mit derartigen Folgen mußte man im Zentralkomitee natürlich rechnen. Warum hielt man es dort nicht mehr für möglich, sich mit den Strafmaßnahmen, die traditionsgemäß in solchen Fällen getroffen werden, zu begnügen, also mit Publikations-, Auftritts- und Ausreiseverboten sowie mit dem Totschweigen in der Presse? Warum hat man sich zu einer eben vom Standpunkt der SED höchst riskanten Propagandaaktion entschlossen, wenn nicht gar hinreißen lassen?

Die unlängst in Westberlin erfolgte Veröffentlichung von dreiunddreißig Biermann-Gedichten[1] und die teils freundliche, teils enthusiastische Reaktion einiger Rezensenten in der Bundesrepublik haben diese ganze Aktion lediglich ausgelöst. Ihre wirklichen Ursachen sind viel tiefer. Und so widerspruchsvoll, chaotisch und hysterisch die Artikel auch sind, die jetzt drüben gegen Biermann gedruckt werden, sowenig es beim besten Willen möglich ist, gegen die Darlegungen des Feuilletonchefs des *Neuen Deutschland*,

Klaus Höpcke, ernsthaft zu polemisieren – so sicher scheint es mir doch zu sein, daß sich hinter dieser panikartigen Kampagne eine durchaus treffende Einsicht verbirgt. Es gibt Kreise und Instanzen in der DDR, die tatsächlich Gründe haben, Biermanns freche Lieder zu fürchten.

In mancher Hinsicht ist er gerade jener junge Autor, nach dem sich die SED-Kulturpolitiker sehnen. Sein Fragebogen entspricht dem erwünschten biographischen Schema: Er ist der Sohn eines Arbeiters und Kommunisten, der von den Nazis wegen antifaschistischer Tätigkeit ermordet wurde, er trat schon als Halbwüchsiger in Hamburg einer kommunistischen Jugendgruppe bei und kehrte 1953, damals ein Siebzehnjähriger, der Bundesrepublik den Rükken. Er studierte an der Ostberliner Universität Philosophie, er war zwei Jahre Regieassistent im *Berliner Ensemble*, er wurde in die SED als »Kandidat« aufgenommen.

Ähnliches gilt, so paradox es zunächst klingen mag, auch für seine literarischen Bemühungen. Man brachte Biermann bei, daß ein junger sozialistischer Autor vor allem über die unmittelbare Gegenwart, über das Leben der Werktätigen in der DDR zu schreiben habe und bei der Betrachtung der Realität nie die politischen Gesichtspunkte ignorieren dürfe. Und daß sich ein Poet im Arbeiter- und Bauernstaat unmittelbar an die Massen wenden sollte und also für jedermann, auch für die weniger gebildeten Genossen, sofort verständlich sein müsse. Man warnte ihn nachdrücklich vor dem Formalismus und anderen ästhetisierenden und dekadenten Kunstrichtungen und Tendenzen in der verfaulenden Welt des räuberischen Imperialismus.

Der junge Mann erwies sich als gelehrig. Er schrieb über den Alltag in der DDR und über den Aufbau des Sozialismus, seine Dichtung ist gesellschaftskritisch, in ihr fehlen niemals eindeutige politische und moralische Akzente. In Biermanns Versen wird man nicht einmal die Spur von Esoterik finden, die dekadente Kunst des Westens kümmert ihn überhaupt nicht. Er spricht wirklich zu den Massen; was er will, ist jedermann sofort klar. Und da klagte mancher im Zentralkomitee: Wenn sich doch dieser Bursche einer komplizierten, gesuchten Metaphorik bedienen wollte, wenn er doch wenigstens etwas unverständlicher wäre...

Aber dafür war Biermann nicht zu haben. Im Gedicht *An die alten Genossen* (1962) verkündete er mit einer in der DDR verblüffenden Offenheit: »Bin unzufrieden mit der neuen Ordnung« und »Die Gegenwart... schreit nach Veränderung«. Er dichtete von den Kämpfen der Klassen, den

> neueren, die
> Wenn schon ein Feld von Leichen nicht
> So doch ein wüstes Feld der Leiden schaffen.

Im selben Jahr schrieb er in der *Rücksichtslosen Schimpferei:*

> Das Kind nicht beim Namen nennen
> die Lust dämpfen und
> den Schmerz schlucken
>
> ...
>
> den Sumpf mal Meer, mal Festland nennen
> das eben nennt ihr Vernunft.

Biermanns zentrales politisches Bekenntnis findet sich in der ebenfalls schon aus dem Jahre 1962 stammenden *Ballade von dem Drainage-Leger Fredi Rohmeisl aus Buckow:*

> Er ist für den Sozialismus
> Und für den neuen Staat
> Aber den Staat in Buckow
> Den hat er gründlich satt.

Das gilt, meine ich, bis heute: Biermann ist für den Sozialismus und die DDR, aber er protestiert gegen die konkreten Verhältnisse, die die SED in dem Land zwischen der Elbe und der Oder geschaffen hat. Im Frühjahr 1963 wurde Biermann aus der Partei ausgeschlossen, aber er lehnte es ab, sich vor der Macht zu beugen:

> Ich soll vom Glück Euch singen
> einer neuen Zeit
> doch Eure Ohren sind vom Reden taub.
> Schafft in der Wirklichkeit mehr Glück!
> Dann braucht Ihr nicht so viel Ersatz
> in meinen Worten.
>
> ...
>
> Der Dichter ist kein Zuckersack!

Also heißt es in der *Tischrede des Dichters* von 1963. Auch in einen Schmollwinkel läßt sich Biermann nicht drängen, von »innerer Emigration«, welcher Art auch immer, will er nichts wissen. Die größte Enttäuschung hat er jedoch den »Verantwortlichen, die nichts so fürchten wie Verantwortung«, bereitet, indem er sich allen Schikanen zum Trotz mitnichten in einen Antikommunisten verwandeln wollte. Der Fall wäre dann für die Partei einfach. Denn schließlich bedrohen einen Glauben nicht die Heiden oder die Andersgläubigen und nicht einmal die Abtrünnigen: Wirklich gefährlich sind immer die Zweifler in den eigenen Reihen.

Zum Zweifel, zur Logik und zur Vernunft bekennt sich Biermann im *Selbstprotrait an einem Regensonntag in der Stadt Berlin* (1965), in dem er mit berechtigtem Stolz versichert:

Käuflich bin ich für die Währung barer Wahrheit
In den Bunkern meiner Skepsis sitz ich sicher
Vor dem Strahlenglanz der großen Finsterlinge.

Sitzt er wirklich sicher? Wir wagen es nicht, diese Frage zu beantworten. Tatsache aber ist es, daß sich vor allem die SED in einer peinlichen Situation befindet. Dank der intensiven Hetzkampagne wächst Biermanns Ruhm wörtlich von Tag zu Tag – und dies in beiden Teilen Deutschlands.

Die Drahtharfe hat in kurzer Zeit die dritte Auflage erreicht, in Ostberlin wird das Buch illegal für dreißig bis vierzig Mark gehandelt (Preis in der Bundesrepublik: 5,80 DM). Maschinenabschriften einzelner Gedichte gehen drüben von Hand zu Hand. In literarischen Kreisen der DDR ist man natürlich entsetzt. Jeder fragt sich, wohin das führen soll. Kein einziger Schriftsteller der DDR hat sich übrigens bisher gegen Biermann geäußert, jeder weiß: Tua res agitur.

Bei den westdeutschen Intellektuellen wiederum, jenen zumal, an denen den Funktionären gelegen ist, hat sich die SED durch diese Aktion viel der noch vorhandenen Verständnisbereitschaft für die DDR verscherzt. Ich glaube, daß Heinrich Bölls Empörung[2] die Stimmung der meisten Schriftsteller in der Bundesrepublik wiedergibt. Auch Peter Weiss, der bekanntlich versucht hat, der DDR mit maximalem Wohlwollen zu begegnen, protestiert ener-

gisch – wie nicht anders zu erwarten war – gegen die Unterdrük-
kung der Literatur zwischen der Elbe und der Oder.³ Und die
professionellen Scharfmacher in der Bundesrepublik, die leidenschaftlichen Ritter des kalten Krieges? Sie sind in bester Laune, sie
sehen sich durch das Vorgehen der SED wieder einmal in ihren
Anschauungen bestätigt.

Was immer die Partei jetzt in dieser Angelegenheit tun wird – ob
sie etwas gegen Biermann unternimmt oder für ihn, ob sie die
ganze Diffamierungsaktion plötzlich abbrechen läßt –, es wird mit
einem Prestigeverlust verbunden sein. Die vernünftigeren Funktionäre im Zentralkomitee, die von vornherein gegen die Biermann-
Kampagne waren, sagen mit Recht: Wozu haben wir das nötig
gehabt? Und klagen auch: Von Taktik verstehen manche Genossen
nichts mehr.

Nun frage ich: Wer ist im Augenblick in einer Zwangslage,
wessen Macht ist jetzt größer – die der SED oder die des Dichters,
den man nur für die »Währung barer Wahrheit« kaufen kann? Auf
jeden Fall haben wir allen Anlaß, vor dem respektlosen Bänkelsän-
ger Wolf Biermann aus Ostberlin den Hut zu lüften – nicht ohne
Respekt.

(1965)

Zwischen allen Stühlen

Wolf Biermann, Deutschlands erfolgreichster Politsänger, der
glänzende Gitarrist und meisterhafte Conférencier, der unermüdli-
che Selbstdarsteller und unerreichte Alleinunterhalter – ist er denn
auch wirklich ein Dichter? Diese Frage ist so abwegig nicht, wie sie
im ersten Augenblick scheinen mag. Von Anfang an präsentierte
sich der Ost-Berliner Lyriker zugleich als Selbstinterpret. Die Leistung des Sängers und Schauspielers, des Komponisten und Gitar-
risten wurde zwar oft anerkannt und gerühmt, hat jedoch, so paradox dies zunächst anmutet, auf die Beurteilung seiner Verse einen
eher ungünstigen Einfluß ausgeübt.

Als 1964 dem Rowohlt Verlag eine kleine Gedichtsammlung des
jungen und noch unbekannten Biermann angeboten wurde, rea-

gierte man dort nicht gerade enthusiastisch. Einer unserer prominenten Literaturkenner, den man um ein Gutachten gebeten hatte,
meinte vorsichtig, Biermanns Verse dürfe man nur zusammen mit
der Musik beurteilen, es handele sich um ausgesprochene Lied-
texte. In Reinbek verstand man den Wink und verzichtete auf die
geplante Ausgabe. Das Bändchen erschien dann 1965 unter dem
Titel »Die Drahtharfe« im kleinen West-Berliner Verlag Klaus Wagenbach. Es war der wohl größte Bucherfolg der deutschen Lyrik
nach 1945.

Man schrieb nun über Biermann viel. Die Germanisten allerdings zeigten sich an seiner Dichtung kaum interessiert, und es
muß gewiß noch einige Zeit vergehen, ehe man sich an unseren
Universitäten damit beschäftigen wird. Denn Biermanns Verse
sind einfach, und überdies fehlt ihnen jene Dunkelheit, die hierzulande meist gut mundet und für viele zünftige Literaturforscher das
Geschäft der Interpretation erst lohnend macht. Die Kritiker wiederum befaßten sich vor allem mit den politischen und zeitgeschichtlichen Aspekten seiner Poesie: In der Regel sah man in
ihm nicht einen Lyriker, sondern einen vielseitigen oppositio-
nellen Kleinkünstler, der sich in aufsässigen Liedern artikulierte.
Sie seien, hörte man von wohlwollenden Rezensenten, nur »Halb-
fertigfabrikate«: Erst von Biermann gesungen, offenbaren diese Verse ihre ästhetische Qualität, er sei ein »Gesamtkünstler«.
Die ihn so zu verteidigen gedachten, degradierten ihn zu einem
Produzenten von Texten, die sich allein nicht verantworten
könnten: Man lobte ihn reichlich, ohne ihn als Poeten ganz ernst zu
nehmen.

Hinzu kam, daß seine Situation in Ost-Berlin von Jahr zu Jahr
dramatischer wurde. Dort konnte kein einziges Buch von ihm erscheinen, keine Schallplatte; der Name Biermann durfte in der
Öffentlichkeit nicht einmal erwähnt werden. Sein Publikum in der
DDR vermochte er nur auf dem Umweg über das westliche Fernsehen zu erreichen. Zum Schweigen verurteilt, bespitzelt und be-
wacht, war er zu keinerlei Zugeständnissen bereit und lehnte die
verschiedenen, mehr oder weniger offiziellen Angebote, die DDR
zu verlassen, entrüstet ab.

So avancierte er, im Osten gefürchtet und im Westen bewun-

dert, zum »staatlich anerkannten Staatsfeind« und galt vielen, hüben wie drüben, als leibhaftiges Symbol des Nonkonformismus
und des mit keinerlei Mitteln zu brechenden Widerstands gegen
jenen Staat, den er gleichwohl zu befürworten nicht müde wurde.
Wer sich in diesen Jahren hierzulande über Biermann öffentlich
äußerte – das trifft vor allem auf die Rezeption seiner 1972 publizierten Bände »Für meine Genossen« und »Deutschland, ein Win-
termärchen« zu –, konnte von den außergewöhnlichen Arbeitsbedingungen dieses Autors schwerlich absehen. Daß die Aufrichtigkeit und die Qualität der Rezensionen darunter gelitten haben,
versteht sich von selbst: Es ist weder eine leichte noch eine dank-
bare Aufgabe, den künstlerischen Wert der Verse von Helden zu
prüfen.

Wie auch immer: Was den DDR-Bürger Biermann in höchstem
Maße gefährdete, das gerade schützte den Poeten, dessen Arbeiten
den üblichen Ansprüchen der Literaturkritik in der Bundesrepublik nun doch entzogen waren. Dies änderte sich schlagartig im
November 1976, als der erste Arbeiter-und-Bauern-Staat auf deutschem Boden sich genötig sah, vor dem Dichter und Kommunisten
Biermann die Waffen zu strecken. Denn seine hinterhältig organisierte Ausbürgerung war ja nichts anderes als eine schmähliche
Kapitulation der DDR.

Der sich eben noch bestenfalls in seiner bescheidenen Wohnung
in der Ost-Berliner Chausseestraße vor einigen Gästen produzieren konnte, erwies sich über Nacht als gehätschelter Virtuose der
westdeutschen Vergnügungsindustrie, als einer, dem die Massen
zujubelten und die Gelder zuflossen: Aus dem bemitleideten Märtyrer und bewunderten Helden wurde plötzlich der beneidete und
beargwöhnte Star. Mit echter und falscher Sorge fragte man nun:
Er, der in der DDR jahrelang die Last der Unfreiheit getragen hatte,
wird er auch der Last der Freiheit in der Bundesrepublik gewachsen sein? So war er, der Hamburger im Hamburger Exil, der (laut
Böll) »In-die-Heimat-Vertriebene«, wieder in eine ungewöhnliche
Situation geraten, zumindest in eine, die abermals geeignet war, die
Unbefangenheit seiner Beobachter zu beeinträchtigen.

In einem gewissen Sinne hatte das schon seine Richtigkeit: Denn
ob in der Ost-Berliner Chausseestraße oder an der Hamburger

Elbchaussee – dieser Wolf Biermann läßt sich nicht einordnen, er paßt in kein Schema, er fällt aus dem Rahmen. Ob dort oder hier – er sitzt zwischen allen Stühlen, er ist und bleibt, und zwar in jeder Hinsicht, ein nicht integrierter und nicht integrierbarer, ein exterritorialer deutscher Poet, unvergleichbar und einzigartig.

Seine neue Sammlung (»Preußischer Ikarus«)[4] macht dies deutlicher denn je. Der Band vereint in der ersten Hälfte die Lieder, Balladen und Gedichte, die Biermann in den letzten Jahren seines Aufenthalts in der DDR geschrieben hat. In der Mitte des Buches steht ein über zwanzig Seiten umfassendes Prosastück mit dem Titel »Vorworte«. Es folgt ein zweiter Teil, der die schon in der Bundesrepublik entstandenen Gedichte zusammenfaßt.

Zunächst und vor allem: Müßig wäre es, Biermanns Dichtung von ihren weltanschaulichen Voraussetzungen trennen und jenseits von Politik und Ideologie betrachten zu wollen. Sein zentrales geistiges Erlebnis war der Kommunismus. Er wird, man kann dessen sicher sein, diesem großen Erlebnis seiner Jugend die Treue halten. Freilich wird er den Begriff »Kommunismus«, wann immer dies nötig sein sollte, so auf seine Weise neu verstehen und neu definieren, daß ihm die Abwendung erspart bleibt.

Aber man muß nicht Biermanns militante Verlautbarungen, seine politischen Absichten und Ziele akzeptieren, um seine Verskunst, seine robuste Rhetorik, seine gewaltige Sprachkraft zu schätzen. In der Brechtschen »Maßnahme« sagt der »junge Genosse«: »Denn der Mensch, der lebendige, brüllt, und sein Elend zerreißt alle Dämme der Lehre.« Es ist auch die Kunst, die alle Dämme der Lehre zerreißt oder, genauer, außer acht läßt. Wie Anna Seghers oder Bertolt Brecht – um sich hier nur auf deutsche Beispiele zu beschränken – läßt Biermann, ob er es will oder nicht, in seinen besten Arbeiten alle politischen und ideologischen Kategorien weit hinter sich. Nicht ein politischer Kämpfer, sondern ein leidender Mensch in seiner Not, in seinem Widerspruch und in seiner Ratlosigkeit – er ist es, der aus der Sammlung »Preußischer Ikarus« spricht.

Dieses Buch zeigt abermals, woher der Dichter Biermann kommt, wo die Wurzeln seiner Poesie zu suchen sind. Nichts charakterisiert seine Verse mehr als ihre Unmittelbarkeit und Frische, ihre elementare Kraft, ihre – im Sinne der berühmten Schillerschen Definition – grandiose Naivität. Hier vertraut einer seiner Intuition und läßt sich durch nichts beirren. Von Anfang an fiel seine plebejische Sicht auf, also der Blick von unten, und der freche und auf unbekümmerte Weise herausfordernde Gestus. Und die alten plebejischen Formen sind es auch, die bei Biermann keß und forsch Urständ feiern: das Volkslied, die Moritat und der Bänkelsang, die Vagantenlyrik und die Jahrmarktsdichtung, Kinderreim und Abzählvers.

Andererseits jedoch ist seine Poesie unverkennbar und in hohem Maße spekulativ: Er ist – um bei der Schillerschen Nomenklatur zu bleiben – ein sentimentalischer Dichter, ein nachdenklicher und solide arbeitender Künstler, der seine Mittel und Effekte genau berechnet, ein Artist der Sprache, der sich der Tradition verpflichtet weiß. Treffend formuliert der Germanist Klaus Günther Just: »Biermann wahrt Tradition, indem er sie plündert.«[5]

Er selber weist respektvoll und dankbar auf seine literarischen Vorfahren und Vorbilder hin, er knüpft immer wieder an die Lyrik der Vergangenheit an. Die Zahl seiner Ahnen ist groß. Zu ihnen gehören Villon, Bellman und Béranger ebenso wie viele Deutsche: von Hölderlin über Heine und Freiligrath bis hin zu Wedekind und Brecht, zumal jenem der »Hauspostille« und der »Deutschen Marginalien«. In Biermanns Versen wimmelt es von Zitaten, von literarischen Anspielungen und Verweisen. Viele seiner Lieder, Epigramme und Balladen sind Entgegnungen auf Gedichte anderer Autoren, es sind Paraphrasen und Variationen, Ergänzungen und Fortsetzungen.

Der Widerspruch läßt sich nicht übersehen. Was ist nun also, mag man fragen, dieser Biermann? Ein Volksdichter mit einem authentisch plebejischen Ton oder ein routinierter und raffinierter Literat? Er ist glücklicherweise beides zugleich und in einem, seine Lyrik verbindet das Intuitive mit dem Spekulativen. Und eben damit, mit dieser in seinen schönsten Gedichten verwirklichten Synthese aus Unmittelbarkeit und Kunstverstand, hat Biermanns Erfolg zu tun.

In den Versen des Bandes »Preußischer Ikarus« finden wir wieder die für ihn so charakteristische Mischung aus Sarkasmus und

Melancholie, Übermut und Ohnmacht. Aber die Gewichte sind mittlerweile anders verteilt. Natürlich ist der auftrumpfende agitatorische Gestus immer noch da. Doch die resignierten Töne und die elegischen Weisen verdrängen jetzt das Pathos der Revolution und den kühnen Traum von der globalen Befreiung des Menschen.

Nicht wütende Protestsongs, nicht alarmierende Aufrufe eröffnen die neue Sammlung, sondern höchst private Verse: Liebeslieder. Im ersten Gedicht besingt Biermann, was in deutscher Dichtung nur selten besungen wird: die Liebe des Alltags und den Alltag der Liebe. »Das Frühstück« lautet der Titel, und vom Frühstück ist tatsächlich in diesen Strophen die Rede: von Honig und Quark, von Schwarzbrot mit Salz, von frischen Schrippen und überkochender Milch. Und auch der Geliebten wird mit einem wahrhaft kulinarischen Bild gehuldigt:

> So ist meine Tine
> am Morgen noch Traube
> am Mittag Rosine
> am Abend schon Wein

Ungeniert und ohne Reue greift Biermann in die Schatzkammer der deutschen Poesie: Wie Tausende vor ihm reimt er »Wonne« auf »Sonne« und »tot« auf »rot«. Aber in seinen Versen muten die Leihgaben aus dem Fundus gleichsam neu an. Schlicht und zart ist das »Einschlaf- und Aufwachelied«:

> Gib mir dein' Arm und noch ein' Kuß
> Ich muß ja durch den Schlafefluß
> Und will dich rüber tragen

Doch habe die Nacht, heißt es hier, »uns nichts gebracht als wirre irre Fragen«, von »dunklen Träumen« hören wir. Nicht das Glück der Liebe dominiert in Biermanns erotischer Dichtung der siebziger Jahre. Immer häufiger spricht er von den Leiden des Enttäuschten, des Abgewiesenen:

> Der Kuckuck hat gelogn
> Und du hast mich betrogn
> Und dich, mein Lieb, dazu, dazu, dazu

Die hochdramatische, freilich streckenweise allzu flüchtig geschriebene »Bibel-Ballade« verquickt die Liebe mit dem politischen Hintergrund:

> Du warst mein neues Deutschland und mein alter
>   Traum
> Von Küssen unterm großen Kirschenbaum

Indes läßt sich die Geliebte »prompt zum Knüppel machen« und
vom Staat, der DDR, gegen den Freund mißbrauchen. Die Ballade
endet:

> Reif ist das Jahr. Die Kirschen platzen auf vor Lust
> Und ich lieg eingemauert hier im Loch
> Und halt mein Herz fest in der aufgebrochnen Brust
> Daß es nicht auf die Straße springt und schreit,
>   wenn du
> Im Blauhemd hier vorbeimarschierst mit Sand im
>   Schuh

Die Sehnsucht nach der Liebe als Sehnsucht nach dem eigenen Ich,
die Liebe als Selbstverwirklichung des Individuums – so etwa ließen sich die Motive dieser erotischen Poesie andeuten. In dem
Gedicht »Die Elbe bei Dresden« richtet einer, der allein geblieben,
an seine frühere Geliebte die Worte:

> Und weißt du, warum ich dich suchen will?
> Weil ich mich ja finden muß.

Man hat Biermann gelegentlich Wehleidigkeit und Selbstmitleid
vorgeworfen. Nicht ganz zu Unrecht. Nur sollte man nicht vergessen, daß ein großer Teil der Lyrik (wenn nicht der Literatur überhaupt) seine Entstehung vor allem der Eigenliebe und daher auch
dem (mehr oder weniger getarnten) Selbstmitleid verdankt. Vielleicht ist das noch in der DDR geschriebene »Lied vom donnernden
Leben« in der Tat nicht nur schwermütig, sondern auch wehmütig.
Aber es ist zugleich auf seine Art vollkommen. Hier bilden Stimmung und Sprache, Inhalt und Form eine unzertrennliche, also
makellose Einheit:

> Das kann doch nicht alles gewesn sein
> Das bißchen Sonntag und Kinderschrein
> das muß doch noch irgendwo hin gehn, hin gehn

Und die letzten Strophen:

> Das soll nun alles gewesn sein
> Das bißchen Fußball und Führerschein
> das war nun das donnernde Leebn, Leebn
> Ich will noch'n bißchen was Blaues sehn
> Und will noch paar eckige Rundn drehn
> und dann erst den Löffel abgebn, eebn.

Erstaunlich, mit welcher Leichtigkeit Biermann die Sprachebenen – vom Alltagslang bis zur hochpoetischen Diktion – wechseln kann: Seine Dichtung verbindet zärtlichste Lyrismen mit derbsten Vulgarismen, ohne daß die einen die anderen devaluieren oder gar denunzieren. Von schwierigen und komplizierten Metaphern will er allerdings nichts wissen, er braucht sie nicht. Wo er Bilder verwendet, sind sie oft von einfacher und eben deshalb überzeugender Anschaulichkeit – wie etwa in der »Ballade vom preußischen Ikarus«, einem seiner schönsten Gedichte:

> Der Stacheldraht wächst langsam ein
> Tief in die Haut, in Brust und Bein
>   ins Hirn, in graue Zelln
> Umgürtet mit dem Drahtverband
> Ist unser Land ein Inselland
>   umbrandet von bleiernen Welln

Die schon im Westen entstandenen Verse lassen deutlich erkennen, was Biermann von den meisten Lyrikern in der Bundesrepublik unterscheidet: Er hat ein Fundament in sich selber. Gewiß, manche der agitatorischen Gedichte gegen die Mißstände, die er hierzulande wahrzunehmen glaubt – und seine Perspektive ist in dieser Hinsicht oft klischeehaft und eher primitiv –, klingen allzu bemüht und auch etwas verkrampft, die Attacken gegen die »Sympathisantenhatz« machen den Eindruck von Pflichtleistungen, dem Ruf »Trotz alledem« (so der Titel eines Liedes) fehlt die Verve. Un-

gleich schmerzhafter und leidvoller ist Biermanns Auseinandersetzung mit seinen Gesinnungsgenossen in der Bundesrepublik:

> Sie passen zu dieser Gesellschaft genau:
> Im Herzen lau und in Worten barsch.

Übrigens schließt er sich von der strengen Verurteilung keineswegs
aus:

> Und wir lieben die Menschheit im Ganzen so sehr
> Aber einzelne Menschen kaum
> Wir träumen vom Garten Eden in Rot
> Aber pflanzen nicht einen Baum

Ihn entsetzt der »linke Sektenzwist« nicht weniger als die Larmoyanz der Linken:

> Und wir lecken die Wunde Berufsverbot
> Und die Welt ist ja soo gemein!

Er spottet zornig:

> Ihr schmückt euch mit Wunden,
> Die ihr gar nicht habt.

Er selber, beteuert er, gehöre zwar dazu, indes: Von rechts winke
ihm »das große Geld«, doch »links winkt das Ghetto mir«. Und
sein Verhältnis zur Bundesrepublik, zur DDR?

> Die einen sind mir ein Schrecken
> Aber die andern sind mir ein Graus

Diese Verse finden sich in jenem »Deutschen Miserere«, das Biermann kurz nach seiner Vertreibung aus der DDR geschrieben und
das ihm hierzulande (vorsichtig ausgedrückt) viel Antipathie einge-
bracht hat: Es beginnt und schließt mit der mittlerweile berüchtigten Klage, er sei gekommen »vom Regen in die Jauche«. In dem
Aufsatz »Vorworte«, der mit seinen vielen, oft lapidar und dra-
stisch formulierten Bekenntnissen und Berichtsfetzen, Überlegungen und Assoziationen die wohl wichtigste publizistische Äußerung Biermanns ist, räumt er in Fragesätzen ein, daß das Wort vom
Regen zumindest »eine Schönfärberei im nachhinein« und jenes

von der Jauche ungerecht sei, aber: »Ich werde es nicht zurücknehmen, denn ich bin kein Gerechter.«

Nein, ein Gerechter ist er, der trotzige, der ungebärdige Liebling der Musen, gewiß nicht, aber ein ehrlicher Mann. Er sagt keineswegs nur: »Wenn ich geahnt hätte, daß sie mich nicht zurücklassen, wäre ich nicht gefahren.« Er fügt auch offen hinzu: »Wenn ich geahnt hätte, was mir hier blüht, wäre ich vielleicht doch gefahren.« Sein Versuch, die Bundesrepublik zu verlassen und sich in einem anderen westlichen Land anzusiedeln, sei gescheitert, denn: »Die Kette, mit der ich mich selbst an dieses doppelte Land gebunden habe, war viel zu fest und viel zu kurz.« Biermanns Kredo steht in dem Gedicht »Mag sein, daß ich irre«, dem letzten des Bandes:

Wir haben uns selber am schlimmsten von allen
Verraten, verkauft und blutig genarrt.

Nur ein einziger Trost ist ihm noch geblieben:

– und doch sind nicht all meine Träume, die roten
Mit all unsern Toten verreckt und verscharrt.

Am 14. März 1830 sagte Goethe zu Eckermann, Béranger sei »in den meisten seiner politischen Lieder keineswegs als bloßes Organ einer einzelnen Partei zu betrachten, vielmehr sind die Dinge, denen er entgegenwirkt, größtenteils von so allgemein nationalem Interesse, daß der Dichter fast immer als große Volksstimme vernommen wird«.[6]

(1978)

Seine Vertreibung

Sie waren elf Jahre in einem Clinch: die DDR und ihr treuer, wenn auch unbequemer und aufsässiger Sohn, der Poet und Sänger Wolf Biermann. Und jetzt, da der Kampf zwischen den beiden ungleichen Partnern wenn auch gewiß nicht beendet ist, so doch nur noch unter ganz anderen Vorzeichen stattfinden kann, wissen wir es: Hier gibt es keine Sieger, hier gibt es nur Verlierer.

Unterlegen ist zunächst und vor allem jener andere deutsche Staat: Die vom »antifaschistischen Schutzwall« umgebene Bastion des Friedens, der erste Arbeiter-und-Bauern-Staat auf deutschem Boden, die Deutsche Demokratische Republik sah sich genötigt, vor dem Dichter und Kommunisten Biermann die Waffen zu strecken. Denn die Ausbürgerung Biermanns, dem man nach elf Jahren eine Gastspielreise in die Bundesrepublik offenbar nur genehmigt hat, um ihm die Rückkehr unmöglich zu machen, ist eine Kapitulation der DDR und eine schmähliche obendrein: Nur mit einer List und mit Gewalt konnte sich die DDR ihres stummen Kritikers Biermann, den zu ertragen dieser Staat zu schwach war, entledigen. Aber auch Biermann ist hier bloß ein Verlierer: Jahrelang hat er die verschiedenen, mehr oder weniger offiziellen Angebote, die DDR zu verlassen, als indiskutabel abgelehnt. Nun wurde er übertölpelt und ist schließlich doch dort, wo er auf keinen Fall sein wollte: außerhalb der DDR, die er nach wie vor für seine Heimat hält.

Im Laufe der Zeit schloß die SED Frieden mit Stefan Heym, sie ließ Peter Huchel in den Westen ziehen, nur der Fall Biermann blieb ungelöst, die Fronten verhärteten sich, und der stumme Sänger wurde trotz aller Verbote immer berühmter und auch immer gefährlicher für die SED. Im Westen erschienen nämlich weitere Gedichtbände von Biermann sowie mehrere Schallplatten. Der spektakuläre Erfolg seines Gedichtbandes »Die Drahtharfe« (1965) war allerdings nicht mehr möglich. Das hatte unter anderen einen sehr einfachen Grund: Der von seinem Publikum in der DDR getrennte, der mitten in Ost-Berlin isoliert lebende junge Poet begann, sich zu wiederholen. Dem »ungezogenen Liebling der Grazien« bescheinigte Peter Rühmkorf »einen Anflug von selbstverliebter Larmoyanz«, Rühmkorf sprach von »Abnutzungserscheinungen« in Biermanns Poesie und fügte freilich sogleich hinzu: »Daß die Einstellung zu der Gesellschaft, in der er lebt, sich nicht geändert hat, geht zu gutem Teil zu Lasten ebendieser Gesellschaft.«[7]

Schon seit einigen Jahren sah sich die SED in Sachen Biermann zur Initiative gedrängt, weil seine aus dem Westen stammenden Platten und Bücher natürlich in der DDR von Hand zu Hand gingen – von Abschriften, die nach Samizdat-Vorbild hergestellt wurden, ganz zu schweigen. Vor allem aber: Es war für die DDR schwer, Biermann als Klassenfeind zu entlarven. Denn er, der Sohn eines in Auschwitz vergasten Hamburger Arbeiters und alten Kommunisten, wurde nicht müde, sein Bekenntnis zum Kommunismus zu wiederholen. Zur Zeit des Prager Frühlings, dem Biermann neuen Auftrieb verdankte, entstand sein »Großes Gebet der alten Kommunistin Oma Meume in Hamburg« mit der Refrainzeile: »O Gott, laß DU den Kommunismus siegen!«

In westlichen Presseinterviews und vor allem im Fernsehen der Bundesrepublik – alle paar Monate tauchte in Biermanns Ost-Berliner Wohnung ein Kamerateam der ARD oder des ZDF auf – erklärte er unzählige Male mit einer den Kulturfunktionären der DDR höchst unwillkommenen Hartnäckigkeit, er, Biermann, verabscheue den Kapitalismus und die Bundesrepublik, seine Heimat sei einzig und allein die DDR, er glaube an den Sozialismus, und nichts könne seinen Glauben erschüttern, auch nicht die schrecklichen Fehler der Genossen. Es sei trotz allem die DDR der bessere deutsche Staat.

Es half jedoch nichts, auch nicht Biermanns Feststellung im westdeutschen Fernsehen (im Mai 1974), seit zwei Jahren sei es doch schon besser in der DDR, unter Honecker gehe es ja voran. Als vor wenigen Monaten Biermann zum ersten Mal wieder in der DDR singen durfte – in einer Kirche im brandenburgischen Prenzlau –, glaubte man schon, hier bahne sich endlich eine Änderung an. Die Genehmigung für die am 13. November 1976 mit einer Massenveranstaltung in Köln begonnene Gastspielreise schien diese Hoffnung zu bestätigen. Indes haben nicht die vernünftigen und einigermaßen liberalen Kräfte innerhalb des Zentralkomitees in dieser Sache gesiegt, sondern die Scharfmacher. Was hat sie veranlaßt, die Vertreibung Biermanns durchzusetzen, obwohl doch von vornherein klar war, daß dieser Schritt dem Ansehen der DDR ebenso im Westen wie auch zumindest bei den Intellektuellen im eigenen Land in hohem Maße schaden müsse?

Im Statut des Schriftstellerverbandes der DDR heißt es: »Die Mitglieder des Schriftstellerverbandes anerkennen die führende Rolle der Arbeiterklasse und ihrer Partei in der Kulturpolitik.« Auf diesen Paragraphen des Statuts wurde der Dichter Reiner Kunze verwiesen, als man ihn unlängst aus dem Schriftstellerverband der DDR ausschloß. Dies ist der entscheidende Punkt auch im Fall Biermann: Er beansprucht für sich als Kommunist das Recht, seine kommunistische Heimat mit literarischen Mitteln zu kritisieren. Ein anderer Kommunist, Peter Weiss, verteidigte Biermann 1965 und schrieb damals: »Die sozialistische Gesellschaft müßte stark genug sein, abweichende und kritische Stimmen zu ertragen.«[8] Doch die DDR ist nach wie vor zu schwach, um derartige Stimmen zu ertragen. Die hinterlistige und zugleich gewaltsame Vertreibung Biermanns ist eine geistige Bankrotterklärung dieses Staates.

Ob Reiner Kunze oder Wolf Biermann – trotz der unterschiedlichen Mittel ist es dieselbe Aktion: Die Schriftsteller in der DDR werden belehrt. Sie sollen wissen, daß jeder, der »die führende Rolle der Arbeiterklasse und ihrer Partei in der Kulturpolitik« nicht anerkennt, aufs härteste bestraft wird – und daß dabei seine Popularität im Westen keine Rolle spielt. Die Partei, die ihre Autorität innerhalb der intellektuellen Welt der DDR längst eingebüßt hat, kann sich nur noch mit Gewalt und Terror durchsetzen. Wenn das »Neue Deutschland« kühn genug ist, zu behaupten, Biermann habe zur Beseitigung der sozialistischen Gesellschaftsordnung aufgerufen, so ist dies schlechthin lächerlich. Genau das Gegenteil trifft zu.

Was weiter? Biermann hat sogleich mitgeteilt, er werde die Ausbürgerung nicht akzeptieren und Wege suchen, um in die DDR zurückzukehren. Er setzt seine Hoffnung – so sang er neulich in Köln – auf einen Kommunismus, »wie ich ihn reifen sehe unter Italiens Sonnenschein«. Möglich, daß er sich nun einbildet, die italienischen Kommunisten könnten ihm helfen, die Ausbürgerung rückgängig zu machen. Es wäre dies nicht die erste Illusion des Liedersängers Wolf Biermann.

Natürlich wird die DDR Biermann die Rückkehr nicht erlauben. Was immer geschehen, wo immer er sich niederlassen wird: Biermann wird nicht aufhören, die kapitalistische Gesellschaftsordnung aufs schärfste anzuklagen. Wir haben jetzt hier einen Feind mehr. Gleichwohl begrüßen wir diesen Feind, vor dem wir Respekt haben. Und wir müssen dafür sorgen (was freilich nicht schwer sein wird), daß er hierzulande immer die Möglichkeit hat, unsere Gesellschaftsordnung in Vers und Prosa zu verurteilen. Allerdings soll dem Dichter Biermann auch der Widerspruch zuteil werden, der ihm gebührt.

Wahrscheinlich wird Biermann sehr bald erklären, daß die DDR dennoch der bessere deutsche Staat sei. Wir wollen ihm gleich antworten: Sie war es nicht, sie ist es nicht. Vielmehr erinnern viele Maßnahmen dieses Staates – und eben auch die Ausbürgerung Biermanns – an einen anderen Staat, den es vor nicht langer Zeit auf diesem Boden gegeben hat. Für die DDR gilt, was Bertolt Brecht in seinem »Deutschland«-Gedicht von 1933 geschrieben hat:

Wie sitzest du besudelt /
Unter den Völkern. /
Unter den Befleckten /
Fällst du auf. /

(1976)

JUREK BECKER

Roman vom Getto

Offen gesagt, weiß ich nicht recht, wie ich diesmal anfangen soll. Wenn ich nämlich gleich verrate, worum es in Jurek Beckers Buch »Jakob der Lügner«[1] geht, wird es niemand in die Hand nehmen oder auch nur meinen Artikel weiterlesen wollen.

Wenn ich jedoch zugebe, daß es sich um ein sehr unerfreuliches und düsteres Thema handelt, aber eilig hinzufüge, der Roman sei trotzdem leicht und amüsant, dies sei ein Stück Literatur mit Charme und Grazie und mit viel Humor – dann wird man mir doch nicht ganz glauben, ja, man wird mich noch verdächtigen, daß ich hier nicht nur einem jungen DDR-Autor die Stange halten, sondern obendrein auch der Werbeabteilung des Luchterhand Verlags zu Hilfe kommen möchte. Unter uns: Eben das will ich. Denn dieser kleine und bescheidene Roman hat es mir angetan.

Kurz und gut: Von der Ermordung der Juden wird hier erzählt, vom Leben und Tod im Getto einer polnischen Kleinstadt in den Jahren des Zweiten Weltkriegs. Natürlich ist dieses Thema nach wie vor besonders riskant. Die wichtigsten der vielen Fallen, in die hier jeder Schriftsteller geraten kann, heißen einerseits Pathos, Larmoyanz und Sentimentalität und andererseits Verharmlosung und Verniedlichung.

In dieser fatalen Situation wollen sich manche Autoren mit konsequenter Nüchternheit und Trockenheit behelfen. Das ist in der Tat kein schlechter Ausweg. Er hat nur einen Fehler: Er führt oft zur Dürre, zur Farblosigkeit und schließlich zur Langeweile. Und es läßt sich bekanntlich der Teufel nicht mit dem Beelzebub austreiben. Aber so gewiß das Unvorstellbare nicht darstellbar ist, so kann es die Literatur doch indirekt zeigen oder wenigstens andeuten.

Den Autor Jurek Becker, einen polnischen Juden und deutschen

Erzähler, von dem wir in der Bundesrepublik bisher nichts gehört hatten – er wurde 1937 in Polen geboren und verbrachte seine Kindheit meist in Gettos und Konzentrationslagern, er wuchs auf und studierte in der DDR und lebt jetzt in Ostberlin –, braucht man über diese Schwierigkeiten nicht zu belehren. Er scheint sehr genau zu wissen, daß die »Endlösung« zu jenen extremen Themen gehört, denen gerade mit extremen künstlerischen Mitteln überhaupt nicht beizukommen ist, und daß hier die Bemühung um formale und sprachliche Originalität – zumal im Roman – gleich extravagant oder selbstherrlich wirken kann und peinlich sein muß.

Wo angesichts eines Stoffes laute Töne und grelle Farben gänzlich versagen und wo Elegisches statt die Leser aufzurütteln sie eher ermüdet, da bleibt dem Schriftsteller nichts anderes übrig, als mit besonders leiser Stimme zu sprechen, konsequente Zurückhaltung zu üben und dem Understatement und der Ironie zu vertrauen. Bei einem so düsteren Thema läßt sich mit Düsterheit am wenigsten ausrichten, eher schon mit hellen und heiteren Kontrasteffekten, mit Witz und Komik. Das allerdings ist sehr schwierig und nahezu waghalsig. Aber Becker hat es geschafft.

Zunächst einmal: Statt vom verzweifelten Kampf und vom heroischen Untergang zu berichten, was von ihm vielleicht erwartet wurde, macht er zum Schauplatz seines Romans ein kleines Getto, in dem es überhaupt keinen bewaffneten Widerstand der Juden gegeben hat. Er zeigt den Alltag in einer Welt, in der sich beide Seiten – die Verfolger und die Verfolgten – sogar an das Entsetzlichste gewöhnt haben, wo es mittlerweile längst zur Regel und zur Routine geworden ist.

Deshalb wählt Becker für die dargestellten Vorgänge, wie makaber sie sein mögen, stets einen unbekümmerten und ostentativ gemächlichen Plauderton – als ginge es nur um Selbstverständliches. Daher bleibt auch die direkte Klage fast immer ebenso ausgespart wie die direkte Anklage. Beiläufige, oft in Nebensätzen verborgene Bemerkungen genügen hier, um das Grauen zu verdeutlichen. Es bildet ein unüberhörbares, doch nie aufdringliches, ein meist diskretes Ostinato für allerlei behaglich erzählte Episoden und Anekdoten.

Aber so lose der Roman komponiert scheint – er hat doch eine Achse, um die Becker die einzelnen Humoresken und Miniaturen gruppiert: Es ist die Geschichte eines keineswegs mutigen Mannes, der sich als einziger im Getto wehrt – wenn auch ganz ohne Waffen und auf etwas wunderliche Weise. Dem braven Jakob Heym, in dessen Bude man früher im Sommer Eis und im Winter Kartoffelpuffer haben konnte, wird befohlen, sich in einem deutschen Revier zu stellen, aus dem ein Jude noch nie lebend herausgekommen ist. Doch diesmal geschieht ein unbegreifliches und unerklärliches Wunder: Der verschlafene Soldat, der dort Wache hat, schickt Jakob nicht in den Tod, sondern wieder nach Hause. An ein solches Wunder wird man im Getto nicht glauben wollen, ja, man könnte ihn sogar verdächtigen, er sei nun ein Spitzel der Deutschen. Daher sagt er niemandem, wo er wirklich war.

Aber eine in diesem Revier zufällig gehörte Rundfunkmeldung, aus der unzweifelhaft hervorging, daß die sowjetische Armee sich nähere – und mit ihr der Tag der Befreiung –, kann Jakob den Leidensgefährten nicht vorenthalten; und da sie der frohen Botschaft nicht recht trauen und die Quelle wissen wollen, sagt er, er habe in seiner Wohnung ein Radio versteckt, was im Getto, versteht sich, mit dem Tode bestraft wird.

Wie es angeblich der Fluch der bösen Tat ist, daß sie fortzeugend immer Böses muß gebären, so ist es in der Epik der Segen des guten Einfalls, daß sich aus ihm wie von selbst weitere gute Einfälle ergeben. In der abgeschlossenen Welt, zu der die sehnsüchtig erwarteten Nachrichten von den Kriegsschauplätzen nicht dringen können, wird der vermeintliche Besitzer eines Radios seines Mutes wegen bewundert und aus praktischen Gründen umworben: Alle suchen seine Freundschaft, weil sie von ihm das Neueste zu erfahren hoffen. Er wiederum kann sich nicht entschließen, die Wahrheit aufzudecken: Er erfindet jetzt laufend Meldungen von der Front, meist erfreuliche.

So wird Jakob, der Mann, der noch unlängst auf der untersten Sprosse der sozialen Leiter stand, plötzlich zur zentralen Figur des Gettos. Aber er spielt die ihm überraschend zugefallene Rolle nicht nur deshalb, weil sie seiner Eitelkeit schmeichelt. Er erkennt auch seine gesellschaftliche Funktion: »Die Leute brauchen keine Medi-

zin so sehr wie Hoffnung.« Die Nachrichten, die der barmherzige
Lügner Jakob täglich verbreitet, verändern das Leben im Getto:
Ein Mädchen leistet ihrem Freund keinen Widerstand mehr, ein
alter Schauspieler fertigt ein Verzeichnis der Rollen an, die er nach
dem Krieg spielen will, man schmiedet allerlei Pläne und erträgt
auch das Schlimmste etwas besser. Die Selbstmorde hören jedenfalls auf, nur einer erhängt sich: ein Freund Jakobs, der erfährt, daß
dieser überhaupt kein Radio hat.

Sollte Jakob, der sympathische Flunkerer, der mit Worten, nur
mit Worten auf die Menschen Einfluß auszuüben versucht, zugleich – wie schon vermutet wurde – die Literatur symbolisieren?
Das würde freilich bedeuten, daß Becker sich nicht die geringsten
Illusionen macht. Denn Jakob kann mit allen seinen Erfindungen
letztlich nichts ändern: Zwar hat er seinen Leidensgefährten ihre
letzten Wochen etwas erleichtert, aber sie werden mit ihm zusammen abtransportiert. Und was man mit dem Wort »Transport« im
Getto bezeichnete, wissen die Leser dieses Romans genau.

Jurek Becker erzählt sehr einfach und sehr ruhig. Nur daß seine
Geschichte nichts vereinfacht und niemanden beruhigen kann. Sie
ist poetisch und mutet bisweilen märchenhaft an. Doch wird hier
nichts poetisiert oder verklärt. Dieses Buch kennt weder Haß noch
Groll, es ist weder aggressiv noch zornig, vielmehr erstaunlich
sanft. Aber es wirkt niemals besänftigend: Beckers Gelassenheit
hat nichts mit lauwarmer Versöhnlichkeit zu tun. Hinter seiner
Heiterkeit verbirgt sich nichts anderes als Schmerz und Schwermut. Dieser junge Schriftsteller ist vom Geschlecht der traurigen
Humoristen. Sein Roman beweist, daß man auch vom Grauenvoll-
sten leicht und unterhaltsam erzählen kann.

(1970)

Die Liebe, die Literatur und der Alltag

»Irreführung der Behörden«, der neue Roman des in Ostberlin
lebenden Jurek Becker[2], den wir mit dem düsteren Kölner »Rän-
der«-Produzenten Jürgen Becker keineswegs verwechseln sollten,
läuft konsequent auf ein Fazit zu, das sich in zwei Punkten zusam-

menfassen läßt. Erstens: Du sollst den inneren Schweinehund überwinden, immer strebend dich bemühen und mit deinem Pfunde wuchern – zumal wenn du begabt und ein Schriftsteller in der DDR bist. Zweitens: Du sollst nicht begehren deines Nächsten Weib, denn die Ehe, sie ist doch kein leerer Wahn.

Wir haben also mit einem sehr moralischen Buch zu tun. Überdies ist es auffallend banal: Die Fabel und die Personen, die Konflikte und die Situationen – das alles kennt man längst. Erzählt wird die Geschichte eines lustigen und gewitzten, aber auch ziemlich faulen Studenten, den die Jurisprudenz langweilt und der daher lieber Schriftsteller werden möchte. Aller Anfang ist schwer, wir wissen es, doch nach einigen Versuchen geht es schon ganz gut, der junge Mann wird bekannt und fast wohlhabend. Und mit der Zeit bereitet er, der zunächst störrisch war, den Lektoren und Redakteuren immer weniger Kummer. Denn er liefert ihnen genau das, was sie brauchen. Warum eigentlich? Schiller hat es gesagt:

> Die Ideale sind zerronnen,
> Die einst das trunkne Herz geschwellt;
> Er ist dahin, der süße Glaube
> An Wesen, die mein Traum gebar.

Auf unseren Roman bezogen und weniger poetisch ausgedrückt: Der Kulturbetrieb macht den Künstler kaputt. Zumindest seit Balzac gehört diese Geschichte zum ständigen Repertoire der Literatur.

Die andere Geschichte, die Jurek Becker hier offeriert, ist noch älter. Sein junger Mann liebt heiß und innig ein schmuckes Mädchen. Sie sind sehr glücklich. Dann heiratet sie, dann haben sie ein Kind – das Weitere kennt man hinreichend. Auch dafür hat einer unserer Klassiker, Tucholsky nämlich, die gültige Formel gefunden:

> Die Ehe war zum jrößten Teile
> Vabrühte Milch un Langeweile.

Zwei alte Hüte also – und ringsherum meist alte Schachteln. Da haben wir die neugierige, schimpfende und polternde Zimmervermieterin mit rauher Schale und weichem Herz. Wieder einmal gibt es das biedere und rührende Mütterchen, das dem begabten Sohn, dem Luftikus mit Phantasie, rasch ein Töpfchen Schmalz und heimlich auch etwas Geld zusteckt.

Der gemütliche und geschwätzige Gastwirt aus der Berliner Vorortkneipe kommt mir ebenso bekannt vor wie der betagte Professor, der einst im KZ war und der sich nun gütig und väterlich um den Studenten bemüht, den er auf den rechten Weg bringen möchte. Der skurrile Rentner, der sehr klapprig ist und der sich doch als ein ganzer Kerl und als ein hilfsbereiter Kumpel erweist, stammt ebenfalls aus dem bewährten Personal der DDR-Romane.

Auch den jüngsten Damen kann man schwerlich Originalität nachrühmen – weder der schönen Juristin, die sich vielleicht deshalb so selbstsicher gibt, weil es ihr an Selbstsicherheit fehlt, noch der geschiedenen Verlagslektorin, die unseren jungen Mann so gern im Bett haben möchte, oder seiner Freundin und späteren Gattin, die so vernünftig und tüchtig und zugleich so charmant ist, wie es die Bürgerinnen der DDR wohl im normalen Maß und die Heldinnen der DDR-Literatur recht oft sind.

Das wär's also: Ein ganz banales Produkt. Nur muß ich noch gestehen, daß es mich keinen Augenblick gelangweilt hat. Daß ich es für sehr bemerkenswert und überaus amüsant halte. Wie denn – nicht langweilig, obwohl banal? Oder gar: weil banal? Dann allerdings wäre diese Banalität etwas Positives, etwas geradezu Originelles? Vielleicht ist mit dem Titel die Irreführung nicht nur der Behörden, sondern auch der unaufmerksamen Leser und vor allem der leichtfertigen Rezensenten gemeint? Auf jeden Fall wird es dem Kritiker sehr schwierig gemacht, zu erklären, worin die Qualität des scheinbar so harmlosen Romans besteht. Aber ich habe, wenn ich noch dieses Geständnis hinzufügen darf, eine besondere Schwäche für Bücher, die derartige Schwierigkeiten sozusagen lächelnd und augenzwinkernd bereiten.

Mit einem Märchen beginnt es. Einer namens Toni sieht in der S-Bahn ein Mädchen, das ihm gefällt. Er steigt zusammen mit ihr aus, er geht ihr nach, er lädt sie in den Wagen ein, der da zufällig auf der Straße steht – es ist ein ganz doller Cadillac, und Toni hat gerade einen Schlüssel, der paßt. Dann soll sich das Mädchen eine

Villa aussuchen, sie zeigt auf ein Barockschlößchen – und wieder hat er den richtigen Schlüssel.

Doch »irgendwann kommt Toni der Verdacht, daß Rita nicht so sehr an ihm hängt, als an seiner Fähigkeit, alle ihre Wünsche erfüllen zu können«. Da sucht er sich eine andere, nur daß jetzt seine Schlüssel nirgends mehr passen wollen. So kehrt er zur Rita, der ersten, zurück: »Mag sie sein, wie sie will, er liebt sie nun einmal, nur mit ihr kann er zaubern.« Auch ohne Cadillac und Barockschlößchen sind die beiden glücklich. Die Frage des Erzählers, wie diese Geschichte »jetzt weitergehen soll«, wird freilich von demjenigen, der hier zuhört, kühl und vielsagend beantwortet: »Das ist das Problem.«

Mit dem Märchen von der Macht der Liebe, deren Zauber die Welt verwandelt – aber wie lange wirkt er? –, schlägt Becker sofort das Leitmotiv seines Buches an. Die Poesie und der prosaische Alltag, die Vision und die graue Realität, der Traum und das harte Leben – diese fundamentalen Gegenüberstellungen sind so alt wie die Praxis der Dichter, sie immer wieder am Beispiel der Beziehung des einzelnen zur Gesellschaft zu demonstrieren. Nur daß in der Literatur stets eine simple Schneiderregel gilt: Aus alt mach neu! Daran hält sich Becker mit ebenso natürlicher wie genau kalkulierter Grazie, mit der reifen Naivität (das ist beileibe kein Widerspruch), die schon für seinen Erstling »Jakob der Lügner« (1969) bezeichnend war.

Scheinbar unbekümmert erzählt er Kurioses und Hintergründiges – so von einem wackeren, doch eifersüchtigen Beamten, der plötzlich, nicht ohne Grund, einen Operntenor erwürgt und sich dann in der Gefängniszelle aufhängt; von drei Banditen, die eine Ostberliner Bank ausräumen wollen und hierzu, um die Beute sofort in Sicherheit bringen zu können, erst einmal die Fertigstellung einer im Bau befindlichen Schnellstraße bis zur Stadtgrenze abwarten müssen, der freilich so langsam vorangeht, daß die drei selber als Facharbeiter mithelfen und vor ihrem Überfall noch als Aktivisten in der DDR berühmt werden.

Wir hören von einem Mann, der auf seine Zähne verzichten soll, weil sie überraschenderweise aus einem für die Volkswirtschaft sehr wichtigen Material sind. Aber er will nicht: »Von früh bis

abends muß er sich anhören, daß er sein schäbiges privates Wohl-
behagen über die Interessen der Allgemeinheit stellt. Und das geht
so lange, bis sie ihm mit Argumenten, Versprechungen und Prä-
mien alle Zähne abgeschwatzt haben ... Das Gemeinwesen blüht,
und in den Zeitungen steht zu lesen, welch wichtigen Beitrag mein
Mann dazu geleistet hat, doch als zahnloses Männlein hat er nicht
die rechte Freude daran.«

Ob Humoreske, Satire oder Parabel – es sind immer wieder,
ähnlich wie auch jene einleitende Geschichte, halb parodistische
und halb märchenhafte Paraphrasen des Hauptthemas, es sind heitere, betont unbeschwerte und, sieht man nur genauer hin, zugleich schwermütige epische Kommentare. Sie werden nicht ausgeführt, sondern eher mitgeteilt, bloß skizziert und entworfen oder,
richtiger gesagt, vorgeschlagen. Stets hört ihnen jemand kritisch zu
– die skeptische Gattin etwa oder ein Verlagslektor –, der sie in
Frage stellt, der immer an ihnen etwas auszusetzen hat.

»Ich probiere Geschichten an wie Kleider«[3] – das berühmte
Wort Max Frischs gilt auch für Jurek Becker und für seinen Ich-
Erzähler, den jungen Autor Gregor Bienek, die übrigens beide,
wenn ich mich nicht ganz irre, dem »Stiller« und dem »Gantenbein« manches zu verdanken haben. Dieser Bienek ist es ja, dem
der Kulturbetrieb in der DDR nach und nach die Zähne zieht, so
daß er am Ende nur noch Belangloses und Gefälliges liefert. Also
hätten wir es mit einem politischen Roman zu tun, mit einem, in
dem sich mehr oder weniger deutliche Anti-DDR-Akzente verbergen? Nichts wäre abwegiger als diese Annahme. Becker, der als
Kind nach Deutschland gekommen ist, hält die DDR für seine
Heimat: »Mit dem Westen habe ich nichts zu tun, ich lebe hier aus
freiem Entschluß, und mich beschäftigen vor allem Dinge, die sich
in meiner Umgebung abspielen« – läßt er seinen Gregor Bienek
erklären.

Ein politisches Buch sollte diese »Irreführung der Behörden«
bestimmt nicht werden. Da aber Becker eben von seiner unmittelbaren Umgebung erzählt, ist doch ein Roman entstanden, der einerseits von politischen Affekten und Ressentiments frei scheint
und andererseits schon deshalb nicht unpolitisch sein konnte, weil
hier alles Phantastische, alles Poetische immer wieder konfrontiert

wird, wie könnte es anders sein, mit der gesellschaftlichen Wirklichkeit der DDR der sechziger Jahre.

Sie kommt zunächst einmal, meist ironisch, in den Wünschen der Lektoren und Filmleute zum Vorschein, auf die Bienek gelegentlich mit dem knappen Befund »Wir müssen in die Klippschule« reagiert und denen er sich schließlich doch fügt. Aber diese Realität wird auch direkt in einer Anzahl von Episoden und Milieuschilderungen beschrieben, für die sich das alte Wort »Genrebild« anbietet. Hier zeigt sich Becker als ein erstaunlich unbefangener und gelassener Erzähler; seine heitere und souveräne Prosa kennt weder das leidende Pathos der enttäuschten Generation der DDR-Literatur (Christa Wolf wäre vor allem zu nennen) noch den schnoddrigen Ton eines Ulrich Plenzdorf; und sie ist von der billigen und kessen Zubereitung der Zeitgeschichte, wie sie etwa der agile Hermann Kant praktiziert, meilenweit entfernt.

Nicht ein Ankläger, sondern ein Zeuge und mehr Humorist als Satiriker ist dieser Jurek Becker. Er verhöhnt nichts, er preist nichts, er stellt es nur dar – meist sanft, immer liebevoll und nie unkritisch. Da wird etwa berichtet, wie Ostberliner Studenten 1959 in Westberlin Flugblätter verteilen. »Mit undurchdringlichem Gesicht, wie es Gary Cooper nicht besser könnte«, fährt Bienek mit der U-Bahn zum Tatort, wo ihn Schaufensterauslagen und Plakate ziemlich verwirren. Dennoch verläuft planmäßig, was als »Westeinsatz« bezeichnet wird, doch bald einer Wildwestszene ähnelt, einem etwas unernsten, wenn nicht lächerlichen Indianerspiel und am Ende (als ein Polizist Bienek verhaftet) fast einem Slapstick: »Ich hole aus und gebe ihm mit aller Kraft einen Kinnhaken. Er ist kein Herkules und fällt zum Glück sofort um...«

Aber meist schildert Becker Vorgänge und Situationen, die weniger dramatisch sind: Das Familienleben interessiert ihn, zumal der Alltag jener Leute, die man gern »Kleinbürger« nennt und die er mit sehr viel Sympathie betrachtet. Doch so freundlich und nachsichtig dieser DDR-Alltag auch behandelt wird, er macht immer einen engen und muffigen Eindruck, er wirkt auffallend altmodisch und sehr kleinlich. Es ist, als wollte Becker sagen: Greift nur hinein ins volle Menschenleben, und wo ihr's packt, da ist es mittelmäßig.

Daher seine konsequente Vorliebe für Gestalten, die an Chargen erinnern, ja sogar klischeehaft anmuten mögen und trotzdem keine Schemen sind. Denn auch hier beherzigt Becker die Maxime: Aus alt mach neu. Und er erreicht das nicht so sehr mit Hilfe psychologischer Details als vor allem mit der überaus saftigen und anschaulichen Sprache dieser Figuren. Am stärksten hat mich Beckers Dialogkunst in den erotischen Szenen beeindruckt, zumal gegen Ende des Buches: Bienek trifft zufällig jene schöne und selbstsichere Juristin, mit der er vor Jahren in denselben Hörsälen saß. Wonach sich die beiden damals gesehnt hatten und wozu sie offenbar nicht mutig genug waren, das holen sie jetzt nach.

Wie flirtet ein Schriftsteller mit einer Justitiarin, worüber reden zwei solche Menschen im Bett? In der bundesrepublikanischen Literatur findet Liebe unter Intellektuellen fast überhaupt nicht mehr statt, unsere Autoren wollen sich ja meist mit dem Klassenkampf befassen. Aber glücklicherweise gibt es die DDR-Literatur, wo man sich neuerdings immer mehr für das Intime oder doch zumindest für das Private interessiert. Becker jedenfalls erzählt diese Liebesepisode so schön und so geistreich, daß der überaus ehrenvolle Vergleich mit dem größten, dem dezentesten Erotiker der deutschen Literatur nach 1945 (ich meine natürlich Max Frisch) sich sofort aufdrängt.

Dagegen fällt das Finale des Romans deutlich ab: Bienek bekommt von seiner Frau zu hören, er habe sich angepaßt, er richte sich nur noch nach den Marktchancen. Nach dem klärenden Gewitter bahnt sich der eheliche Friedensschluß an. Wie eine Pflichtleistung, der sich Becker rasch entledigen wollte, wirkt diese etwas papierne Szene. Oder sollte auch sie – für viele andere in der »Irreführung« gilt es bestimmt – doppelsinnig sein und etwa andeuten, daß Bienek in dieser Hinsicht ebenfalls, wie es einmal heißt, »im Käfig seiner eigenen Mittelmäßigkeit sitzt«?

Ganz am Anfang seiner Laufbahn sagt ihm eine Lektorin: »Kinder nein, sind Sie empfindlich. Das werden Sie sich als Dichter abgewöhnen müssen.« Indem Becker gezeigt hat, wie sich sein Schriftsteller Bienek die Empfindlichkeit abgewöhnen läßt – ohne daß man ihn zwänge oder überzeugte, nur aus Trägheit und aus Bequemlichkeit –, vermochte er zu beweisen, daß er selber nicht daran denkt, sich anzupassen. Daß er vielmehr mit diesem neuen Buch dem Erstling »Jakob der Lügner«, dem er seinen Ruhm verdankt, treu geblieben ist.

Wird der Roman »Irreführung der Behörden«, obwohl ganz leicht und sehr amüsant, den deutschen Kritikern den ihm zukommenden Respekt abnötigen? Wird er, obwohl ein höchst poetisches Buch, auf den Bestsellerlisten landen? Beides ist Jurek Becker zu wünschen – und auch den deutschen Lesern diesseits und jenseits der Elbe.

(1973)

Aus Anlaß eines mißlungenen Buches

Jurek Beckers Roman »Der Boxer«[4] wurde von unserer Literaturkritik im Herbst 1976 entschieden abgelehnt. Am weitesten ging Karl Corino, der in der »Stuttgarter Zeitung« von einem »miserablen, langweiligen und überflüssigen Buch« sprach und kurzerhand erklärte, sein in Ost-Berlin lebender Autor sei »ein total angepaßter Schriftsteller«.[5] Es stimmt, »Der Boxer« ist ein schwacher, ja, sogar ein mißratener Roman. Aber Becker ein angepaßter Schriftsteller? Bisher jedenfalls war er es nicht.

Sein Buch »Jakob der Lügner« (1969) ist in zehn Sprachen erschienen, doch gerade in dem Land, in dem seine Handlung spielt, nämlich in Polen, wurde und wird es nicht zufällig ignoriert. In den USA war dieses kleine Meisterwerk überaus erfolgreich, in der Sowjetunion hingegen darf es bis heute nicht veröffentlicht werden. In seinem zweiten (in der Bundesrepublik leider unterschätzten) Roman »Irreführung der Behörden« (1973) erzählt Becker die Geschichte eines jungen und begabten Schriftstellers, der vom Kulturbetrieb in der DDR zugrunde gerichtet wird. Schon dieses Thema konnte den Ostberliner Kulturpolitikern schwerlich gefallen.

Natürlich ließe sich erwidern: Das seien Bücher aus vergangenen Jahren, und inzwischen könnte sich ja Becker verändert haben. Gewiß doch, nur war er der einzige in der DDR lebende Autor, der den Ausschluß Reiner Kunzes aus dem DDR-Schriftstellerverband im Oktober 1976 scharf kritisiert hat und dies durch seinen Freund Wolf Biermann im Westen mitteilen ließ. Im November 1976 hat Becker den Protestbrief der zwölf prominenten DDR-Autoren gegen die Ausbürgerung Biermanns unterzeichnet und war nachher offenbar zu keiner Selbstkritik bereit; er wurde aus der SED ausgeschlossen, während die anderen Unterzeichner, von Gerhard Wolf abgesehen, mit milderen Strafen weggekommen sind.

Dieser Jurek Becker sollte also ein Buch verfaßt haben, das ganz aus dem Rahmen fällt und ihn als einen »total angepaßten Schriftsteller« ausweist? Ist es vielleicht eines Nichtopportunisten opportunistischer Seitensprung? So einfach liegen die Dinge nicht; und es lohnt sich, der Sache etwas genauer nachzugehen.

»Der Boxer«, das ist die Geschichte eines Juden, der sich, nachdem er ein Getto und ein Konzentrationslager überlebt und nahezu seine ganze Familie verloren hat, 1945 in Ost-Berlin niederläßt. Die Faszination, die jüdische Figuren schon seit langem auf europäische und amerikanische Autoren (ob diese Juden sind oder nicht) ausüben, hat wahrscheinlich einen eher unkomplizierten Grund. Für Thomas Mann, den Romancier, war das Judentum, wie er 1921 in einem Beitrag schrieb, der übrigens erst 1966 in der Frankfurter Allgemeinen Zeitung publiziert wurde, »eine pittoreske Tatsache, geeignet, die Farbigkeit der Welt zu erhöhen«; für diejenigen seiner Leser, denen ein solches Bekenntnis »unverantwortlich ästhetizistisch« vorkommen sollte, fügte Thomas Mann noch hinzu, er sehe im Judentum auch ein ethisches Symbol, »eines jener Symbole der Ausnahme und der hohen Erschwerung, nach denen man mich als Dichter des öfteren auf der Suche fand«.[6]

In der Tat fällt es auf, daß jüdische Gestalten in Dramen und Romanen meist als Außenseiter und Kontrastfiguren verwendet werden, eben als Verkörperung und »Symbole der Ausnahme und der hohen Erschwerung«. Sie befinden sich fast immer innerhalb und zugleich doch außerhalb des dargestellten Lebensbereichs. Hieraus ergibt sich die (zumal für Epiker) äußerst reizvolle doppelte Perspektive. Denn so ist beides möglich: vertrauliche Nähe und skeptische Distanz, der Blick von innen und der Blick von außen.

Die Individualität der Juden und ihre Situation innerhalb der Gesellschaft sollen – und das ist schließlich eine der wichtigsten Aufgaben der Literatur – das Bekannte und Gewohnte in neuer Sicht erscheinen lassen. Gerade weil sie oft Extremes anstreben oder erdulden, sind die Gestalten der Juden geeignet, das Exemplarische erkennbar zu machen: Die exzeptionelle Position erinnert an die Regel, und von der Peripherie her wird die Mitte wahrnehmbar. Shakespeare brauchte den jüdischen Wucherer Shylock, um die Moral des christlichen Venedig bloßzustellen, Joyce den jüdischen Annoncenakquisiteur Leopold Bloom, um die Welt von Dublin zu zeigen.

Auch Jurek Becker hatte mit der Geschichte des Juden Aron Blank ein extremes Schicksal im Sinn, mit dessen Hilfe er exemplarische Situationen und Verhältnisse verdeutlichen möchte. Nach allem, was er erleiden mußte, will sich dieser Blank seiner Vergangenheit entledigen. Aus seinem Vornamen Aron machte er Arno, sein Alter fälschte er: als Geburtsjahr gibt er statt 1900 jetzt 1906 an, als könnte er damit die sechs im Getto und im Lager verbrachten Jahre streichen. Er möchte leben wie jeder andere. Zunächst arbeitet er als Buchhalter bei einem Schwarzmarktkönig – und kündigt ihm bald. Dann ist er bei den Russen als Dolmetscher tätig und kündigt abermals. Er sehnt sich nach etwas Glück, er sucht Freundschaft, Liebe. Aber seine Frauengeschichten beginnen idyllisch und enden mit bitteren Enttäuschungen. Der Mann, der ihm am nächsten steht, verübt Selbstmord.

Alle Bemühungen Blanks scheitern, denn: »... die Angst verfolgt dich. Die Würdelosigkeit verfolgt dich und die Kränkung... Von draußen sieht es aus wie normales Leben, in Wirklichkeit sitzt du noch im Lager, das in deinem Kopf weiterexistiert.« Die Isolation hält Beckers unheroischer Held für sein »größtes Unglück«. Befragt, ob er nicht glaube, daß seine Einsamkeit zu einem Teil von ihm selbst verschuldet sei, antwortet er knapp: »Ich habe mir nicht ausgesucht, was mit mir geschehen ist.« Wo geschehen – in der Vergangenheit oder auch in der Gegenwart, im »Dritten Reich« oder auch in der DDR?

Jedenfalls läßt sich nicht übersehen, daß Blank es hartnäckig ablehnt, dem Ich-Erzähler Auskünfte über sein Verhältnis zur

DDR zu erteilen. Für ein Bekenntnis zu diesem Staat, das der Erzähler gern hören möchte, ist er nicht zu haben: »Lassen wir die Frage offen, wieviel mir das Land hier bedeutet.« Mit anderen Worten: Es bedeutet ihm nichts. Dennoch bleibt Aron Blank in der DDR – wohl deshalb, weil er alt und krank, müde und resigniert ist. Oder hat etwa dem Autor Becker der Mut gefehlt, diese Geschichte einer Nichtanpassung und Verweigerung mit einer Republikflucht abzuschließen? Indes: Gerade damit endet der Roman.

Blank hat einen in der DDR erzogenen Sohn Mark, der Mathematiker werden will: Er möchte in einem Beruf arbeiten, »in welchem die Richtigkeit von Resultaten an präzisen Formeln festgestellt werden könne und nicht abhängig sei von der Meinung anderer Leute«. Dies sei, erklärt Becker, der bisweilen der Intelligenz seiner Leser nicht traut, eine politische Begründung. Mark geht in die Bundesrepublik, schreibt, er sei dort »nicht glücklich«. Er wird ausdrücklich als »Republikflüchtiger« bezeichnet, doch weder sein Vater noch der Ich-Erzähler denken daran, diese Flucht auch nur mit einem einzigen Wort zu verurteilen. Nachdem er von Land zu Land gewandert ist, entscheidet sich Mark für jenen Staat, der in der DDR seit Jahren als Objekt einer permanenten Hetzkampagne dient – für Israel: »Das Leben dort schien ihm zu gefallen.«

Vieles muß man dem Roman vorwerfen, daß er jedoch seinen Verfasser als total angepaßten Schriftsteller entlarvt habe, ist schlechthin absurd. Das Gegenteil trifft zu: Das Buch beweist abermals Jurek Beckers Mut und Integrität, seine Unbestechlichkeit. Allerdings hat er seine Möglichkeiten falsch eingeschätzt und sich daher im Stoff vergriffen. »Der Boxer« konnte nicht gelingen.

Zwar verdankt Becker seinen Ruf und Ruhm zwei Prosabüchern, die man als Romane bezeichnen kann, doch ist seine starke Seite keineswegs die große Erzählung und eben nicht der Roman, sondern die lyrische Geschichte, die ironische Miniatur, das melancholische Genrebild, die surreale Humoreske. Seine Prosa beschwört die Poesie des Lebens, und mit dem Poetischen zeigt er die Prosa des Alltags. Um der Realität beizukommen, erzählt Becker Märchen, Gleichnisse und Anekdoten. »Jakob der Lügner« – das ist das Märchen von der Macht der Phantasie, die die Leiden der

Menschen lindert. »Irreführung der Behörden« – das ist das Märchen von der Macht der Liebe, deren Zauber die Welt verwandelt.

Aron Blanks Versuch, sich von der Vergangenheit zu befreien und einer von vielen Bürgern der DDR zu werden, ist schwerlich ein Märchenstoff. Es ist weit eher der Vorwurf für einen Roman, der das psychologische Porträt eines Davongekommenen, eines Einzelgängers und Außenseiters vor dem Hintergrund der sich dort formierenden und verändernden Gesellschaft zeichnet. Aber der Geschichte Blanks fehlt dieser Hintergrund fast ganz: Sie spielt sich, obwohl wir es doch unzweifelhaft mit einem realistischen Roman zu tun haben, nahezu in einem luftleeren Raum ab. Nur in den ersten Kapiteln, die die Zeit gleich nach 1945 betreffen, hat Becker die Verhältnisse immerhin skizziert oder angedeutet, so etwa den Schwarzmarkt. Später hingegen mußte er erkennen, daß seine Darstellung mit den Erfordernissen der DDR-Kulturpolitik nicht in Übereinstimmung zu bringen war.

Unübersehbar sind daher im »Boxer« die vielen Lücken, Sprünge und Aussparungen. Ob die entsprechenden Abschnitte aus dem Manuskript gestrichen wurden oder erst gar nicht entstanden sind, ist unerheblich: Ohnehin läßt sich in totalitären Staaten die Grenze zwischen Zensur und Selbstzensur nie ausmachen. Zwei Beispiele: des 17. Juni wird nur in einigen auffallend belanglosen Sätzen gedacht, der Kampf des Kommunismus gegen Israel bleibt unerwähnt.

Weil die Welt, zu der er im Gegensatz stehen sollte, in dem Roman nicht vorhanden ist, konnte Blank keine Kontrastfigur sein. Jene doppelte Perspektive, von der vorher die Rede war – vertrauliche Nähe und skeptische Distanz –, ist hier überhaupt nicht möglich, da sich Blank weder innerhalb der Gesellschaft der DDR befindet, noch diese von außen betrachten darf. Im Endergebnis ist er nicht ein Symbol »der Ausnahme und der hohen Erschwerung«, seine Geschichte wächst nicht ins Parabolische. Sie bleibt vielmehr ein oberflächlich anmutender Bericht von einem individuellen Schicksal, das bedauerlich, doch nicht charakteristisch und kaum interessant ist. Und weil Becker im »Boxer« nicht sagen kann, was er will, wird er redselig: der ostentativ gemächliche Plauderton, einst im »Jakob« ein virtuos angewandtes Stilmittel, irritiert nicht, sondern verbreitet Behaglichkeit, und die gelenkige und geschmeidige Suada deckt, was sie verdeutlichen soll, mit vielen Worten zu.

Wahrscheinlich weiß mittlerweile auch Becker, daß es nicht richtig war, sich für den Stoff, den er im »Boxer« behandeln wollte, zu entscheiden. Welche Folgerung wird er daraus ziehen? Ein im November 1976 publiziertes Interview beendete Becker mit den Worten: »In meinem Leben hat bisher, sofern ich das richtig einschätze, Lüge noch keine erhebliche Rolle gespielt. Höchstens Selbstbetrug.«[7] Wir werden uns hüten, diese Äußerung zu interpretieren. Wir ziehen es vor, dem Dichter Jurek Becker einen Gruß zu senden – einen respektvollen, einen zuversichtlichen Gruß.

(1977)

Abschied von den Träumen einer Jugend

Nun ist also auch Jurek Becker im Westen. Auch er, der Nationalpreisträger der DDR, der mit diesem Preis vor noch gar nicht langer Zeit, nämlich vor knapp zwei Jahren, ausgezeichnet wurde, der Autor des ebenso in der DDR wie in der Bundesrepublik außerordentlich erfolgreichen und mittlerweile weltberühmten Romans »Jakob der Lügner«, der langjährige überzeugte und begeisterte Anhänger der SED, will nicht mehr in dem Land leben, dem er zweifellos viel verdankt und das er nun doch verläßt, ohne sich von ihm ganz trennen zu können. Wie viele andere, die ihre Jugend oder Kindheit in Konzentrationslagern oder Gettos verbringen mußten, sieht es auch Jurek Becker sehr ungern, wenn man an diese seine Zeit erinnert. Man sollte eine solche Empfindlichkeit respektieren, aber man darf es nicht. Denn erst seine Vergangenheit macht den Weg dieses in vielerlei Hinsicht aus dem Rahmen fallenden Schriftstellers verständlich.

Becker, der 1937 in Lodz geboren wurde, wuchs in dem (von den deutschen Behörden im Herbst 1939 errichteten) Getto in seiner Geburtsstadt auf und war dann in den Konzentrationslagern von Ravensbrück und Sachsenhausen. Als er 1945 nach Berlin kam, konnte er noch nicht sprechen: Daher wurde Deutsch seine

Muttersprache. In einer unveröffentlichten autobiographischen Skizze schreibt Becker: »Der Umstand, daß ich erst mit acht Jahren Deutsch zu lernen anfing, könnte verantwortlich dafür sein, daß mein Verhältnis zu dieser Sprache ein ziemlich exaltiertes wurde. So wie andere Kinder meines Alters sich für Maikäfer oder Rennautos interessierten und sie von allen Seiten betrachteten, so drehte und wendete ich Wörter und Sätze. In einer extrem intensiven Beschäftigung mit der Sprache sah ich das einzige Mittel, dem Spott und den Nachteilen zu entkommen, die sich daraus ergaben, daß ich als einziger Achtjähriger weit und breit nicht richtig sprechen konnte.« So begann sein Weg zur Literatur. Und so wurde später der polnische Jude Jurek Becker ein deutscher Schriftsteller und einer der besten seiner Generation.

Doch nicht nur sein Verhältnis zur deutschen Sprache war »ein ziemlich exaltiertes«, sondern auch zu Deutschland, genauer gesagt (denn sein Vater hatte sich in Ost-Berlin niedergelassen): zur DDR. Die Schule und die FDJ, die Universität (er studierte Philosophie) und die SED, in die er 1957 aufgenommen wurde, machten aus dem Neuankömmling einen bewußten, wenn nicht leidenschaftlichen Staatsbürger. Dem großen Erziehungsprozeß leistete er, versteht sich, keinen Widerstand. Im Gegenteil: Er war glücklich. Denn der Entwurzelte hatte eine Zuflucht, der Heimatlose eine Heimat, der Fremde ein Vaterland gefunden. Mehr noch: Er sah sich in einem großen Kollektiv der Gleichgesinnten und fühlte sich geborgen. Er lernte die ungeheuerliche Faszination der vereinenden nationalen Aufgabe und internationalen Idee kennen.

Die beruflichen Erfolge ließen nicht lange auf sich warten: Für seine Kabarettexte, Fernsehspiele und Filmdrehbücher gab es genug Abnehmer. Denn Becker hat zu bieten, was in deutschen Landen – ob gestern oder heute, ob kommunistisch oder kapitalistisch – selten und kostbar ist: Witz und Humor. Und fast durch Zufall entdeckte er die starke Seite seines Talents: Als sich die Realisation eines seiner Drehbücher immer wieder verzögerte, entschloß er sich kurzerhand, den Stoff zu einem Roman zu verarbeiten. Auf diese Weise entstand das Buch »Jakob der Lügner«, welches sofort erkennen ließ, daß Becker vor allem Erzähler (genauer: Geschichtenerzähler) ist.

Gut ging es also Jurek Becker im ersten deutschen Arbeiter-
und-Bauern-Staat. Er gehörte zu den Privilegierten mit Landhaus,
Auto und vielen Auslandsreisen, und daß er zu ihnen gehörte, war
nur recht und billig. Warum konnte es ihm dennoch nicht gelingen, mit seinem Land in Frieden zu leben? Warum mußte es zum
Bruch zwischen ihm und der Partei kommen?

Für Becker war es selbstverständlich, sich an die strengen Regeln der kommunistischen Parteidisziplin zu halten: Stets hat er
darauf geachtet, die von den Statuten der SED geforderte Loyalität
zu wahren und also seine etwaigen Bedenken und Meinungsunter-
schiede einzig und allein innerhalb der Partei zu klären. Doch bei
diesen internen Auseinandersetzungen wurde den Genossen klar,
daß Becker bei aller Heiterkeit und Liebenswürdigkeit ein unbequemer, wenn nicht gar gefährlicher Mann ist. Denn er stammt
vom Geschlecht der Ruhestörer, der Provokateure. Er sah, was
sich täglich um ihn abspielte, und meinte, »daß ein Gespräch über
Bäume fast ein Verbrechen ist, weil es ein Schweigen über so viele
Untaten einschließt« (Brecht). Und Becker war nicht bereit zu
schweigen.

Er wurde zu einem Ärgernis, dessen sich die Funktionäre zu
erwehren versuchten, indem sie ihn wie ein *Enfant terrible* behandelten, wie einen charmanten, aber etwas leichtsinnigen und allzu
temperamentvollen Künstler. Kurz: wie einen, den man bei aller
Anerkennung seines Talents nicht sonderlich ernst zu nehmen
brauche. Der Provokateur sah sich provoziert. Der Konflikt war
unvermeidbar und wurde im Herbst 1976 deutlich sichtbar. Nachdem Reiner Kunze im Oktober 1976 aus dem DDR-Schriftstellerverband ausgeschlossen wurde, hat Jurek Becker diese Maßnahme
öffentlich scharf kritisiert – als erster und, wenn ich recht informiert bin, auch als einziger in der DDR lebender Autor. Im November 1976 gehörte er zu den zwölf prominenten DDR-Autoren,
die gegen die Ausbürgerung Wolf Biermanns protestierten und
ihre Petition den westlichen Agenturen gaben.

Es ist nicht wahr, daß die SED damals entschlossen war, Becker
aus ihren Reihen auszustoßen. Im Gegenteil: Die Partei wollte
ihrem berühmten, doch leider ungebärdigen Sohn gnädig verzeihen. Nur erwartete man von ihm ein Wort der Selbstkritik, das

übrigens einige der anderen Unterzeichner keineswegs verweigert haben. Eine winzige Geste der Unterwerfung hätte wahrscheinlich genügt – und die Partei hätte den reuigen Sünder in ihren Schoß wiederaufgenommen. Becker lehnte trotzig ab. Er wußte, was er tat. Und er wußte es auch, als er wenige Monate nach dem Parteiausschluß seinerseits dem Schriftstellerverband der DDR die Mitgliedschaft kündigte. Dieser Provokation folgte bald die nächste: Im Juli 77 erklärte Becker in einem Interview[8], er sei nicht mehr bereit, »aus einer – wie ich heute meine – falsch verstandenen Solidarität zu schweigen... Den Mund zu halten, setzt die Überzeugung voraus, daß die Partei im Grunde auch das will, was ich will. Und diese Überzeugung ist ziemlich ins Wanken geraten.«

Nun hatte Becker die üblichen Konsequenzen zu tragen: In den Buchhandlungen der DDR waren seine Bücher nicht mehr zu finden, ein längst von der DEFA akzeptiertes Filmskript wurde nicht mehr gedreht, einen neuen Kurzroman lehnte der Hinstorff Verlag ab, andere Schikanen kamen hinzu. Man war offenbar entschlossen, Becker in die Rolle eines Staatsfeinds zu drängen. Natürlich, Becker ließ sich nicht zum Staatsfeind machen. Aber in eine Art Isolation geriet er allmählich doch. Die Freunde, sie waren noch da, doch das Vaterland wurde von Tag zu Tag fragwürdiger. Denn er hatte ja in der DDR sein Vaterland nicht etwa deshalb erkannt, weil ihm die Mecklenburgische Seenplatte oder der Thüringer Wald besonders gut gefielen, sondern weil er – laut eigener Aussage – glaubte, »an etwas beteiligt zu sein, das mir wichtig ist«.

Mit anderen Worten: Es war zunächst und vor allem der Kommunismus, der ihn an die DDR gebunden hatte. Er meinte, an der Veränderung der Welt mitzuwirken. Das tat er wohl auch, nur eben nicht in der von ihm erwünschten Richtung und mit den von ihm erhofften Ergebnissen. Was er für ein Gelobtes Land hielt, erwies sich, vorerst jedenfalls, als eine Fata Morgana. Die logische Folgerung war der Entschluß, die DDR zu verlassen. Was bleibt zurück, was hinterläßt er dort? Viele Freunde und nahestehende Menschen, Hoffnungen, die er nicht missen möchte, Träume, die er nicht vergessen kann, Illusionen, auf die er doch nicht ganz verzichten will. Er geht also den Weg, den vor ihm Ernst Bloch und Peter Huchel und erst unlängst Sarah Kirsch und Reiner Kunze gegangen sind.

Ein Unterschied freilich sollte nicht übersehen werden: Becker möchte es vermeiden, daß man seinen Schritt als einen endgültigen begreift. Zwar hat er beschlossen, seinen Wohnsitz für mindestens zwei Jahre im Westen zu haben, doch bleibt er vorläufig Staatsbürger der DDR. Man würde ihn, meine ich, verkennen, wollte man diese Entscheidung lediglich auf pragmatische Umstände zurückführen. Auch Symbolisches spielt hier eine Rolle. »Sagen Sie ihm«, heißt es im »Don Carlos«, »daß er für die Träume seiner Jugend soll Achtung tragen, wenn er Mann sein wird.« Niemand im Westen hat das Recht, Jurek Becker zu verübeln, daß er sich von der DDR nur zögernd trennt, daß er sich von den Träumen seiner Jugend nicht endgültig verabschieden will, daß er vielleicht im stillen hofft, es werde irgendwann einen Rückweg geben.

Die Behörden der DDR waren vernünftig genug, Jurek Becker die erbetene Genehmigung nicht zu verweigern. Dies ist eine erfreuliche Tatsache. Mit Nachdruck sei es gesagt: Wir halten nichts von jenen westlichen Kommentatoren, die empört sind, wenn die DDR ihre Schriftsteller und Künstler an der Ausreise hindert, und die sich mit schöner Regelmäßigkeit ebenso empört zeigen, wenn die DDR diesen Schriftstellern oder Künstlern die Ausreise erlaubt. Es ist leichtsinnig, wenn nicht verantwortungslos, der DDR auch ihre menschenfreundlichen Entscheidungen zu verübeln. Dabei fiel es den Kulturpolitikern keineswegs leicht, auf Becker zu verzichten. Denn seine Popularität in der DDR ist enorm. Aber hinter diesem Beschluß steht nicht zuletzt der Respekt vor einem Schriftsteller, der sich nie mißbrauchen ließ und dessen Zivilcourage schon häufig der SED Kummer bereitet hat.

Und was sucht Jurek Becker im Westen? Etwa ein neues Vaterland? Er sagt es deutlich: Er möchte hier in Ruhe arbeiten können – nicht mehr und nicht weniger. Ein Ruhestörer, ein Provokateur wird er, wie könnte es anders sein, gleichwohl bleiben. Der Kummer, dessen sich die SED nunmehr entledigt hat, den werden vermutlich (wenn auch natürlich auf ganz andere Weise) wir jetzt haben. Aber wir freuen uns auf diesen Kummer.

Wird Becker weiterhin die Welt verändern wollen? Die Hoffnung, daß sich mit der Literatur trotz allem einiges ausrichten läßt, wird er nie aufgeben. Gegen Ende seines Lebens schrieb Deutschlands größter Schriftsteller dieses Jahrhunderts: »Man arbeitet dennoch, erzählt Geschichten, formt die Wahrheit und ergötzt damit eine bedürftige Welt in der dunklen Hoffnung, fast in der Zuversicht, daß Wahrheit und heitere Form wohl seelisch befreiend wirken und die Welt auf ein besseres, dem Geiste gerechteres Leben vorbereiten können.«[9] In diesem Sinne grüßen wir Jurek Becker.

(1977)

NACHWEISE UND ANMERKUNGEN

VORWORT

1 Die Rezension des Erzählungsbandes von Anna Seghers (*Brot und Salz*. Aufbau-Verlag, Berlin 1958) erschien in der *Frankfurter Allgemeinen Zeitung* vom 29. November 1958. Die Besprechung des Novellenbandes *Stürzende Schatten* von Franz Fühmann (Verlag der Nation, Berlin 1959) war in der F. A. Z. vom 5. Dezember 1958 zu lesen.

2 Die Artikelserie *Deutsche Schriftsteller, die jenseits der Elbe leben* erschien in den Samstag-Beilagen der Tageszeitung *Die Welt* in der Zeit vom 7. März bis 20. Juni 1959.

3 Den Artikel *Vergleiche sind nicht mehr möglich* brachte *Die Zeit* am 28. Februar 1964.

VORWORT 1974

1 Fritz J. Raddatz, *Traditionen und Tendenzen*. Materialien zur Literatur der DDR. Suhrkamp Verlag, Frankfurt/M. 1972, S. 7.

2 Die Äußerungen von Werner Neubert, Wilhelm Girnus, Wolfgang Harich, Hermann Kesten und Jürgen Rühle wurden in der in Westberlin erscheinenden Zeitschrift *Europäische Ideen* (Jahrgang 1973, Heft 2) veröffentlicht.

3 Hans Mayer, *Zur deutschen Literatur der Zeit*. Zusammenhänge, Schriftsteller, Bücher. Rowohlt Verlag, Reinbek bei Hamburg 1967, S. 347.

HANS MARCHWITZA

Zuerst in der *Zeit* vom 30. Oktober 1964

1 Vgl. *Deutsches Schriftstellerlexikon von den Anfängen bis zur Gegenwart*. Volksverlag, Weimar 1960.

2 *Schriftsteller der Gegenwart – Hans Marchwitza*. Hrsg. vom Kollektiv für Literaturgeschichte im Volkseigenen Verlag Volk und Wissen, Berlin 1960.

3 *Lexikon sozialistischer deutscher Literatur*. Von den Anfängen bis 1945. VEB Verlag Sprache und Literatur, Halle (Saale) 1963, S. 348 f.

4 *Trybuna Ludu*, Warschau, vom 8. April 1957.

5 *Neue Deutsche Literatur*, 1956, Heft 1, S. 135 ff.

BRUNO APITZ

Zuerst in der *Zeit* vom 27. Oktober 1961

1 Bruno Apitz: *Nackt unter Wölfen*. Roman. rororo-Taschenbuch 416/417, Reinbek bei Hamburg 1961.

ANNA SEGHERS

Die vier hier vereinten Aufsätze waren zuerst gedruckt in der *Zeit* vom 28. Januar 1966, 14. März 1969 und 12. Oktober 1973 sowie in der *Frankfurter Allgemeinen Zeitung* vom 21. Juli 1990.

1 Anna Seghers: *Die Kraft der Schwachen.* Neun Erzählungen. Aufbau-Verlag, Berlin und Weimar 1965 / Hermann Luchterhand Verlag, Berlin und Neuwied 1966.

2 Anna Seghers: *Woher sie kommen, wohin sie gehen.* Über den Ursprung und die Weiterentwicklung einiger Romangestalten Dostojewskijs, besonders über ihre Beziehung zu Gestalten Schillers. – Diese bemerkenswerte Abhandlung findet sich in dem Buch: A. S: *Über Tolstoj – Über Dostojewskij.* Aufbau-Verlag, Berlin 1963, S. 53–122.

3 Anna Seghers: *Das Vertrauen.* Roman. Aufbau-Verlag, Berlin und Weimar 1969.

4 Diese Kritik des Romans *Die Aula* von Hermann Kant findet sich in dem vorliegenden Band, S. 121 ff.

5 Anna Seghers: *Sonderbare Begegnungen.* Erzählungen. Hermann Luchterhand Verlag, Darmstadt und Neuwied 1973.

6 Den Text des Liedes schrieb Louis Fürnberg (1909–1957).

7 Die Formulierung stammt aus Benns Aufsatz *Nach dem Nihilismus,* der zu finden ist in: Gottfried Benn, *Essays und Aufsätze (Gesammelte Werke in acht Bänden,* Band 3). Hrsg. von Dieter Wellershoff. Limes Verlag, Wiesbaden 1968, S. 723.

8 Walter Janka: *Schwierigkeiten mit der Wahrheit.* rororo-aktuell 12 731, Reinbek bei Hamburg 1989, S. 36 f.

9 A. a. O., S. 38.

10 A. a. O., S. 91.

EDUARD CLAUDIUS

Zuerst in: Marcel Reich-Ranicki, *Deutsche Literatur in West und Ost.* R. Piper & Co. Verlag, München 1963, S. 449–455.

1 Eduard Claudius: *Ein gewöhnlicher Anfang,* in: *Hammer und Feder* – Deutsche Schriftsteller aus ihrem Leben und Schaffen. Verlag Tribüne, Berlin 1955, S. 44–47.

2 Alexander Abusch: *Literatur und Wirklichkeit.* Aufbau Verlag, Berlin 1953, S. 325 f.

3 *Neues Deutschland* vom 30. Juni 1957.

4 *Neues Deutschland* vom 28. Juli 1957.

5 *Schriftsteller der Gegenwart – Bodo Uhse, Eduard Claudius –* Abriß der Spanienliteratur. Hrsg. vom Kollektiv für Literaturgeschichte im Volkseigenen Verlag Volk und Wissen, Berlin 1960, S. 131.

ERWIN STRITTMATTER

Zuerst in: Marcel Reich-Ranicki, *Deutsche Literatur in West und Ost*, R. Piper & Co. Verlag, München 1963, S. 411–421.

1 Vgl. Alfred Kantorowicz: *Deutsches Tagebuch*, Zweiter Teil. Kindler Verlag, München 1961, S. 578 ff.

2 *Schriftsteller der Gegenwart – Adam Scharrer, Erwin Strittmatter*. Hrsg. vom Kollektiv für Literaturgeschichte im Volkseigenen Verlag Volk und Wissen, Berlin 1960, S. 139 f.

3 Die Informationen über die Bearbeitung des Stücks *Katzgraben* verdanke ich Egon Monk, der damals zu den engsten Mitarbeitern Brechts gehörte.

4 Max Schroeder: *Von hier und heute aus*. Kritische Publizistik. Aufbau-Verlag, Berlin 1957, S. 186.

5 Bertolt Brecht: *Erwin Strittmatters »Katzgraben«*, in: *Sinn und Form*, 1953, Heft 3/4, S. 97 ff.

6 Vgl. *Deutsches Schriftstellerlexikon von den Anfängen bis zur Gegenwart.* Volksverlag, Weimar 1960, S. 529 f.

7 *Schriftsteller der Gegenwart – Adam Scharrer, Erwin Strittmatter*, a.a.O., S. 132.

8. *Neue Deutsche Literatur*, 1958, Heft 8, S. 88 ff.

STEFAN HEYM

Die beiden Kritiken erschienen zuerst in der *Zeit* vom 18. August 1972 und in der *Frankfurter Allgemeine Zeitung* vom 21. Dezember 1974.

1 Stefan Heym: *Der König David Bericht*. Roman. Kindler Verlag, München 1972.

2 Robert Havemann: *Fragen, Antworten, Fragen*. Aus der Biographie eines deutschen Marxisten. Rowohlt Taschenbuch Verlag, Reinbek bei Hamburg 1972, S. 117.

3 Stefan Heym: *5 Tage im Juni*. Bertelsmann Verlag, München/Gütersloh 1974.

STEPHAN HERMLIN

Zuerst in: *Neue Rundschau*, 1963, Drittes Heft, S. 460-476.

1 Vgl. Stephan Hermlin: *Begegnungen 1954–1959*. Aufbau-Verlag, Berlin 1960, S. 195 ff.

2 Stephan Hermlin/Hans Mayer: *Ansichten über einige Bücher und Schriftsteller* (erw. u. bearb. Ausg.). Verlag Volk und Welt, Berlin 1947, S. 191.

3 Stephan Hermlin: *Begegnungen 1954–1959*, a.a.O., S. 261.

4 Vgl. Josef Wulf: *Das Dritte Reich und seine Vollstrecker*. Die Liquidation von 500 000 Juden im Ghetto Warschau. Arani-Verlags GmbH, Berlin 1961, S. 86 u. 90.

5 *Neue Deutsche Literatur*, 1954, Heft 10, S. 19 ff.

6 Walter Jens: *Deutsche Literatur der Gegenwart*. Themen, Stile, Tendenzen. R. Piper & Co. Verlag, München 1961, S. 69.

7 Vgl. *Neue Deutsche Literatur*, 1955, Heft 3, S. 127 ff. (»Man muß sich als Leser die Kenntnis der Greueltaten einer vertierten SS-Kommandeuse ins Gedächtnis rufen, um mit dieser, die Hermlin schildert, nicht gar etwas wie Mitleid zu haben«).

8 Stephan Hermlin: *Begegnungen 1954–1959*, a.a.O., S. 256.

9 A.a.O., S. 297.

10 *Neues Deutschland* vom 6. April 1963.

Franz Fühmann

Der Aufsatz *Der treue Dichter seiner Herrn* wurde zuerst veröffentlicht in: Marcel Reich-Ranicki, *Deutsche Literatur in West und Ost*, R. Piper & Co. Verlag, München 1963, S. 422-433, die Kritik der Erzählungen Fühmanns in der *Zeit* vom 31. März 1967.

1 Franz Fühmann: *Das Judenauto*. Vierzehn Tage aus zwei Jahrzehnten. Aufbau-Verlag, Berlin 1962, S. 152.

2 A.a.O., S. 138.

3 A.a.O., S. 174.

4 Ebenda.

5 A.a.O., S. 180.

6 Rosemarie Heise: *Die Bürde der Vergangenheit*, in: *Neue Deutsche Literatur*, 1959, Heft 8, S. 132 ff.

7 *Sonntag* vom 17. Februar 1963.

8 Franz Fühmann: *König Ödipus*. Gesammelte Erzählungen. Aufbau-Verlag, Berlin und Weimar 1966.

9 Fühmanns Haltung während des »Tauwetters« dokumentieren u. a. seine in der Monatsschrift *Aufbau* veröffentlichten Gedichte *Narrenfreiheit* (1956, Heft 3, S. 283) und *Die Demagogen* (1956, Heft 12, S. 1059).

10 Die Erzählung *Das Gottesgericht* findet sich in: *Auch dort erzählt Deutschland*. Prosa von »drüben«. Hrsg. von Marcel Reich-Ranicki. Paul List Verlag, München 1960, S. 144-163.

Hermann Kant

Die drei Aufsätze über Romane von Kant erschienen zuerst in der *Zeit* vom 1. April 1966 und 28. April 1972 sowie in der *Frankfurter Allgemeinen Zeitung* vom 11. Juni 1977.

1 Hermann Kant: *Die Aula*. Roman. Verlag Rütten & Loening, München 1966.

2 Hermann Kant: *Das Impressum*. Roman. Hermann Luchterhand Verlag, Neuwied und Berlin 1972.

3 Hermann Kant: *Der Aufenthalt*. Roman. Verlag Rütten & Loening, Berlin 1977.

Günter de Bruyn

Zuerst in *Merkur*, Nr. 307, 27. Jahrgang, 1973.

1 *Neue Deutsche Literatur*, 1972, Heft 9, S. 159 f.

2 Günter de Bruyn: *Die Preisverleihung*. Roman. Mitteldeutscher Verlag, Halle 1972.
3 Vgl. *Sinn und Form*, 1969, Heft 3, S. 763.
4 *Sonntag, Nr. 8, 1973.*
5 *Günter de Bruyn: Wie ich zur Literatur kam*, in: *Sinn und Form*, 1972, Heft 4, S. 771.

GÜNTER KUNERT
Drei der hier gedruckten Aufsätze wurden zuerst veröffentlicht in der *Zeit* vom 1. Dezember 1967 und vom 11. Oktober 1968 sowie in der *Frankfurter Allgemeinen Zeitung* vom 10. April 1979. Der Beitrag *Der Dichter des Zwecklosen und Sinnvollen* ist die Laudatio auf Günter Kunert aus Anlaß der Überreichung der Ehrengabe des Kulturkreises im Bundesverband der Deutschen Industrie, zuerst in der *Frankfurter Allgemeinen Zeitung* vom 27. November 1980.
  1 Günter Kunert: *Im Namen der Hüte*. Roman. Carl Hanser Verlag, München 1967.
  2 Günter Kunert: *Die Beerdigung findet in aller Stille statt*. Erzählungen. Reihe Hanser 11, Carl Hanser Verlag, München 1968.
  3 Kunerts Äußerung über den Realismus ist aus seiner Selbstinterpretation in: *Ein Gedicht und sein Autor*. Lyrik und Essay. Hrsg. und mit einer Einleitung von Walter Höllerer. Literarisches Colloquium, Berlin 1967, S. 333.
  4 Brechts Urteil über den jungen Kunert findet sich in einem an den polnischen Regisseur Leon Schiller gerichteten Brief vom 25. April 1952.
  5 Günter Kunert: *Warum schreiben?* Notizen zur Literatur. Carl Hanser Verlag, München 1976, S. 268.
  6 Das Interview ist zu finden in: Günter Kunert, *Die Schreie der Fledermäuse*. Geschichten, Gedichte, Aufsätze. Hrsg. von Dieter E. Zimmer. Carl Hanser Verlag, München 1979, S. 175–179.
  7 So äußerte sich Kunert in seiner Rede auf dem Stockholmer PEN-Kongreß im Juni 1978. Zu finden in der *Zeit* vom 30. Juni 1978.
  8 Günter Kunert: *Warum schreiben?* A.a.O., S. 273.
  9 Günter Kunert: *Die Schreie der Fledermäuse*. A.a.O., S. 336.
10 Bei dem oft zitierten Ausspruch handelt es sich nicht etwa um ein Sprichwort, sondern um den ersten Vers des Gedichtes »Rondel de l'adieu« von Edmond Haraucourt (1856–1942).
11 Günter Kunert: *Abtötungsverfahren*. Gedichte. Carl Hanser Verlag, München 1980.
12 Die Äußerungen stammen aus Marcel Reich-Ranickis Gespräch mit Günter Kunert, gedruckt in der *Frankfurter Allgemeinen Zeitung* vom 24. November 1979.
13 Die Formulierung stammt aus Börnes Schrift *Menzel der Franzosenfresser*. Zu finden in: Ludwig Börne, *Sämtliche Schriften*. Neu bearbeitet und hrsg. von Inge und Peter Rippmann. Joseph Melzer Verlag, Düsseldorf 1964, Band 3, S. 942.

CHRISTA WOLF

Die Kritik des Romans *Nachdenken über Christa T.* erschien in der *Zeit* vom 23. Mai 1969, der Aufsatz zu dem Roman *Kindheitsmuster* in der *Frankfurter Allgemeinen Zeitung* vom 19. März 1977. Der Beitrag *Macht Verfolgung kreativ?* ist eine (zuerst in der F. A. Z. vom 12. November 1987 gedruckte) Polemik gegen Christa Wolfs Lobrede, gehalten aus Anlaß der Verleihung des Kleist-Preises an Thomas Brasch im November 1987 in Frankfurt am Main.

1 Christa Wolf: *Nachdenken über Christa T.* Mitteldeutscher Verlag, Halle 1968.

2 »Ich probiere Geschichten an wie Kleider!« heißt es in: Max Frisch, *Mein Name sei Gantenbein.* Suhrkamp Verlag, Frankfurt/M. 1964, S. 30.

3 Christa Wolf: *Kindheitsmuster.* Roman. Luchterhand Verlag, Darmstadt/ Neuwied 1977.

4 Der Kritiker Heinz Plavius schrieb in der in Ost-Berlin erscheinenden *Neuen Deutschen Literatur*, 1977, Heft 1, S. 140: »Dies ist ein Menschenbuch. Als Buch der Menschlichkeit ist es das Psychogramm einer Epoche.«

5 August Wilhelm Schlegel: *Kritische Schriften und Briefe.* Hrsg. von Edgar Lohner. Band I: *Sprache und Politik.* W. Kohlhammer Verlag, Stuttgart 1962, S. 14.

6 Kurz nach Veröffentlichung dieser Polemik erhielt die F. A. Z. die nachstehende Stellungnahme des damaligen Geschäftsführers des Luchterhand-Verlages, Hans Altenhein, sie war in der F. A. Z. vom 16. November 1987 zu lesen: »Die ›polemischen Anmerkungen‹ im Feuilleton der F. A. Z. vom 12. November über Christa Wolf versteigen sich zu einer Falschmeldung, der wir im Namen der Autorin entgegentreten: Christa Wolf hat zu keiner Zeit ihre Unterschrift unter die Biermann-Petition von 1976 zurückgezogen. Über alles andre soll die Öffentlichkeit ihr Urteil bilden.« Die Stellungnahme wurde von der Redaktion wie folgt kommentiert: »Es mag sein, daß Christa Wolf ihre Unterschrift nicht in aller Form zurückgezogen hat; richtig ist aber, daß sie vor der Parteiorganisation ihr Verhalten in dieser Sache als schuldhaft bezeichnet und Selbstkritik geübt hat. Die Zeugen erinnern sich, daß sie damals erklärt hat, ein solcher Fehler könne einem nur einmal im Leben unterlaufen. Daher wurde sie damals von der SED lediglich mit einer Rüge bestraft, während ihr Mann, der Schriftsteller Gerhard Wolf, für dieselbe Verfehlung aus der Mitgliedliste der Partei gestrichen wurde.

7 *Frankfurter Allgemeine Zeitung* vom 14. April 1987.

8 Die Lobrede auf Thomas Brasch ist enthalten in: Christa Wolf, *Ansprachen*, Luchterhand Literaturverlag, Darmstadt 1988. Die zitierten Äußerungen finden sich auf den Seiten 55 f., 62 u. 64–67.

ROLF SCHNEIDER

Zuerst in der *Zeit* vom 17. September 1967 und 22. Mai 1970.

1 Rolf Schneider: *Brücken und Gitter.* Ein Vorspruch und sieben Geschichten. R. Piper & Co. Verlag, München 1965.

2 Rolf Schneider: *Der Tod des Nibelungen*. Aufzeichnungen des deutschen Bildschöpfers Siegfried Amadeus Wruck ediert von Freunden. R. Piper § Co. Verlag, München 1970.

3 Das Zitat stammt aus August Wilhelm Schlegels *Vorrede zu den Kritischen Schriften*, die zu finden ist in: A. W. S., *Sprache und Poetik* (Kritische Schriften und Briefe, Band 1). Hrsg. von Edgar Lohner. W. Kohlhammer Verlag, Stuttgart 1962, S. 14.

ULRICH PLENZDORF

Zuerst in der *Zeit* vom 4. Mai 1973.

1 Ulrich Plenzdorf: *Die neuen Leiden des jungen W.*. Suhrkamp Verlag, Frankfurt/M. 1973.

2 *Süddeutsche Zeitung* vom 16. September 1972. Dieser Artikel war auf Grund des Vorabdrucks der Erzählung in Sinn und Form, 1972, Heft 2, geschrieben.

3 *Die Zeit* vom 20. April 1973.

4 Vgl. *Sinn und Form*, 1973, Heft 1, S. 243.

SARAH KIRSCH

Zuerst in der *Frankfurter Allgemeinen Zeitung* vom 17. Mai 1980.

1 Das Gedicht *Dreistufige Drohung* stammt aus dem 1965 in Ost-Berlin veröffentlichten Band *Gespräch mit dem Saurier*, der Arbeiten von Sarah und Rainer Kirsch vereint. Es ist jetzt zu finden in dem Band: Sarah Kirsch, *Erklärung einiger Dinge*. Dokumente und Bilder. Verlag Langewiesche-Brandt, Ebenhausen bei München 1978. Alle anderen hier zitierten Gedichte Sarah Kirschs sind in ihren ebenfalls bei Langewiesche-Brandt erschienenen Sammlungen *Zaubersprüche* (1974), *Rückenwind* (1977), *Landaufenthalt* (1977) und *Drachensteigen* (1979) enthalten.

2 Die Formulierung stammt aus Wolfgang Koeppens Interpretation des Gedichts *Die Steppe* von Annette von Droste-Hülshoff. Zu finden in *Frankfurter Anthologie*. Vierter Band. Gedichte und Interpretationen. Hrsg. und mit einer Nachbemerkung von Marcel Reich-Ranicki. Insel Verlag, Frankfurt/M. 1979, S. 66.

HANS JOACHIM SCHÄDLICH

Die Kritik des Prosabandes *Versuchte Nähe* erschien zuerst in der *Frankfurter Allgemeinen Zeitung* vom 11. Oktober 1977. Die Rede *Die Freiheit ist eine Stilschule* wurde aus Anlaß der Verleihung des Rauriser Literaturpreises 1977 gehalten. Zuerst in der F. A. Z. vom 12. Februar 1978.

1 Hans Joachim Schädlich: *Versuchte Nähe*. Prosa. Rowohlt Verlag, Reinbek bei Hamburg 1977.

2 Max Frisch: *Gesammelte Werke in zeitlicher Folge*. Hrsg. von Hans Mayer unter Mitwirkung von Walter Schmitz. Suhrkamp Verlag, Frankfurt/M. 1976. Band 4, S. 245.

3 Max Frisch: *Gesammelte Werke in zeitlicher Folge, a.a.O., Band 2, S. 361.*

WOLF BIERMANN

Die erste der hier vereinten Arbeiten wurde in der *Zeit* vom 17. Dezember 1965 gedruckt, die Kritik *Zwischen allen Stühlen* in der *Frankfurter Allgemeinen Zeitung* vom 17. Oktober 1978. Der Kommentar zur Vertreibung Biermanns aus der DDR erschien in der F. A. Z. vom 18. November 1976.

1 Wolf Biermann: *Die Drahtharfe*. Balladen, Gedichte, Lieder. Verlag Klaus Wagenbach, Berlin 1965.

2 Bölls ebenfalls in der *Zeit* vom 17. Dezember 1965 veröffentlichte Erklärung lautet:

»Nicht Wolf Biermann fällt irgend jemand in den Rücken. Der einzige, der sowohl Biermann wie allen Schriftstellern in den Rücken fällt, ist Klaus Höpcke und mit ihm die Redaktion des ›Neuen Deutschland‹. Die törichte Pinscher-Äußerung von Bundeskanzler Erhard, wahrscheinlich längst bereut, war für die betroffenen Schriftsteller vollkommen ungefährlich. Der Artikel im ›Neuen Deutschland‹ hat eine Hetzkampagne eingeleitet, die alle Schriftsteller und Künstler in der DDR bedroht.«

3 Die Erklärung von Peter Weiss – gedruckt in der *Zeit* vom 17. Dezember 1965 – lautet:

»Mit Entsetzen sehe ich, auf welche Weise ein Autor der DDR, Wolf Biermann, öffentlich für seine Meinung abgeurteilt wird. Ich bin kein Freund des Bonner Staats, doch ich habe, trotz der Angriffe, die auch über mich ergingen, bisher jede meiner Arbeiten dort veröffentlichen und meine Stücke aufführen können. (...) Wolf Biermann hat bisher in der DDR kein Buch veröffentlichen können, seine Arbeiten sind nur kleinen Kreisen bekannt. Ich frage mich, worin denn die Gefahr seiner Lieder liegt, die jetzt einer solchen Diffamierungsaktion ausgesetzt werden. Und ich habe beim Wiederlesen der Texte nichts entdecken können, was gegen den Sozialismus verstößt. Biermann gibt einzig und allein Ausdruck für einen stattfindenden Generationskampf, und dies ist sein natürliches Recht. Die sozialistische Gesellschaft müßte stark genug sein, abweichende und kritische Stimmen zu ertragen. Man mag gegen Biermann polemisieren, aber man soll ihn zu Wort kommen lassen. Als humanistischer Schriftsteller erkäre ich meine Solidarität mit Wolf Biermann.«

4 Wolf Biermann: *Preußischer Ikarus*. Lieder, Balladen, Gedichte, Prosa. Verlag Kiepenheuer & Witsch, Köln 1978.

5 Klaus Günther Just: *Von der Gründerzeit bis zur Gegenwart*. Geschichte der deutschen Literatur seit 1871. Francke Verlag, Bern und München 1973, S. 611.

6 Johann Peter Eckermann: *Gespräche mit Goethe in den letzten Jahren seines Lebens*. Mit einer Einführung hrsg. von Ernst Beutler. Deutscher Taschenbuch Verlag, München 1976, S. 731.

7 *Frankfurter Allgemeine Zeitung* vom 29. Mai 1976.

8 Siehe Anmerkung 3.

JUREK BECKER

Die Kritiken der Romane *Jakob der Lügner* und *Irreführung der Behörden* waren zuerst in der *Zeit* vom 20. November 1970 und 25. Mai 1973 gedruckt. Der Aufsatz aus Anlaß des Romans *Der Boxer* erschien in der *Frankfurter Allgemeinen Zeitung* vom 19. Februar 1977. Der Beitrag *Abschied von den Träumen einer Jugend* wurde aus Anlaß der Nachricht geschrieben, Jurek Becker habe von den Behörden der DDR die Genehmigung für einen längeren Aufenthalt im Westen erhalten und befinde sich bereits in der Bundesrepublik. Zuerst veröffentlicht in der *Frankfurter Allgemeinen Zeitung* vom 19. Dezember 1977.

1 Jurek Becker: *Jakob der Lügner*. Roman. Sammlung Luchterhand 1, Hermann Luchterhand Verlag, Neuwied 1970. – Die Erstausgabe des Buches hatte 1969 der Aufbau-Verlag, Berlin und Weimar, veröffentlicht.

2 Jurek Becker: *Irreführung der Behörden*. Roman. Suhrkamp Verlag, Frankfurt/M. 1973.

3 Siehe Anmerkung 2 in den Anmerkungen zu Christa Wolf.

4 Jurek Becker: *Der Boxer*. Roman. Suhrkamp Verlag, Frankfurt/M. 1976.

5 *Stuttgarter Zeitung* vom 11. September 1976.

6 Der überaus aufschlußreiche Beitrag wurde 1921 für die Münchner Zeitschrift *Der Neue Merkur* geschrieben und dann von Thomas Mann zurückgezogen. Der Aufsatz ist enthalten in: Thomas Mann, *Gesammelte Werke in dreizehn Bänden*. Band XIII: *Nachträge*. S. Fischer Verlag, Frankfurt/M. 1974. S. 466 f.

7 *Frankfurter Rundschau* vom 23. November 1976.

8 *Der Spiegel* vom 19. Dezember 1977.

9 Thomas Mann: *Gesammelte Werke in dreizehn Bänden*. Zweite, durchgesehene Auflage. Band IX: *Reden und Aufsätze 1*. S. Fischer Verlag, Frankfurt/M. 1974, S. 689.

ÜBER DEN AUTOR

Biographische Notiz

Marcel Reich-Ranicki wurde am 2. Juni 1920 in Wloclawek geboren, einer an der Weichsel gelegenen polnischen Kleinstadt, in deren unmittelbarer Nachbarschaft bis zum Ende des Ersten Weltkrieges die deutsch-russische Grenze verlief. Sein Vater, David Reich, war ein polnischer Jude, seine Mutter, Helene, geborene Auerbach, eine deutsche Jüdin. Die Vorfahren waren väterlicherseits Kaufleute und mütterlicherseits seit Jahrhunderten Rabbiner. In seiner Geburtsstadt besuchte Reich-Ranicki eine deutsche Volksschule, doch siedelte die Familie 1929 nach Berlin um. Dort war er Schüler zunächst des Werner von Siemens-Gymnasiums in Berlin-Schöneberg und dann des Fichte-Gymnasiums in Berlin-Wilmersdorf. Im Herbst 1938, kurz nach dem Abitur, wurde er verhaftet und nach Polen deportiert.

Er lebte jetzt in Warschau und ab 1940 im Warschauer Getto, in dessen Verwaltung, dem »Judenrat«, er als Übersetzer tätig war. Anfang 1943 nahm er an einer Widerstandsaktion der Jüdischen Kampforganisation (ZOB) teil. Kurz darauf gelang ihm zusammen mit Teofila, geborene Langnas, die er 1942 geheiratet hatte, die Flucht aus dem Getto. Von nun an waren sie in Warschau im Untergrund. Sein 1973 erschienenes Buch »Über Ruhestörer – Juden in der deutschen Literatur« ist dem Andenken jener gewidmet, »die von Deutschen ermordet wurden, weil sie Juden waren. Zu ihnen gehören mein Vater David Reich, meine Mutter Helene, geb. Auerbach, und mein Bruder Alexander Herbert Reich.«

Nachdem er von der Sowjetischen Armee befreit worden war, blieb er weiterhin in Warschau. Wenig später trat Reich-Ranicki der Kommunistischen Partei Polens bei. 1946 gehörte er der Polnischen Militärmission in Berlin an, 1947 arbeitete er im Polnischen Außenministerium. In den Jahren 1948 und 1949 war er Konsul der Republik Polen in London. Im Herbst 1949 bat er aus politischen Gründen um seine Abberufung und kehrte nach Warschau zurück. Er wurde sofort aus dem Auswärtigen Dienst entlassen, aus der Kommunistischen Partei ausgeschlossen (offizielle Begründung: »ideologische Entfremdung«), inhaftiert und einige Wochen in einer Einzelzelle gefangengehalten.

Danach wurde ihm jedoch erlaubt, in einem großen Warschauer Verlag ein Lektorat für deutschsprachige Literatur zu gründen und zu betreuen. Ende 1951 mußte er die Verlagsarbeit aufgeben und konnte sich jetzt nur noch als freier Schriftsteller betätigen: Er befaßte sich mit der Kritik der deutschen

Literatur der Vergangenheit und der Gegenwart. Aber Anfang 1953 hat das Zentralkomitee der Kommunistischen Partei weitere Veröffentlichungen von Reich-Ranicki untersagt. Erst während des »Tauwetters«, Ende 1954, wurde dieses gegen ihn gerichtete generelle Publikationsverbot aufgehoben.

Er schrieb Rezensionen und Essays, die in verschiedenen polnischen Zeitungen und Zeitschriften (vor allem in der Monatsschrift *Twórczość* und in der Wochenzeitung *Nowa Kultura*) und gelegentlich auch in DDR-Zeitschriften (so in der *Neuen Deutschen Literatur*) gedruckt wurden. Überdies verfaßte er ein Buch mit dem Titel »Aus der Geschichte der deutschen Literatur« (Warschau 1955), eine Monographie über »Die Epik der Anna Seghers« (Warschau 1957) und kritische Einleitungen und Vorworte zu Werken von Goethe, Fontane, Storm, Raabe, Heinrich Mann, Hermann Hesse und anderen. Zusammen mit Andrzej Wirth übersetzte er Kafkas »Schloß« (in der Bühnenfassung von Max Brod) und Friedrich Dürrenmatts »Besuch der alten Dame«.

Im Sommer 1958 hielt sich Reich-Ranicki zu Studienzwecken in der Bundesrepublik auf und kehrte von dieser Reise nicht mehr nach Polen zurück. Er wohnte mit seiner Familie zunächst in Frankfurt, dann bis 1973 in Hamburg und lebt seitdem wieder in Frankfurt. Nachdem er für die *Frankfurter Allgemeine Zeitung* und für *Die Welt* geschrieben hatte, war er von 1960 bis 1973 ständiger Literaturkritiker der Wochenzeitung *Die Zeit*. Von 1973 bis 1988 leitete er in der *Frankfurter Allgemeinen Zeitung* die Redaktion für Literatur und literarisches Leben. Er ist jetzt weiterhin in der FAZ als Kritiker und als Redakteur der *Frankfurter Anthologie* tätig.

Von 1965 bis 1972 war Reich-Ranicki Mitarbeiter der *Encyclopaedia Britannica*; von 1958 bis 1967 nahm er an den Tagungen der *Gruppe 47* teil; von 1977 bis 1986 war er Sprecher der Jury des Klagenfurter Wettbewerbs um den Ingeborg Bachmann-Preis. Vortragsreisen führten ihn in die USA, nach Kanada, Israel, China, Australien und Neuseeland sowie in zahlreiche europäische Länder. 1968 war er Gastprofessor für deutsche Literatur des 20. Jahrhunderts an der Washington University in St. Louis (USA) und 1969 am Middlebury College (USA). Von 1971 bis 1975 lehrte er als ständiger Gastprofessor für Neue Deutsche Literatur an den Universitäten Stockholm und Uppsala. Seit 1974 ist Reich-Ranicki Honorarprofessor an der Universität Tübingen.

Auszeichnungen: Ehrendoktorwürde der Universität Uppsala (1972); Heine-Plakette (1976); Ricarda Huch-Preis (1981); Wilhelm Heinse-Medaille der Akademie der Wissenschaften und der Literatur in Mainz (1983); Goethe-Plakette der Stadt Frankfurt am Main (1984); Thomas Mann-Preis (1987); »Bambi«-Kulturpreis (1989); Hermann Sinsheimer-Preis für Literatur und Publizistik (1991).

Bibliographie der Arbeiten Marcel Reich-Ranickis

I. SELBSTÄNDIGE BUCHVERÖFFENTLICHUNGEN

Deutsche Literatur in West und Ost. Prosa seit 1945. München 1963. – Taschenbuch-Ausgabe: rororo Nr. 1313–1314–1315, Reinbek bei Hamburg 1970. – Neuausgabe: Stuttgart 1983. – Taschenbuch-Ausgabe: dtv Nr. 10 414, München 1985.

Literarisches Leben in Deutschland. Kommentare und Pamphlete. München 1965.

Wer schreibt, provoziert. Kommentare und Pamphlete. dtv Nr. 384, München 1965.

Literatur der kleinen Schritte. Deutsche Schriftsteller heute. München 1967. – Erweiterte Taschenbuch-Ausgabe: Ullstein Buch Nr. 2867, Frankfurt/M.-Berlin-Wien 1971.

Die Ungeliebten. Sieben Emigranten. Opuscula Nr. 39, Pfullingen 1968.

Deutsche Literatur heute. (Auswahlband für den Bertelsmann Lesering.) Gütersloh o. J. (1969).

Lauter Verrisse. Mit einem einleitenden Essay. München 1970. – Erweiterte Taschenbuch-Ausgabe: Ullstein Buch Nr. 3009, Frankfurt/M.-Berlin-Wien 1973. – Erweiterte Neuausgabe: Stuttgart 1984.

Über Ruhestörer. Juden in der deutschen Literatur. Serie Piper Nr. 48, München 1973. – Erweiterte Taschenbuch-Ausgabe: Ullstein Buch Nr. 3335, Frankfurt/M.-Berlin-Wien 1977. – Erweiterte Neuausgabe: Stuttgart 1989.

Zur Literatur der DDR. Serie Piper Nr. 94, München 1974.

Nachprüfung. Aufsätze über deutsche Schriftsteller von gestern. München 1977. – Erweiterte Neuausgabe: Stuttgart 1980. – Taschenbuch-Ausgabe: dtv Nr. 10 226, München 1984. – Erweitert: dtv Nr. 11 211, 1990.

Entgegnung. Zur deutschen Literatur der siebziger Jahre. Stuttgart 1979. – Erweiterte Neuausgabe: Stuttgart 1981. – Taschenbuch-Ausgabe: dtv Nr. 10 018, München 1982.

Betrifft Goethe. (Zusammen mit der Rede des Kanzlers Friedrich von Müller von 1832.) Zürich-München 1982.

Nichts als Literatur. Aufsätze und Anmerkungen. Reclams Universal-Bibliothek Nr. 8076, Stuttgart 1985.

Lauter Lobreden. Stuttgart 1985.

Mehr als ein Dichter. Über Heinrich Böll. KiWi Nr. 109, Köln 1986.

Thomas Mann und die Seinen. Stuttgart 1987. – Taschenbuch-Ausgabe: Fischer Taschenbuch Nr. 6951, Frankfurt/M. 1990.

Zwischen Diktatur und Literatur. Marcel Reich-Ranicki im Gespräch mit Joachim Fest. Fischer Taschenbuch Nr. 46 206, Frankfurt/M. 1987.

Herz, Arzt und Literatur. Zwei Aufsätze. Zürich 1987.

Thomas Bernhard. Aufsätze und Reden. Zürich 1990.

Max Frisch. Aufsätze. Zürich 1991.

Reden auf Hilde Spiel. München 1991.

II. Herausgegebene Bücher

Auch dort erzählt Deutschland. Prosa von »drüben«. List-Bücher Nr. 170, München 1960.

Sechzehn Polnische Erzähler. rororo Nr. 524–525, Reinbek bei Hamburg 1962.

Erfundene Wahrheit. Deutsche Geschichte seit 1945. München 1965.

Notwendige Geschichten 1933–1945. München 1967. – Taschenbuch-Ausgabe: dtv Nr. 1528, München 1980.

In Sachen Böll. Ansichten und Einsichten. Köln 1968. – Dritte, erweiterte Auflage: Köln 1968. – Taschenbuch-Ausgabe: dtv Nr. 730, München 1971.

Gesichtete Zeit. Deutsche Geschichten 1918–1933. München 1969. – Taschenbuch-Ausgabe: dtv Nr. 1527, München 1980.

Anbruch der Gegenwart. Deutsche Geschichten 1900–1918. München 1971. – Taschenbuch-Ausgabe: dtv Nr. 1526, München 1980.

Erfundene Wahrheit. Deutsche Geschichten 1945–1960 (Veränderte Neuauflage). München 1972. – Taschenbuch-Ausgabe: dtv Nr. 1529, München 1980.

Verteidigung der Zukunft. Deutsche Geschichten seit 1960. München 1972. – Taschenbuch-Ausgabe: Deutsche Geschichten 1960–1980. dtv Nr. 1530, München 1980.

Frankfurter Anthologie. Gedichte und Interpretationen (bisher 14 Bände). Frankfurt/M. 1976–1991.

Ludwig Börne: *Spiegelbild des Lebens.* Aufsätze über Literatur. suhrkamp taschenbuch Nr. 408, Frankfurt/M. 1977.

Klagenfurter Texte zum Ingeborg Bachmann-Preis 1977, 1978, 1979, 1980, 1981, 1982 (6 Bände; Mitherausgeber: Humbert Fink und Ernst Willner). München 1977–1982.

Wolfgang Koeppen: *Die elenden Skribenten.* Aufsätze. Frankfurt/M. 1981. – Taschenbuch-Ausgabe: suhrkamp taschenbuch Nr. 1008, Frankfurt/M. 1984.

Meine Schulzeit im Dritten Reich. Erinnerungen deutscher Schriftsteller. Köln 1982. – Taschenbuch-Ausgabe: dtv Nr. 10 328, München 1984. – Erweiterte Neuausgabe: Köln 1988.

Alfred Polgar: *Kleine Schriften.* Band 1: *Musterung.* Reinbek bei Hamburg 1982. Band 2: *Kreislauf.* Reinbek bei Hamburg 1983. Band 3: *Irrlicht.* Reinbek bei Hamburg 1984. Band 4: *Literatur.* Reinbek bei Hamburg 1984. Band 5: *Theater I.* Reinbek bei Hamburg 1985. Band 6: *Theater II.* Reinbek bei Hamburg 1986.

Klagenfurter Texte zum Ingeborg Bachmann-Preis 1983, 1984, 1985, 1986 (4 Bände; Mitherausgeber: Humbert Fink). München 1983–1986.

Hundert Gedichte werden vorgestellt. Eine zeitgenössische Auswahl aus der Frankfurter Anthologie. Gütersloh o. J. (1983).

Deutsche Erzählungen des 20. Jahrhunderts. Stuttgart o. J. (1983).

Über die Liebe. Gedichte und Interpretationen aus der *Frankfurter Anthologie.* Insel Taschenbuch Nr. 794, Frankfurt/M. 1985.

Wolfgang Koeppen: *Gesammelte Werke* (6 Bände). Frankfurt/M. 1986.

Was halten sie von Thomas Mann? Achtzehn Autoren antworten. Fischer Taschenbuch Nr. 5464, Frankfurt/M. 1986.

Erzählte Gegenwart. Zehn Jahre Ingeborg Bachmann-Preis. München 1986.

Johann Wolfgang von Goethe: *Alle Freuden, die unendlichen.* Liebesgedichte und Interpretationen. Insel-Bücherei Nr. 1028, Frankfurt/M. 1987.

Romane von gestern – heute gelesen. Band 1: 1900–1918. Frankfurt/M. 1989. Band 2: 1918–1933. Frankfurt/M. 1989. Band 3: 1933–1945. Frankfurt/M. 1990.

Horst Krüger – ein Schriftsteller auf Reisen. Materialien und Selbstzeugnisse. Hamburg 1989.

PERSONENREGISTER